초신자 & Non 크리스천을 위한 질의와 응답

나카가와 겐이치 목사의 Q&A 스토리

3분 변증

성경의 관점에서 나아갑시다

3分でわかる聖書

3-minute videos to understand the Bible

저자 나카가와 겐이치 목사

번역 이선복 · 이시은

도서출판 디자인

성경의 관점에서 나아갑시다

저자 나카가와 겐이치 목사
번역 이선복 · 이시은

제34회
전국대학교수
선교대회
주여! 내가 여기 있나이다
(사6:8)
2019. 6/27목 - 29토 장소 | 충남대학교 정심화국제문화회관 백마홀
전국대학교수
선교대회
제 34회 전국대학교수선교대회에
오신 모든 분들을
축복하며 환영합니다!

추천의 글 1

한국어 번역과 출판을 허락하신 원저자 나카가와 겐이치 목사님께 감사를 드립니다. 3분의 시간에 복음을 변증해내신 발상과 신자, 비신자 모두를 명쾌하게 이해할 수 있도록 하는 영감에 감동을 받았습니다. 또 영상을 발견하고 동서대학교 일본어채플에 사용하며, 우리말로 번역한 이선복교수님께 축하를 드립니다.

동서대학교는 故장성만목사의 설립정신과 기독교 건학이념에 따라 개교부터 학생들이 주1시간, 6학기 채플에 참여를 하여 왔습니다. 또 제가 부임 후 5년차인 2007년, 당시 총장이신 박동순박사의 혜안으로 영어/일본어/중국어 언어영역별 채플을 대학특성화 사업으로 시작하였습니다.

영어채플은 언어자체가 기독문화이므로 어려움이 없었습니다. 그러나 중국어와 일본어는 두 나라 모두 비기독 문화이고, 또 우리말로도 채플이 어려운데 어떻게 외국어로 감당할 수 있겠느냐? 어려움이 예상되었습니다. 그러나 해당 전공 교수들에게 언어를 전공하는 학생으로서 기독용어라도 알면 좋지 않겠는가 제안하였고 모두 적극 나서 주었습니다. 그 중에 이선복교수님께서 전공이 경영학임에도 불구하고, 적극 자원하여 섬겨 주셨습니다. 시작부터 현재까지 15년을 한결같이 일본어채플을 섬겨 주신 이교수님께 이 기회에 한번 더 감사를 드립니다.

이교수님은 성품이 겸손하고, 말씀을 사모하여 교목실에서 주관하는 교수성경공부에도 늘 함께 했습니다. 학내 기독교수 모임에 참여하여 기독동아리 학생을 지원하고 학원복음화를 위해 힘써 왔습니다. 그리고 화명중앙교회 장로로, 기독교수연합회를 포함해 다양한 기독단체와 협력하여 선한 영향력을 끼치고 있는 귀한 기독 지식인이기도 합니다.

이번에 펴내는 이 책이 일본에서도 이미 5,000부 이상 출판되어 보급되었다 합니다. 앞으로 우리나라에서도 큰 반향이 예상됩니다. 특히 코로나19로 채플 준비에 어려운 있는 시기에 도움이 될 것입니다. 또 앞으로 기독대학의 채플, 각급 기독학교 성경수업, 교회 주일학교에서도 엄청나게 활용될 것이 분명합니다.

다시 한번, 나카가와 겐이치 목사님과 이선복 교수님께 감사와 갈채를 보내 드립니다. 함께 번역하신 이시은 선생님에게도 감사를 드립니다.

유의신

동서대학교 교목실장, 목사

추천의 글 2

하나님이 지극히 사랑하는 이선복 교수님의 역서를 읽어보면서 내용의 충실함과 일관성, 체계성 있게 표현되어 있는 것을 보면서 평소에 역자의 꼼꼼함을 새삼 깨닫게 되었습니다

"3분에 알아가는 성경"은 나가카와 겐이치목사님의 저서를 한글로 번역하신것으로서 그 내용이 예수님은 누구신가? 원죄란 무엇인가? 구원이란 무엇인가? 재림이란? 부활이란? 등 무려 106개에 대해 질문을 하고 질문을 하고 이에 대해 답변을 첫째, 둘째, 셋째로 나누어 구체적이고 필요한 내용으로 답변을 제시하고 있습니다. 이는 저서를 집필하는것보다 훨씬 어려운 작업으로 원문을 이해하는데 그치지 않고 이를 표현하는 문장력이 뛰어나야 하는 어려움이 있습니다. 그러한데도 성경에 대한 질문이나 답변내용이 불신자나 초신자뿐 아니라 신앙적인 관점에서 제자교육을 위한 내용으로도 손색이 없을 정도로 잘 나타나 있어서 모든 신앙인에게도 필요한 책이라고 사료됩니다.

내가 아는 이선복교수는 2008년 제23회 전국대학선교대회를 동서대학교에서 가질 때 총무로서 만나 헌신적으로 봉사하였던 교수였으며 그동안 부울경지역의 총무를 거쳐 회장으로 섬길때 제31회 교수선교대회를 부산대에서 개최하였고 그후 전국대학교수선교연합회 회장으로서 제34회 교수선교대회(충남대), 제35회 교수선교대회(전북대)를 성공적으로 이끌어 주셨습니다.

회장으로 역임하면서 내실적으로는 한국세계선교협의회와의 MOU체결 및 교수선교사를 양성하여 파송하였고, 선교대회에서는 교수들을 해외선교사로 파송하는 등의 실질적인 활동으로 캠퍼스선교사로 소명을 갖게 하는 등의 업적뿐만 아니라 본인도 일본어 채플을 인도하며 일본선교의 커다란 비젼을 갖고 기도하는 자비량 캠퍼스 선교사의 모습으로 실천하는 귀한 교수로 하나님과 함께 하시는 사역을 적극 후원하며 믿음안에서 함께 하는 교수님의 역서의 추천의 글을 쓰게 된 것을 기쁘게 생각합니다 .

이선희

전국대학교수선교연합회 이사장, 서울과기대 명예교수

추천의 글 3

이선복 장로님과 딸 시은 자매님의 번역 『3분변증: 성경의 관점에서 나아갑시다』 출간을 축하드립니다. 장로님 가정이 본교회에 등록한 것은 2003년입니다. 믿음이 신실한 가정으로 그동안 많은 양무리의 본이 되셨습니다. 2007년에 장립집사, 2018년 장로로 임직을 받고 늘 한결같이 교회를 섬겨왔습니다.

수요예배 찬양사역리더(10년)로, 교회홈페이지 관리자로, 교회설립 30년사 편찬으로, 외국인 근로자 · 유학생과 함께 하는 다문화사역으로, 또 교회 재정을 전담하는 회계집사(5년) 및 재정위원장(3년)으로 수고를 해 오셨습니다.

이장로님은 직장에서 회계학을 가르치는 대학교수로 바쁜 가운데도, 캠퍼스 선교사역을 위해 채플을 섬기고, 기독교수연합회 임원으로 하나님 나라와 복음을 위해 헌신해 왔습니다. 또 부산 성시화운동본부 감사로 봉사를 하였습니다. 그리고 이러한 중에도 본 교회의 예배와 봉사에 절대 소홀함이 없이, 목회자의 귀한 동역자로 헌신을 하고 계십시다.

아내 오성희 권사님은 브리스가와 아굴라 부부처럼 한마음으로 교회를 귀하게 섬기고 계십니다. 일본 동경 유학시절에는 어려운 경제환경을 이겨내기 위해 세차 아르바이트를 하며, 또 신앙의 멘토로 남편을 내조하였습니다. 그리고 지금도 해외에서 오시는 선교사님들이 편히 쉴 쉬 있도록 작은 공간이지만 집 근처에 선교관인 마카리오스를 마련, 신앙안에서 귀하게 섬김을 실천하고 있습니다. 공동번역자인 딸 시은 자매도 아빠 엄마의 신앙을 본 받아 본 교회에 있을 때, 찬양팀의 반주자로 늘 귀하게 봉사를 하였습니다.

이 책은 초신자는 물론 아직 신앙생활을 하지 않는 일반인들이 기독교에 대해 궁금해 하는 질문들을 성경의 관점에서 명쾌하게 답을 하고 있습니다. 번역을 허락하신 나카가와 겐이치 목사님께 감사드립니다. 또 이 책은 초신자나 일반인은 물론, 이를 체계적인 내용으로 변증하고 있는 점에서 신학생이나 기독교 목회자에게도 유익할 것입니다. 신앙생활과 성경연구의 필독서로 추천합니다. 감사합니다.

최정일

대한예수교장로회 화명중앙교회 담임목사

역자 서문

2020년 중국 우한에서 시작된 코로나19 바이러스(COVID-19)의 영향으로 팬더믹 상황이 발생하며, 전 세계가 혼란에 빠졌다. 2021년 7월 현재 1억9200만명의 확진자가 발생하고 412만 명이 사망하였다. 그리고 이로 인해 일상의 삶이 바뀌었다. 역자가 근무하는 대학도 마찬가지이다.

강의의 대부분이 오프라인 수업에서 온라인 비대면 수업으로 바뀌었다. 역자가 봉사로 15년째 섬기고 있는 일본어채플 수업도 유튜브 온라인 수업으로 전환되었다. 수업을 어떻게 진행할까 고민하던 중, 일본 나카가와 겐이치 목사님이 진행하는 『3分でわかる聖書; 3분에 아는 성서)』의 콘텐츠 사용을 허락받았다.

위 영상은 기독교 신앙과 관련한 다양한 질문을 3분에 맞추어, 성경의 관점에서 해답을 찾고 있는 점에 특징이 있다. 저자는 성서 복음주의적 신학을 하고, 1986년부터 일본 복음TV 하베스트 타임 미니스트리를 설립하였다. 그리고 현재도 유튜브 방송을 포함, 활발히 복음을 전하고 있다.

이 책의 제목은 『3분 변증: 성경의 관점에서 나아갑시다』 이다. 영상을 보며, 성경적 접근방법에 감명을 받았다. 신앙생활의 핵심은 성경이기 때문이다. 이것이 책으로 번역한 이유이다. 본서의 핵심은 다음 8가지이다.

1. 성경이란 무엇인가?
2. 예수 그리스도는 누구인가?
3. 하나님은 누구인가?
4. 구약성경
5. 신약성경
6. 신앙과 삶
7. 기독교와 타종교, 이단
8. 신앙과 교회

8개 카테고리를 질문 내용에 맞추어 성경적 관점에서 답을 하고 있다. 2021년 7월 현재, 270개의 Q&A 문항이 있다. 그리고 본서에는 전반에 있는 것 중 106개를 골라 번역하였다.

본서는 신앙생활을 하지 않는 비신자부터, 초신자까지 다양한 사람들의 질문을 포함하고 있다. 예상치 못한 황당한 질문도 많다. 그것이 매력이다.

① 복음이 전해지기 전의 조상들의 구원, ② 성경과 과학의 모순, ③ 기독교와 타종교의 차이, ④ 아버지 하나님의 이유, ⑤ 사탄을 처벌하지 않는 이유, ⑥ 유다의 배신, ⑦ 부활절 유래와 미신요소, ⑦ 메시아닉 쥬 유대교, ⑧ 시기하는 하나님, ⑨ 종교와 전쟁, ⑩ 혼전 성관계, ⑪ 동성애, ⑫ 이단, ⑬ 교회 선택기준, ⑭ 일본어번역성경 버전, ⑮ 일본 기독교 불확산 이유 등 다양하다.

이 책은 비신자들에게도 공감이 되는 내용이 많다. 신앙생활을 하면서 궁금하지만 물어 볼수 없었던 것, 설명이 어려웠던 주제들을 철저하게 성경의 관점에서, 귀납적 방법으로 알기 쉽게 변증(辨證)하고 있다. 신앙생활의 체계를 세워가는데 도움이 될 것이다. 또 사역을 하는 목회자에게도 일상에서 발생하는 질문들을 체계적으로 변증하는 점에서, 교육훈련 등을 준비하는데 유익할 것이다. 또 각주에 일본어 동영상 링크 주소를 표시하였다. 일본선교를 준비하거나 일본어를 공부하는 분들에게도 도움이 될 것이다.

이 책은 역자가 기독교수로서 활동한 내용(간증, 일본선교)을 추가로 소개하고 있다. 번역이 있기까지 고마운 분들이 많다. 미션스쿨에 재직, 채플을 도울 수 있게 해 주신 故장성만 목사님, 동서학원 이사장님과 총장님, 동료 교수에게 감사드린다. 또 기독교수로서 사역을 도울 수 있었던 부울경기독교수연합회, 전국대학교수선교연합회, 부산성시화운동본부, 21세기포럼, 한국세계선교협의회에도 감사를 드린다. 섬기는 화명중앙교회와 최정일 담임목사님께도 감사를 드린다. 책을 위해 울산성산교회 최관현 목사님과 새에덴교회 김광진 목사님, 일본 반석교회 조영석 목사님께서 교정과 함께 귀한 코멘트를 주셨다. 번역 작업 중 아들 시원(施遠)군이 많은 수고를 하였다. 늘 신앙의 동역자로 내조하는 아내 오성희 권사에게도 감사드린다.

이 책을 기도하는 마음으로 우리 주님께 올려 드립니다!

2021년 7월

이선복 · 이시은

서문

필자가 유튜브에 올리고 있는 '3분에 알아가는 성경'의 내용이 한국어로 번역되어 출판되었습니다. 생각지도 못한 축복이 내려진 셈인데, 감사함을 느끼는 동시에 황송함을 느끼게 하고 있습니다.

필자가 대표로 있는 하베스트 타임 미니스트리는 1986년 설립된 개신교 기독교 전도단체입니다(www.harvesttime.tv). 약 25년간 TV 프로그램 하베스트 타임을 통한 전도 활동을 해왔습니다. 2010년 3월에 텔레비전 전도를 종료해, 한층 더 많은 일본인이 깊게 성경을 이해할 수 있도록 집회나 세미나, 그리고 인터넷을 활용한 전도 활동을 실시하고 있습니다.

하베스트 타임 미니스트리에는 시청자 여러분에게서 성경이나 기독교에 관한 질문이 많이 들어옵니다. 질문 내용은, 미신자의 초보적인 질문으로부터 시작해, 신앙력이 깊은 분의 복잡한 신학적 질문에 이르기까지, 다방면에 걸칩니다. 그러한 질문 중에서, 다른 분들에게도 참고가 된다고 생각되는 것을 선택해, 「3분에 알아가는 성경」라고 하는 타이틀로, 회답을 YouTube에 올리게 되었습니다. 2014년에 시작한 이 봉사는 2021년 1월 말로, 270개가 넘는 동영상을 올릴 때까지 성장했습니다.

회답할 때의 원칙으로서 이하의 3점을 의식하고 있습니다.

(1) 성경은 하나님의 영감에 의해서 쓰여진 틀림없는 하나님의 말씀이라고 하는 전제로, 회답하고 있습니다. 혼란스러운 시기에는 우리가 어떻게 생각하느냐가 아니라, 하나님이 어떻게 말씀하는지를 배우는 것이 중요하다고 확신합니다.

(2) 알기 쉽게 하기 위해서, 매번 3개의 포인트로 이야기하고 있습니다. 현대인, 특히 젊은이들은 긴 시간 교제해 주지 않기 때문에, 3분 전후에 이야기를 끝내도록 하고 있습니다.

(3) 단순히 이치를 논할 뿐만 아니라, 가능한 한 구체적으로, 현실적으로, 성경의 진리를 실생활에 적용하는 방법을 제안하도록 하고 있습니다.

저의 저서가 한국어로 출판되는 것은 정말 영광스러운 일입니다. 필자의 소원은 이 책을 통해서 예수 그리스도의 복음을 믿는 분들이 깨워지는 것입니다. 또 크리스천 여러분도 꼭 읽어 주셨으면 좋겠다고 생각하고 있습니다. 그것은 성경 이해를 돕기 위함이며, 또 전도할 때의 힌트를 얻기 위함입니다.

필자는 한국의 기독인의 신앙방식, 헌신의 자세, 기도의 힘을 매우 존경하고 있습니다. 일본인 크리스천이 배워야 할 점이 많이 있습니다.

일본의 기독교 인구는 아직도 1% 내외에 머물고 있습니다. 도쿠가와 막부가 지배하던 시대에 그리스도 금교령이 내려져 그 시대의 신자들은 교회사에서도 보기 드문 박해를 받았습니다. 그 결과 일본인들의 마음속에 기독교는 어떤 경우 권력자에 대적하거나 비우호적인 종교의 의미로서, '사종문(邪宗門)'이라는 인식이 자리 잡았습니다. 지금도 그 여파는 계속되고 있습니다. 일본인 영혼의 눈을 닫고 있는 요인으로는 두 가지를 생각할 수 있습니다. 하나는 역사상 길러진 기독교에 대한 오해입니다. 또 하나는 전후 일본인의 정신을 지배해 온 물질주의입니다. 부디 일본인의 눈에 덮인 덮개가 제거될 수 있도록 기도해 주시기 바랍니다.

2021년 7월

나카가와 켄이치(中川健一)

목차

추천의 글 1 ········ 5
추천의 글 2 ········ 6
추천의 글 3 ········ 7
역자 서문 ········ 8
서문 ········ 10

Q 001 성경이란? ········ 16
Q 002 성경을 읽는 순서와 방법 ········ 18
Q 003 신약성경과 구약성경의 차이 ········ 20
Q 004 예수 그리스도는 누구인가?(1) ········ 22
Q 005 예수 그리스도는 누구인가?(2) ········ 24
Q 006 기독교는 서양 종교인가? ········ 26
Q 007 죄란 무엇인가? ········ 28
Q 008 원죄란 무엇인가? ········ 30
Q 009 기독교에서 구원이란? ········ 32
Q 010 어떻게 해야 구원을 받는가? ········ 34
Q 011 구약성경에 '산제물'의 의미 ········ 36
Q 012 예언자는 누구인가? ········ 38
Q 013 성경이 왜 다 맞는 것인가? ········ 40
Q 014 하나님은 왜 특정 민족을 선택하셨나? ········ 42
Q 015 왜 성경에 여러 종류의 번역이 있는가? ········ 44
Q 016 어떤 일본어 성경이 좋은가? ········ 46
Q 017 하나님을 '아버지 하나님'이라 하는 이유 ········ 48
Q 018 하나님은 왜 사탄을 처벌하지 않을까? ········ 50
Q 019 재림의 시기 ········ 52
Q 020 이단의 구별 방법 ········ 54
Q 021 수천년전 쓰여진 성경을 현대에 적용? ········ 56
Q 022 메시아닉 쥬란 무엇입니까? ········ 58
Q 023 세례란? ········ 60

Q 024 하나님이 사랑이신데 왜 세상에 슬픔과 고통이 있습니까? 62
Q 025 '십자가를 지다'의 뜻 ······ 64
Q 026 성경의 장과 절의 유래? ······ 66
Q 027 노아의 홍수가 일어난 이유? ······ 68
Q 028 노아의 홍수는 지구적 규모였나? ······ 70
Q 029 노아의 방주에 들어간 동물? ······ 72
Q 030 하나님의 자녀가 사람의 딸과 결혼했다는 것의 의미 ······ 74
Q 031 모든 사람이 구원을 받는가? ······ 76
Q 032 하나님은 시기의 하나님이신가? ······ 78
Q 033 성경에 왜 기적 이야기가 많은가? ······ 80
Q 034 신약성경 중 4복음서의 모순 ······ 82
Q 035 하나님은 처음부터 존재했는가? ······ 84
Q 036 자아가 생기기전 죽은 아이나 지적 핸디캡을 갖은 사람도 구원을 받나? ······ 86
Q 037 예수의 동정녀 탄생 ······ 88
Q 038 예수님은 유다의 배신을 알면서도 왜 그를 선택했는가? ··· 90
Q 039 동성애자 기독인 ······ 92
Q 040 왜 하나님을 믿을 필요가 있는가? ······ 94
Q 041 왜 기독교의 하나님이어야 하는가? ······ 96
Q 042 유대교와 기독교, 이슬람교의 하나님은 같은 하나님인가? 98
Q 043 공룡에 대한 성경 기록 ······ 100
Q 044 화날 때 도움이 되는 성경 본문 ······ 102
Q 045 할로윈을 축하해도 문제 없는가? ······ 104
Q 046 종교가 전쟁의 원인 아닌가? ······ 106
Q 047 성경과 과학은 서로 모순되는가? ······ 108
Q 048 십자가 액세서리의 착용 ······ 110
Q 049 성경의 한 부분만 믿는 사람 ······ 112
Q 050 성경은 자살에 대해 무엇이라 하는가? ······ 114
Q 051 자살한 크리스천의 구원 ······ 116
Q 052 안락사에 대하여 ······ 118

Q 053 존엄사에 대하여 ······120
Q 054 불교와 기독교 ······122
Q 055 이슬람 원리주의 ······124
Q 056 마가복음 10장 18절 '선한 이' 의 의미 ······126
Q 057 영적이란 용어의 의미 ······128
Q 058 담배 흡연에 대하여 ······130
Q 059 크리스마스(성탄절) 날짜에 대하여 ······132
Q 060 크리스천에게도 악령이 씌어지는가? ······134
Q 061 성전(聖戰)에 대하여 ······136
Q 062 부활절을 왜 이스타라 부르는가? ······138
Q 063 부활을 믿지 않아도 구원받을 수 있나? ······140
Q 064 어메이징 그레이스 찬송의 배경과 의미 ······142
Q 065 믿지 않은 가족의 구원 ······144
Q 066 성경적 겸손이란? ······146
Q 067 예언 카페는 신뢰할 수 있는가? ······148
Q 068 악마는 정말 있는가? ······150
Q 069 악마는 어디서 무엇을 하고 있을까? ······152
Q 070 예수와 악마는 형제인가? ······154
Q 071 악마가 하나님을 이길 수 있는가? ······156
Q 072 아브라함의 자손은 지금 무엇을 하는가? ······158
Q 073 히브리인과 이스라엘인, 유대인의 차이 ······160
Q 074 성경을 읽지 않고 믿을 수 있는가? ······162
Q 075 기독교와 다른 종교의 차이 ······164
Q 076 노숙자에 대해 ······166
Q 077 창세기 사람들의 장수 ······168
Q 078 예수 그리스도는 실존 인물인가? ······170
Q 079 성경의 외경(아포크리파) ······172
Q 080 희생양이 왜 필요한가? ······174
Q 081 일본은 기독교가 왜 널리 퍼지지 않는가? ······176
Q 082 자비에르 이전의 일본인의 운명 ······178
Q 083 잠언에 나오는 모순의 이해 ······180
Q 084 지도자 없이 성찬식이 가능한가? ······182
Q 085 조상들의 구원 ······184

Q 086 세리 마태는 누구를 위해 일했나? ······186
Q 087 구원의 조건은 복음의 3요소 ······188
Q 088 안식일이 일요일인가? ······190
Q 089 신자가 된 후의 죄 용서 ······192
Q 090 크리스천이 된 이후의 행동 ······194
Q 091 삼위일체란 무엇인가? ······196
Q 092 천국은 어디에 있는가? ······198
Q 093 예수님의 죽음과 나와의 관계 ······200
Q 094 살인범과 피해자의 구원 ······202
Q 095 결혼전 성관계가 안되는 이유 ······204
Q 096 점에 대해서 ······206
Q 097 구원의 투구란? ······208
Q 098 맹세, 서원에 대하여 ······210
Q 099 보험에 가입에 대하여 ······212
Q 100 모세가 어떻게 천지창조를 썼나? ······214
Q 101 부모님을 공경해야 합니까(1) ······216
Q 102 부모님을 공경해야 합니까(2) ······218
Q 103 '복음적'이라는 말의 의미 ······220
Q 104 교회에 가야 하는 이유 ······222
Q 105 일요일에 일하는 것은 죄인가? ······224
Q 106 어떻게 교회를 선택하나요? ······226

역자 후기 ······229
1. 대학 채플과 신앙 ······229
2. 일본의 기독교에 대한 이해 ······234
3. 일본의 크리스천 CEO ······242
4. 한일 거시경제 비교와 선교적 함의 ······248
5. 은혜의 보좌 앞으로 나아가라! ······256

참고문헌 ······259

001

성경이란?[1)]

Q 질문

성경에 관심이 많습니다. 어떤 책인지 알고 싶습니다.

A 회답

예, 성경에 관심을 가져주셔서 감사합니다. 성경(聖經)이란 3개로 나누어 설명하겠습니다.

첫째, '성경의 명칭'입니다.

영어로는 'the Bible'입니다. Bible은 본래 책이라는 뜻입니다. 즉 'Book'입니다. 'the Bible'이라고 하는 말의 첫 번째 B가 대문자로 시작하고 있습니다. 이렇게 된 것은'책중의 책이다'란 뜻입니다. 성경은 '세계 최고의 베스트셀러'입니다.

개인적 생각입니다만, 저는 국제적인 인물이 되기 위해서는 성경에 대한 지식이 꼭 필요하다 생각합니다. 세계무대에 나가 다른 나라 사람들과 이야기를 하며 비즈니스이든, 개인적인 교류이든, 성경에 관한 지식이 있으면 대화 내용이 크게 달라지기 때문입니다.

둘째, '성경을 누가 썼는가'에 대해 주목해 봅시다.

제가 성경을 들고 있습니다만, 표지를 포함해 두껍습니다. 성경은 한권의 책이 아니라 66권을 모아 만든 것입니다. 도서관과 같은 것입니다. 성경은 66권의 내용이 들어있지만, 한 사람이 쓴

1) Q1 聖書とはどういう本ですか? http://seishonyumon.com/movie/85/.
일본어 원문과 유튜브 동영상을 볼 수 있습니다. 이하 같음.

것은 아닙니다. 약 1500년에 걸쳐 약 40명의 저자에 의해 쓰여졌습니다.

저자의 배경이나 직업도 다양합니다. 다윗, 솔로몬과 같은 왕이 있었고, 정부 고위관료도 있었습니다. 제사장, 어부, 농부, 양치기도 있었습니다. 누가와 같은 의사도 있었습니다. 온갖 배경과 직업을 가진 사람들이 성경을 썼습니다.

세 번째로 강조하고 싶은 것은 '통일성'입니다.

성경에는 조화와 통일성이 있습니다. 왜냐하면 40여명의 저자의 배후에 진짜 저자가 있기 때문입니다. 그 분이 바로 '하나님' 입니다.

성경이 쓰여진 경위는 하나님이 40명의 저자들을 통해 그들의 특징을 살리면서 내용을 집필하게 했다는 것입니다. 그래서 성경은 조화롭고 일관성이 있습니다. 이러한 하나님의 인도를 '계시(啓示)'라 합니다.

마지막으로 성경 본문을 하나 소개하고 마치겠습니다.

「사람이 만일 온 천하를 얻고도 자기 목숨을 잃으면 무엇이 유익하리요」(마가복음 8:36).

이것은 제가 대학생 때 처음 성경을 읽으면서 감동을 받았던 본문입니다. 성경에는 귀중한 보화들이 들어있습니다. 읽어보시기 바랍니다.

Today's Bible

모든 성경은 하나님의 감동으로 된 것으로 교훈과 책망과 바르게 함과 의로 교육하기에 유익하니 (디모데후서 3:16)

002

성경을 읽는 순서와 방법[2)]

Q 질문

성경을 구입했습니다. 어디서부터 읽으면 좋을까요?

A 회답

책을 사셨네요. 감사합니다. 3개로 나누어 말씀드리겠습니다.

첫째, 일반적인 조언입니다.

성경은 구약성경(Old Testament)과 신약성경(New Testament), 2부로 나뉘어져 있습니다. 어디부터 읽을까? '신약성경의 시작부터 읽어야 한다'는 것이 일반적 조언입니다.

신약성경은 4개의 '복음서(福音書)'로 시작을 합니다. 마태복음, 마가복음, 누가복음, 요한복음입니다. 4개 복음서는 모두 예수 그리스도에 대해 기록하고 있습니다. 그리스도(Christ) 란 '헬라어'로 구세주라는 뜻이며, '히브리어'로는 '메시아(Messiah)'라고 합니다.

신약성경은 '마태복음'부터 시작합니다. 그러나 마태복음부터 읽는 것은 추천하고 싶지 않습니다. 마태복음은 당시 유대인을 대상으로 쓰여진 글이기 때문입니다. 따라서 성경 지식이 깊어진 후 읽어보시면 더 좋겠습니다.

유대인이 아닌 우리가 가장 읽기 쉬운 것은 '마가복음'입니다. 마가복음은 예수님께서 하신 일들을 매우 빠른 속도로 전개하고 있습니다. 그런 의미에서 마가복음부터 먼저 읽어보시길 추천합니다.

2) Q2 聖書は分厚いけど、どこから読めばいい? http://seishonyumon.com/movie/1138/

그리고 다음으로 '요한복음'을 추천합니다. 마가복음과 요한복음을 읽으면 예수 그리스도가 어떤 분인가 이해할 수 있습니다.

둘째, '일반적인 조언' 외에 '또 하나의 방법'입니다.

그것은 구약성경의 '창세기'부터 읽는 방법입니다.

창세기에는 성경에서 시작되는 모든 주제들이 포함되어 있습니다. 인류의 창조와 타락, 예수 그리스도의 도래가 나와 있습니다. 전 인류를 구원하기 위해 하나님이 이스라엘 민족을 택하신 내용과 그 이후에 전개되는 중요한 주제의 시작이 기록되어 있습니다.

단, 창세기는 혼자 읽다 보면 다소 어렵게 느껴질 수도 있습니다. 따라서 누군가 도와 줄 분이 있으면 같이 읽는 것이 더 효과적입니다.

셋째, 성경을 대하는 우리의 마음 자세입니다.

성경을 읽을 때 마음 자세가 매우 중요합니다. 성경이 강조하는 것은 다음 2개입니다.

1) 하나님은 어떤 분이신가?
2) 그 하나님께 가까이 나아가기 위해서는 어떻게 해야 할까?

이 2개가 성경이 전하는 핵심 메시지입니다. 마음 자세를 바르게 하고, 성경을 읽어보시기 바랍니다. 놀라운 은혜가 있을 것입니다.

Today's Bible

너희가 성경에서 영생을 얻는 줄 생각하고 성경을 연구하거니와 이 성경이 곧 내게 대하여 증언하는 것이니라 (요한복음 5:39)

003

신약성경과 구약성경의 차이[3)]

Q 질문

서점에서 성경을 사는데 '신약성경인가요? 아니면 구약 신약 한권으로 된 성경인가요?' 물었습니다. 차이점이 무엇입니까?

A 회답

첫째, 먼저 오해를 풀도록 하십시다.

구약성경과 신약성경에 나오는 '약'은 약국에서 주는 약(藥, medicine)이란 뜻이 아닙니다. 아플 때 먹는 약이 아니고, '약속(約束)'한다, '계약(契約)'한다 할 때의 '언약(言約, testament)'을 의미합니다.

또 구약은 가톨릭에서 사용하고, 신약은 개신교에서 사용한다, 이것도 오해입니다. 신약, 구약은 '옛 계약'과 '새로운 계약'이라는 뜻입니다. 그리고 참고로 유대인이 부르는 성경은 우리가 사용하는 구약성경입니다. 왜냐하면 그들은 신약성경을 받아들이고 있지 않기 때문입니다.

둘째는 '그럼 구약성경의 내용이 무엇인가'입니다.

한마디로 하면 '이스라엘 백성의 역사'입니다. 하나님은 이스라엘 사람들을 택하고, 그들을 통해서 전 인류를 구원하려 하셨습니다.

이스라엘의 역사를 거슬러 올라가면 아브라함이 등장합니다. 아브라함에게서 아들 이삭이 태어나고, 이삭에게서 야곱이 태어납니다. 또 야곱은 12명의 아들을 낳았습니다.

---

3) Q3 新約聖書と旧約聖書、何が違うの？http://seishonyumon.com/movie/1140/

그리고 야곱에게 이스라엘이라는 이름이 주어졌습니다. 또 그 후 야곱의 아들 12명이 이스라엘의 12부족으로 확대되었습니다.

이스라엘 역사상 가장 유명한 왕은 다윗입니다. 그는 12부족 중에 유다족 출신입니다. 그리고 예수님도 후에 이 다윗의 가계로부터 탄생하였습니다. 이것이 구약성경의 내용입니다.

셋째, '그럼 신약성경 내용은 무엇인가요?'

신약성경은 '예수님이 약속하신 구세주, 메시아로 이땅에 오셨다'는 것을 기록하고 있습니다. 구약성경에서 예언한 메시아(구세주), 즉 그리스도로 예수님이 오셨다, 이것이 신약성경의 내용입니다.

구약성경과 신약성경은 연결되어져야 합니다. 어떤 분은 '구약은 끝났으니 됐고, 신약만 읽으면 돼'라고 하시는데 그렇지 않습니다. 성경의 분량도 구약이 더 많습니다. 구약부터 시작하는 큰 흐름의 속에서 신약을 읽어야 합니다.

그럼 예수님은 이땅에 오셔서 어떤 역할을 하셨습니까?

1. 예수 그리스도는 죄가 없으시지만, 우리 죄 때문에 돌아가셨습니다.
2. 죽어서 무덤에 장사되었습니다.
3. 그리고 3일 만에 부활하셨습니다.

복음(Gospel, 福音)은 '그리스도께서 우리의 죄를 위해 죽으시고 무덤에 장사되었다가 사흘만에 부활하셨다'는 것입니다. 이 복음을 영접하고 예수 그리스도를 믿는 사람은 누구나 '하나님의 자녀'가 될 수 있습니다. 신약성경에는 이 좋은 소식 즉 'Good News 복음'이 적혀 있습니다.

Today's Bible

또 어려서부터 성경을 알았나니 성경은 능히 너로 하여금 그리스도 예수 안에 있는 믿음으로 말미암아 구원에 이르는 지혜가 있게 하느니라. 모든 성경은 하나님의 감동으로 된 것으로 교훈과 책망과 바르게 함과 의로 교육하기에 유익하니(디모데후서3:15-16)

004

예수 그리스도는 누구인가?(1)[4)]

Q 질문

어렸을 때 위인전을 읽으며 '예수 그리스도'가 미야자와 켄지, 사카모토 료마, 테레사 수녀 등 실존 인물들과 함께 들어있는 것을 보고 깜짝 놀랐습니다. 예수 그리스도는 누구입니까?

A 회답

첫째, 예수 그리스도가 실존 인물임을 의심하는 사람은 거의 없습니다.

예수 그리스도(Jesus Christ)는 역사적 인물입니다. 저도 기독인이 되기 전에는 예수님이 실존 인물인지 의심하였습니다. 그러나 그것은 저의 무지였습니다. 고등학생 때 세계사 교과서 안에 '예수 그리스도'가 나와 있었습니다. 그리고 뒤에 알았지만 당시 기독교를 인정하지 않던 유대교 경전 '탈무드' 도 예수 그리스도가 실존 인물임을 인정했습니다.

서구에서는 기독교에 관한 토론이 자주 있습니다만, 대체로 예수그리스도가 역사성을 부정하는 발언을 하는 경우 심한 비난을 받습니다. 그 만큼 예수 그리스도가 실존 인물임을 의심하는 사람이 없다는 의미입니다.

둘째, '잘못된 인식'은 예수 그리스도에 대한 오해가 있습니다.

예수님을 '위대한 예언자, 경건한 사람, 교사, 성인, 인류 역사상 다시는 나올 수 없는 분'으로 표현하는 사람이 있습니다. 칭찬 같지만, 사실은 잘못된 평가입니다. 거기에는 오만이 들어 있기 때문입니다.

---

4) Q4 イエス・キリストとは誰ですか? http://seishonyumon.com/movie/1467/

예수님은 '내가 곧 길이요 진리요 생명이니(요한복음 14:6)'라 하셨습니다. 보통 사람이 이런 말을 하면 이상하게 여길 것입니다. 예수 그리스도를 하나님으로 인정하지 않고, 위대한 사람이나 교사로 평가하는 것은 잘못된 것입니다.

성경은 예수 그리스도를 단순한 위인으로 보지 않습니다.

셋째, '예수 그리스도는 누구인가?' 이는 2가지 선택밖에 없습니다.

(A) 예수는 하나님이시다.
(B) 예수는 문제가 있는 사람이다.

이해가 되십니까? 중간은 없습니다. '예수는 위인이다, 훌륭한 사람이다, 율법교사이다, 도덕교사이다'와 같은 중간 가능성은 없습니다. 예수는 자신이 주장하신 것처럼 '하나님' 이거나 '문제가 있는 사람' 이거나 둘 중 하나입니다. 문제가 있는 사람이라면 사기꾼, 거짓말쟁이, 자신이 하나님이라고 생각하는 과대망상자가 되겠지요.

그러나 다음 3가지를 한번 더 확인하십시다.

1) 그리스도의 역사성(歷史性)을 의심하는 사람은 없습니다.
2) 예수를 그저 훌륭한 교사로 보는 것은 잘못된 것입니다.
3) 그리스도가 누구냐에 대한 선택은 두 가지밖에 없습니다.

하나님이시거나 문제가 있는 사람이거나 둘 중 하나입니다.

이 질문은 다음에 한번 더 설명하겠습니다. 결론은 '성경은 예수는 하나님이시며 사람이시다'라고 가르치고 있습니다. 하나님이 아니시면 우리를 구원할 수 없고, 사람이 아니면 죽을 수가 없기 때문입니다.

Today's Bible

말씀이 육신이 되어 우리 가운데 거하시매 우리가 그의 영광을 보니 아버지의 독생자의 영광이요 은혜와 진리가 충만하더라(요한복음1:14).
그의 아들에 관하여 말하면 육신으로는 다윗의 혈통에서 나셨고, 성결의 영으로는 죽은 자들 가운데서 부활하사 능력으로 하나님의 아들로 선포되셨으니 곧 우리 주 예수 그리스도시니라(로마서 1:3-4)

005

예수 그리스도는 누구인가?(2)[5)]

Q 질문

성경은 '예수가 하나님이시고 사람이시다' 했는데, 어디서 그것을 알 수 있습니까?

A 회답

첫째, 요한복음 8장 58절을 보시겠습니다. 예수 그리스도의 말씀입니다.

「예수께서 이르시되 진실로 진실로 너희에게 이르노니 아브라함이 나기 전부터 내가 있느니라 하시니」 (요한복음 8:58)

이 말은 문법적으로 보면 이상합니다. '나는 있었다'가 올바른 표현입니다. 그러나 예수님은 '나는 있다' 현재형으로 말하고 있습니다. 영어로 'I am'입니다. 유대의 맥락에서 이는 예수의 신성 선언입니다. 즉 '자기가 하나님이다'라고 주장하고 있는 것입니다.

지금으로서는 뜻을 이해하기 어려울 수 있습니다. 그러나 예수님 당시 유대인들은 이해하였습니다. 그래서 예수에게 돌을 던지려 했습니다. 이유는 예수가 모독죄를 지었다 생각했기 때문입니다. 자신을 '하나님과 동일하다'한 것이 모독죄입니다. 그러나 놀랍게도 예수는 스스로 자기가 하나님인걸 부정하지 않았습니다.

둘째, 이번에는 요한복음 10장 30절입니다. 예수님의 말씀입니다.

「나와 아버지는 하나이니라 하신대」 (요한복음 10:30)

---

5) Q5 イエス・キリストとは誰ですか？http://seishonyumon.com/movie/1473/

아버지는 성부 하나님을 뜻하는 것입니다. '나와 아버지는 하나이다'라는 의미로서, 이 또한 신성 선언입니다. 유대적 맥락에서는 '내가 아버지와 하나이다'라는 표현은 '내가 하나님이다'라는 말과 같은 뜻입니다.

증거로 유대인들은 예수에게 돌을 던지려 한 것입니다. 그러나 이때에도 예수는 자신이 하나님임을 부정하지 않았습니다.

셋째, 그래서 '하나님이며 사람이 되신 예수다'라는 것입니다.

예수는 하나님이시고 사람이다. 이것은 우리의 이해를 훨씬 넘는 진리입니다. 예수 그리스도가 '우리들의 죄' 문제를 해결할 '구세주'로 십자가 위에서 죽기 위해서는 '하나님이요, 사람이다'란 조건이 필요했습니다.

즉 '예수가 하나님이며 사람이시다'함은 십자가 위의 죽음이 '속죄(redemption, 贖罪)의 죽음'이 되기 위해 필요했던 조건이었습니다. 사람이 아니시면 죽을 수 없습니다. 하나님이 아니시면 죄값을 치를 수 없습니다. 그래서 예수는 '하나님이시며 사람'일 필요가 있었던 것입니다. 그 외 다른 분은 누구도 우리의 구세주가 될 수는 없었던 것입니다.

어떤 사람들은 말합니다. '예수님은 그런 말을 하지 않았다, 2000년 전에 있었던 제자들의 말을 지금 우리가 믿어야 하는가?' 저는 대학생 시절부터, 성경 말씀은 진리라고 받아들이기 시작했습니다.

예수 그리스도께서 하신 일, 그리스도의 죽음, 또 실제로 목격한 제자들의 증언을 믿었습니다. 그리고 지금도 예수 그리스도께서 나의 죄를 위하여 죽으시고 무덤에 장사(葬事)되었다가 3일 만에 살아나셨음을 믿으며, 마음속에 기쁨과 희망을 갖고 살아가고 있습니다.

당신도 예수 그리스도가 하신 일과 성경의 기록들을 믿을 수 있으시기 바랍니다.

Today's Bible

미쁘다 모든 사람이 받을 만한 이 말이여 그리스도 예수께서 죄인을 구원하시려고 세상에 임하셨다 하였도다 죄인 중에 내가 괴수니라 (디모데전서 1:15)

Q006

기독교는 서양 종교인가?[6)]

Q 질문

기독교는 서양 종교가 아닙니까? 우리가 왜 다른 나라의 종교를 믿어야 합니까?

A 회답

기독교는 서양의 종교(宗教, religion)인가? 답은 'YES' 그리고 'NO'입니다. 평소처럼 3가지로 말씀드리겠습니다.

첫째, 기독교는 원래 유대 종교입니다.

예수님은 유대인(Jew)이었습니다. 제자들도 유대인이었습니다. 그리고 그리스도께서 유대인의 구세주로 이 땅에 오셨습니다. 지금 제가 들고 있는 성경이 꽤 두껍습니다. 예수님 시대에 유대인들이 갖고 있던 성경은 지금의 구약성경입니다. 구약에는 많은 메시아 예언이 기록되어 있습니다. 지금 기독교라 부르는 것은 원래 유대 종교였습니다.

둘째, 유대 종교가 이방인 세계로 퍼지며 기독교로 불리게 되었습니다.

이방인(異邦人)이란 유대인이 아닌 사람을 말합니다. 처음에는 기독인이나 크리스천이라는 말이 없었습니다. 크리스천은 예수를 믿는 사람들에게 붙여진 별명입니다. 그리스도에 붙은 자 또는 그리스도 바보라는 의미가 포함되어 있습니다.

이방인 기독교 신자가 증가하며, 유대인이 교회에서 배제되어 갔습니다. 기독교가 로마 공인 종교가

---

6) Q6 キリスト教って、西洋の宗教じゃないの？http://seishonyumon.com/movie/1489/

된 4세기에 교회는 이방인 중심의 조직이 되었습니다. 기독교는 처음 예루살렘에서 시작해 팔레스타인 지역으로 퍼져 소아시아(현재 터키)로 전파되고, 다시 유럽 대륙으로 건너가 영국, 북미로 퍼졌습니다. 그리고 아시아 국가로 넘어왔습니다.

이렇게 해서 일본까지 복음(福音)이 전해지게 된 것입니다. 기독교가 서양 종교라 생각하는 이유는 서양을 경유해 일본에 전해졌기 때문입니다. 그런데 원래는 유대인의 종교입니다.

셋째, 기독교는 이제 예루살렘으로 회귀하려 하고 있습니다.

오늘날 기독교의 중심은 서양이 아닙니다. 아시아 국가가 중심입니다. 한국과 중국이 기독교가 가장 활발한 지역이 되고 있습니다. 남미, 아프리카 같은 제3세계에 기독인이 많이 일어나며 무게 중심이 이동하고 있습니다.

그러한 역사적 맥락 속에서 지금 예루살렘을 향해 나아가는 에너지가 생겨나고 있습니다. 복음을 원래 출발지인 예루살렘과 유대인에게 전하려는 에너지가 작용하고 있습니다. 그와 연동해 유대인들 사이에서도 예수를 메시아(구세주)로 믿는 사람들이 증가하고 있습니다. 이것은 세상의 종말, 즉 종말 시대가 매우 가깝다는 것을 예감케 합니다.

이렇게 보면 기독교는 서양 종교라기 보다 세계(世界)를 일주하고 있는 종교라 생각을 하는 것이 정답일 것입니다. 저는 이 단어를 자주 사용합니다.

기독교는 세계관이자 역사관입니다. 개인적인 견해로 앞으로 일본이 국제적인 역할을 하려 한다면, 또는 세계의 장으로 나가 의미있는 일을 하려 한다면 성경 지식은 필수불가결한 것이라고 생각합니다.

Today's Bible

오직 성령이 너희에게 임하시면 너희가 권능을 받고 예루살렘과 온 유대와 사마리아와 땅 끝까지 이르러 내 증인이 되리라 하시니라. (사도행전 1:8)

007

죄란 무엇인가?[7)]

Q 질문

지금까지 죄란 인간이 정한 법률을 어기는 것이라 생각했습니다. 그런데 문득 하나님은 무엇을 죄로 생각할까 궁금해졌습니다.

A 회답

사람들에게 죄(sin, 罪)란 저항감이 많은 용어입니다. '당신은 죄인이다'란 말을 듣는 것이 싫어 교회에 가기 싫다 하는 분들도 많습니다. 성경은 죄에 대해 어떻게 가르치고 있는지 3개로 말씀 드리겠습니다.

첫째, '죄'의 정의입니다.

죄란 '빗나감'을 뜻합니다. 화살이 과녁을 빗나간 것입니다. 과녁은 창조주를 의미합니다. 우주를 만들고, 지구를 만들고, 우리를 만드신 분이 창조주입니다. 그 창조주를 잊고, 창조주로부터 떨어져 있는 상태, 창조주에게 등을 돌리고 있는 상태가 '빗나간' 것입니다. 이것이 '죄'입니다.

둘째, '하나님의 법'을 어기는 것은 죄입니다.

구약성경 출애굽기에 십계명(Ten Commandments, 十誡命)이 나오는데, 이것을 읽고 좋아하는 사람은 없습니다. 스스로 자신이 그와 거리가 먼 생활을 하고 있었구나 하는 생각이 들 수 있기 때문입니다.

7) Q7 罪とはなんですか? http://seishonyumon.com/movie/1549/

신약성경에 예수님께서 말씀하신 산상수훈(Sermon on the Mount, 山上垂訓)을 읽고 힘들어질 수도 있습니다. 산상수훈을 읽고 난 잘했어 완벽해! 할 수 있는 사람은 아무도 없기 때문입니다. 일본의 문학자 중에 산상수훈을 읽고 절망해 자살한 사람도 있습니다.

십계명과 산상수훈을 읽고 기뻐하는 사람은 없습니다. 오히려 자신의 모습을 보며 실망할 수 있습니다. 이유는 하나님의 율법을 어기는 것이 죄이고, 나도 그런 죄인이구나 느낄 수 있기 때문입니다.

그러나 그것이 나쁜 것만은 아닙니다. 그것이 계기가 되어 구원의 길을 발견할 수 있기 때문입니다. 예수 그리스도의 십자가는 죄인을 대신하여 그리스도께서 죽으신 것으로, 이를 믿는 사람은 죄사함을 받고 새로운 삶을 살게 된다는 점에서는 오히려 좋은 소식입니다.

셋째, 죄는 내면의 상태를 말하며, 동시에 외면적 행위이기도 합니다.

내면이 잘못되면 외면 행위도 잘못된다는 것이 성경의 교훈입니다. 거짓말한 사람을 거짓말쟁이, 물건을 훔친 사람을 도둑이라 합니다. 그러나 성경 원리는 그렇지 않습니다. 거짓말쟁이의 내면을 갖고 있으니까 거짓말을 하는 것입니다. 도둑질하는 내면을 갖고 있으니까 남의 물건을 훔치는 것입니다.

우선 내면에 문제가 있다. 그러므로 외면적인 행위가 따른다. 이것이 성경이 말하는 죄의 개념입니다. 그리고 죄의 문제는 자신의 행위를 바르게 하거나 선행을 쌓아 해결하고 구원에 이르게 되는 것이 아닙니다. 그것은 비현실적입니다. 그게 사실이라면 나이가 들수록 인격이 변화되고 훌륭한 사람이 되어야 하는데, 저 자신을 생각해도 그렇지 못한 것 같습니다.

성경이 말하는 죄의 해결 방법은 그리스도의 십자가에 의한 용서뿐입니다.

Today's Bible

사랑은 여기 있으니 우리가 하나님을 사랑한 것이 아니요 하나님이 우리를 사랑하사 우리 죄를 속하기 위하여 화목 제물로 그 아들을 보내셨음이라(요한일서 4:10).
너희는 그 은혜에 의하여 믿음으로 말미암아 구원을 받았으니 이것은 너희에게서 난 것이 아니요 하나님의 선물이라. 행위에서 난 것이 아니니 이는 누구든지 자랑하지 못하게 함이라(에베소서 2:8-9).

008

원죄란 무엇인가?[8)]

Q 질문

소설속에 '원죄'라는 말이 있었습니다. 일상에서는 사용하지 않는 말이라 당황했습니다. 정확한 의미를 가르쳐 주십시오.

A 회답

'원죄(Original sin, 原罪)'란 인간이면 누구나 갖고 있는 죄를 추구하는 속성을 말합니다. 성선설과 성악설 중, 성경은 성악설에 서 있습니다. 사람은 악을 추구하는 속성을 갖고 있다는 것이 성경적 인간관입니다.

첫째, 처음 죄를 지은 것은 악마입니다.

악마는 성경에서 사탄이라고도 합니다. 악마는 처음 천사로 창조되었습니다. 천사가 타락해서 악마가 되었습니다. 타락한 원인은 오만입니다. 악마는 아름다워지길 원하고, 하나님처럼 되려 했습니다. 자신이 하나님이 되고싶다 생각하고 불순종한 것이 악마가 지은 죄입니다.

둘째, 악마에게 유혹되어 아담과 하와가 죄를 지었습니다.

창세기 3장 이야기입니다. 아담과 하와는 처음 에덴동산에 있었습니다. 하나님은 아담에게 '동산안에 있는 어떤 나무든 먹어도 된다. 그러나 선악(善惡)을 아는 나무의 열매를 먹어서는 안 된다. 그것을 먹으면 반드시 죽는다'고 하셨습니다. 선악을 아는 나무는 아담과 하와가 하나님이 만든

---

8) Q8 原罪って、なに？ http://seishonyumon.com/movie/1564/

피조물로서, 충실하게 순종하는지를 테스트하기 위한 나무였습니다.

사탄은 하와에게 다가가서 유혹(誘惑)했습니다. 아담은 하나님으로부터 직접 명령을 듣고 있었지만, 하와는 아담으로부터 간접적으로 들었기 때문에 사탄은 여자가 속이기 쉽다 생각한 것일지도 모릅니다. 사탄이 하와를 유혹한 방법은 이것을 먹으면 당신도 하나님처럼 된다는 것이었습니다. 사탄 자신이 나도 하나님처럼 되고 싶다고 생각해서 타락한 것인데, 같은 방법으로 동기부여를 하며 여자를 유혹했습니다.

여자는 먹으면 안 된다던 걸 먹고, 남편인 아담에게도 주고, 아담도 그걸 먹었습니다. 이것이 바로 아담과 하와가 범한 죄입니다. 죄의 본질은 하나님에 대한 불순종(不順從)입니다. 무엇이 선이고 무엇이 악인지를 스스로 결정하겠다는 태도는 스스로를 하나님으로 삼는 것입니다.

셋째, 인류는 아담의 '죄의 성질'을 계승해 탄생하게 되었습니다.

아담과 하와로부터 태어난 아이는 같은 성질을 갖고 태어나게 되었습니다. 인류의 조상은 아담과 하와인데, 그 후손으로 부모님이 태어났고, 부모님으로부터 제가 태어났습니다. 나는 유전적으로 부모님의 육체적 성질을 계승하고 있습니다. 그와 마찬가지로 내면적으로 아담 이래 모든 인류는 원죄, 즉 죄를 추구하는 속성을 갖고 태어났습니다.

성경은 죄의 댓가는 죽음이라 가르칩니다. 죽음은 하나님과의 단절을 의미합니다. 원죄를 간직하고 있으면 사람은 영원히 멸망할 수 있다고 경고합니다. 우리는 조상인 아담과 연결되어 있는 상태입니다. 예수 그리스도를 마지막 아담 또는 제2의 아담이라 합니다.

성경이 제시하는 구원은 첫번째 아담과의 관계를 끊고, 마지막 아담인 예수 그리스도와 연합하라는 것입니다. 방법은 예수 그리스도를 믿는 것입니다. 예수 그리스도와 연합되면 그 성품이 내 안에 머물기 때문에 원죄 문제가 해결됩니다.

Today's Bible

여호와 하나님이 그 사람을 이끌어 에덴 동산에 두어 그것을 경작하며 지키게 하시고, 여호와 하나님이 그 사람에게 명하여 이르시되 동산 각종 나무의 열매는 네가 임의로 먹되, 선악을 알게 하는 나무의 열매는 먹지 말라 네가 먹는 날에는 반드시 죽으리라 하시니라(창세기 2:15-17)
아담 안에서 모든 사람이 죽은 것 같이 그리스도 안에서 모든 사람이 삶을 얻으리라(고린도전서 15:22)

009

기독교에서 구원이란?[9)]

Q 질문

'믿음으로 구원을 받는다'는 말을 들었습니다. 무엇을 믿으면 되는지 감이 오지 않습니다. 기독교에서 말하는 '구원'이란 어떤 것입니까?

A 회답

어떤 종교에도 '구원(salvation, 救援)'이라는 말이 있습니다. 기독교에서는 무엇을 구원이라고 하는가? 3개로 말씀드리겠습니다.

첫째, 구원의 두가지 의미를 생각해보십시오.

하나는 현실 생활에 관계된 구원입니다. 예를 들면 '건강해진다, 인간관계의 괴로움이 해소된다, 경제문제로부터 해방된다' 등입니다. 이는 현실적 의미에서의 구원이 있음을 말하는 것입니다.

그리고 또 하나의 구원이 있습니다. 그것은 근원적인 의미에서의 구원입니다. 성경은 2가지 구원에 대해 분명히 말합니다. 그러나 더 자주 나오는 것은 근원적 의미에서의 구원입니다. 그것은 바로 영원한 생명, 영혼의 구원, 사후의 생명 등과 관계된 구원입니다.

성경은 현실적 구원보다 근원적 구원에 대해 더 많이 이야기합니다. 그래서 기독교에서 말하는 구원이란 무엇인가를 논할 때는 2번째 근원적인 의미에서의 구원을 다루고 있는 것입니다.

---

9) Q9 キリスト教でいう救いとは、なんですか? http://seishonyumon.com/movie/1569/

둘째, 근원적인 의미의 구원을 정의하면 그것은 하나님의 진노로부터의 해방이라는 의미입니다.

성경을 읽지 않아도 인간의 마음에는 양심이 있고 거기서 오는 죄책감이란 것이 있습니다. 그래서 성경을 읽지 않은 사람도 본능적으로 심판에 대한 두려움을 갖고 있습니다. 죽은 후에 심판을 받지 않을까라고 생각하거나, 살아 있는 지금도 왠지 위에서 누군가가 보고 있는 것 같은 느낌을 받을 때가 있습니다.

잠언 28장 1절 말씀입니다.
「악인은 쫓아오는 자가 없어도 도망하나 의인은 사자 같이 담대하니라」(잠언 28:1)

악인(惡人)이 쫓아오는 사람도 없는데 도망치는 것은 죄책감에 시달리는 상태이기 때문입니다. 근원적인 의미의 구원은 하나님의 진노로부터 해방되는 것을 의미합니다.

셋째, 근원적인 의미의 구원은 '하나님이 준 선물'입니다. 프레젠트입니다.

이 선물은 우리가 열심히 노력해서 얻은 것이 아닙니다. 로마서 6장 23절에 이런 말씀이 있습니다.

「죄의 삯은 사망이요 하나님의 은사는 그리스도 예수 우리 주 안에 있는 영생이니」(로마서 6:23)

그리스도께서 우리의 죄를 위하여 죽으심으로 우리는 죄로부터 용서받았습니다. 즉 하나님의 진노로부터 해방되었습니다. 그리고 그 결과 선물로 나타난 것이 바로 구원(救援)입니다.

Today's Bible

하나님이 세상을 이처럼 사랑하사 독생자를 주셨으니 이는 그를 믿는 자마다 멸망하지 않고 영생을 얻게 하려 하심이라(요한복음 3:16)

Q10

어떻게 해야 구원을 받는가?[10)]

Q 질문

구원이란 '하나님의 진노로부터의 해방'이라고 배웠습니다. 그럼 어떻게 하면 구원을 받을 수 있는지 알고 싶습니다.

A 회답

첫째, '나 스스로는 자신을 구할 수 없다'는 것을 깨닫는 것이 중요합니다.

우리는 어떤 노력으로도 하나님의 거룩함의 기준에 도달할 수 없습니다. 그러므로 '자력으로는 구원이 불가능하다'는 걸 먼저 기억하십시오. 모든 사람은 죄를 지었음으로 하나님의 영광(榮光)을 받을 수 없게 되었다는 것이 성경의 가르침입니다.

둘째, '구원은 하나님의 일방적인 선물이다', 이 점을 이해해 주십시오.

구원(salvation, 救援)은 성경이 가르쳐주는 선물입니다.

가스펠송 중에 어메이징 그레이스(Amazing Grace)라 하는 찬송이 있습니다. 일본어로 '놀라우신 은혜'란 뜻입니다. 일본에서도 많은 분들이 좋아하고, 부르고 있습니다. 이것은 하나님의 은혜를 체험한 사람이 만든 감사의 노래입니다. 자신이 경험한 구원의 은혜가 하나님께서 부어주신 선물(膳物)임을 이해하고 있었던 것입니다.

성경이 가르쳐 주는 구원의 메시지를 복음(福音)이라 합니다. 좋은 소식이란 뜻입니다. 영어로는

---

6) Q10 私も救われたい！でも、どうすれば良いの？ http://seishonyumon.com/movie/1578/

Good News입니다. 복음을 믿고 하나님의 자비(慈悲)를 받은 사람이 감사하며 노래한 것이 어메이징 그레이스입니다.

복음은 인간이 생각한 것이 아니라 하나님이 계시해 준 것입니다. 하나님이 가르쳐 주신 것입니다. 그래서 성경이 전하는 구원의 방법은 인간의 머리로 생각해낸 것과 근본적으로 다릅니다.

셋째, '그럼 복음이란 무엇인가?'를 이해해 주시기 바랍니다.

구원은 복음에 나오는 다음 3가지 요소에 동의함으로 이루어집니다.

1. '예수 그리스도께서 당신을 위해, 나를 위해, 당신의 죄를 위해, 나의 죄를 위해 십자가(十字架)에 못 박혀 죽으셨다'. 우리를 위해 대신하여 죽으신 것입니다. 이를 전문용어로 '속죄(贖罪)의 죽음'이라고 합니다.
2. '죽어서 무덤에 장사되었다'. 예수님은 분명히 육체적인 죽음을 경험 하셨습니다.
3. '3일만에 죽은 자들 가운데서 부활하셨다'. 예수가 죽어서 승리하고 영광의 몸으로 다시 살아난 것입니다. 즉 예수님은 아직도 살아 계신다는 것입니다.

이 3요소를 이해하고 예수 그리스도를 마음속에 받아들이면 구원(救援)을 받을 수가 있습니다. 믿을 결심이 서신 분은 이렇게 기도하십시오.

「하늘에 계신 아버지, 저는 죄인이었습니다. 저의 죄는 당신의 은혜로만 해결됩니다. 나는 예수 그리스도가 나의 죄 때문에 돌아가시고, 무덤에 장사되었다가 3일만에 부활하신 것을 믿습니다. 주 예수 그리스도의 이름으로 기도합니다. 아멘.」

이 기도를 하신 분은 구원을 받고 계십니다.

Today's Bible

예수께서 이르시되 내가 곧 길이요 진리요 생명이니 나로 말미암지 않고는 아버지께로 올 자가 없느니라(요한복음 14:6)
내가 받은 것을 먼저 너희에게 전하였노니 이는 성경대로 그리스도께서 우리 죄를 위하여 죽으시고, 장사 지낸 바 되셨다가 성경대로 사흘 만에 다시 살아나사, 게바에게 보이시고 후에 열두 제자에게와 그 후에 오백여 형제에게 일시에 보이셨나니(고린도전서 15:3-6)

Q11

구약성경에 '산제물'의 의미[11)]

Q 질문

구약성경을 보면 '산제물'로 동물을 바치는 장면이 있었습니다. 왜 동물의 피를 흘리게 하는지, 산제물의 의미를 가르쳐 주십시오.

A 회답

첫째, '산제물의 동물을 바쳐라'라는 명령은 하나님의 은총에서 나온 것입니다.

많은 사람들이 '잔혹하다'라고 생각할지도 모르지만, 이것은 '은혜(恩惠)'입니다. 그 의미를 설명해 드리겠습니다.

이 명령을 받은 이스라엘 백성은 과거 이집트에서 노예로 있었는데, 거기서 해방되어 자유의 백성이 되었습니다. 그래서 하나님의 은총으로 구원을 받고 하나님의 백성이 되었습니다. 그런데 아무리 하나님의 백성이 되어도 현실 생활 속에서는 죄를 지을 수 밖에 없습니다. 실수할 수 있습니다.

그런 경우 마음속에 죄책감이 찾아옵니다. 우리에게도 해당되는 이야기입니다. 사람이 죄책감(罪責感)을 갖고 있으면 그 사람이 갖고 있는 본래 활동을 할 수 없게 됩니다. 그 죄책감을 해결하기 위한 은혜의 방법으로 하나님은 '속죄'라는 것을 가르쳐 주셨습니다. 그리고 '산제물의 피의 흘림'을 생겨나게 하셨습니다.

6) Q11 旧約聖書に出てくる「いけにえ」の意味は？ http://seishonyumon.com/movie/1590/

둘째, 그러나 이 '산제물의 피'는 사실 불완전한 것입니다.

동물의 피로 인간의 죄를 속죄하는 것은 불가능합니다. 그러므로 산제물인 동물의 피를 흘리는 것은 죄를 제거하는 것이 아니라 일시적으로 죄를 덮는 것, 즉 죄를 커버하는 것으로 이것은 어디까지나 응급 처치입니다. 동시에 제물의 피는 예수 그리스도께서 십자가 위에서 죄없는 아들로서 피를 흘리신다는 것을 암시하고 있는 것입니다. 산제물의 피는 불완전한 것입니다.

셋째, '그리스도의 피'는 완전(完全)한 것입니다.

예수 그리스도는 죄가 없는 생애를 보내셨고, 우리를 대신해서 십자가에 못 박혀 돌아가셨습니다. 동물의 피가 아닌 그리스도의 피가 흘려짐으로 우리의 죄가 용서를 받게 된 것입니다. 본래 우리가 받아야 할 죄의 벌을 그리스도께서 대신 받으신 것입니다.

예수 그리스도를 믿는다는 것은 우리의 죄를 용서한다 말씀하신 그리스도의 사랑과 자비를 선물로 받는 것입니다. 이것이 '믿음에 의한 구원'입니다.

산제물의 동물은 그림자(影)이며, 그리스도가 몸체(本体)입니다.

당신도 예수 그리스도를 믿고 구주로 받아들여, 죄를 용서하시는 은혜를 경험하고 누리시기 바랍니다.

Today's Bible

율법은 장차 올 좋은 일의 그림자일 뿐이요 참 형상이 아니므로 해마다 늘 드리는 같은 제사로는 나아오는 자들을 언제나 온전하게 할 수 없느니라(히브리서 10:1)
오직 그리스도는 죄를 위하여 한 영원한 제사를 드리시고 하나님 우편에 앉으사, 그 후에 자기 원수들을 자기 발등상이 되게 하실 때까지 기다리시나니(히브리서 10:12-13)

Q12

예언자는 누구인가?[12)]

Q 질문

예언자(予言者)는 미래를 예측하는 사람을 말하는데, 성경의 예언자(預言者)와 어떻게 다릅니까? 예언자는 지금도 있습니까?

A 회답

첫째, 구약성경의 예언자에 대한 해설입니다.

예언자(予言者)의 한자 뜻은 미래 일을 맞추는 사람입니다. 그러나 성경에서는 預言者(propheta, 예언자)란 한자를 쓰고 있습니다. 이것은 말과 언어를 맡은 자라는 뜻입니다. 구약성경의 예언자의 역할은 하나님의 말씀을 맡아 백성에게 전하는 것입니다. 이스라엘 역사를 보면 국가가 위기에 처했을 때 많은 예언자가 나타났습니다.

예언자는 자기 생각이나 말을 마음대로 추가해서는 안 됩니다. '주께서 이렇게 말씀하셨다'라 하는 것이 바른 화법입니다. 예언의 내용은 기본적으로 격려(激勵)입니다. 시련과 고통속에 있는 백성을 격려하는 것입니다. 그러나 때로는 '책망'를 하거나 '경고'의 메시지로 나타나는 경우도 있습니다.

예언 중에는 '장래의 일을 미리 말한다'는 의미의 예언(予言)도 있습니다. 예를 들어 예수님이 오신다는 예언입니다. 그러나 에언은 기본적으로 하나님의 백성을 향한 '격려의 메세지'입니다. 앞으로 이런 일이 있을 것이니 하나님을 잘 믿으라는 격려로 이어집니다.

12) Q12 預言者とはどういう人ですか? http://seishonyumon.com/movie/1599/

둘째, 신약성경의 예언자입니다.

초기 기독인들은 신약성경을 갖고 있지 않았습니다. 지금의 구약성경만 갖고 있었습니다. 구약과 신약성경을 연결하는 역할을 한 것이 신약성경의 예언자들입니다. 그들은 하나님의 말씀을 신자들에게 전했습니다.

오늘날 교회(教會)의 토대를 이룬 사람들입니다. 교회의 토대란 비유적인 표현입니다. 교회는 건물(建物)이 아니고 신자(信者)들의 모임입니다. 또 그 신자들의 모임을 보편적 교회(普遍的教會)라 합니다. 보편적 교회의 토대를 이룬 것이 신약성경의 예언자들입니다.

셋째, 지금도 예언자가 있는가?에 대한 질문입니다.

지금도 예언자(預言者)가 있다면 이는 아직도 교회 토대 만들기를 하고 있다는 뜻입니다. 그러나 교회의 토대는 마련되었습니다. 신약성경이 완결(完結)되며 예언자의 활동 시기도 끝난 것입니다.

물론 지금도 가끔 '내가 예언자다'라 말하는 사람이 있습니다. 그 사람이 진정한 예언자인지 아닌지를 판단하는 기준으로 성경은 다음 2개를 말합니다.

1. 말하는 내용이 100% 성경의 계시와 조화를 이루어야 합니다. 만약 모순이 있다 하면 그 사람은 하나님의 말을 하고 있지 않은 것입니다.
2. 미래를 예언하는 경우 100% 그대로 되지 않으면 예언자라고 할 수 없습니다. 하나라도 빗나간다면 그 사람은 가짜 예언자입니다.

이 2개의 기준을 오늘날에 적용해 보면, 예언자의 활동은 이미 끝났다는 것을 알 수 있습니다.

Today's Bible

너희는 사도들과 선지자들의 터 위에 세우심을 입은 자라 그리스도 예수께서 친히 모퉁잇돌이 되셨느니라. 그의 안에서 건물마다 서로 연결하여 주 안에서 성전이 되어 가고, 너희도 성령 안에서 하나님이 거하실 처소가 되기 위하여 그리스도 예수 안에서 함께 지어져 가느니라(에베소서 2:20~22)

Q13

성경이 왜 다 맞는 것인가?[13)]

Q 질문

성경은 창작된 것으로 판타지 소설 같은 것 아닙니까? 기독인은 성경 말씀이 왜 다 옳다 하며 믿는 것입니까?

A 회답

첫째, 신약성경의 '복음서' 4개를 먼저 읽어 주시기 바랍니다.

성경이라고 의식하고 말고 그냥 역사서(history, 歷史書)로 읽어주세요. 기독인이 아니신 분들은 '이것이 성경이니 다 옳다' 하면 당황스러울 수 있습니다. 따라서 역사서로 읽는 점에 유의해 주시기 바랍니다. 왜냐하면 복음은 '목격자(目擊者)들의 의한 기록'이기 때문입니다. 4개 복음서 중 마지막으로 쓰여진 것이 요한복음입니다. AD 85년에서 95년 사이 완성되었습니다. 복음서는 예수 그리스도를 부정하는 사람들이 많이 존재하던 시절에 쓰여진 것입니다. 거짓말을 썼다면 당연히 비판을 받았을 것입니다. 그럼에도 제자들이 예수님과 함께 하며 목격했던 일들을 기록으로 남긴 것입니다.

둘째, '역사서' 안에 그려져 있는 예수와 대결하거나 싸워보는 것입니다.

예수를 바로 바라보시길 바랍니다. 예수님이 '하신 일들'과 '가르침'에 대해서 조용히 묵상(默想)해 보시길 바랍니다. 그리고 마지막으로 '당신은 예수를 누구라 하는가?' 질문에 대답을 해 보시기 바랍니다.

---

13) Q13 聖書の言っていることが正しいとなぜ言えるのですか？ http://seishonyumon.com/movie/1620/

그렇게까지 하며 예수와 싸워보는 것이 싫다 하시면 저는 조금 실망입니다. 이유는 '성경이 옳다고 왜 말할 수 있는가'와 같은 궁극적인 질문을 하는 분이라면 예수와 대결(對決)할 힘이 있다고 생각하기 때문입니다. 철저하게 예수와 싸워 보십시오. 제자들은 예수와 대치하며 이분이 바로 구세주, 그리스도 메시아임을 믿었습니다.

여러분도 역사책의 하나로 복음서를 읽고, 거기에 그려져 있는 예수를 만나시기 바랍니다. 그리고 이분이 하나님의 아들이심을 믿고, 또 하였던 일들을 생각하며 신앙에 정진이 있으시길 바랍니다.

셋째, 메시아이자 그리스도이신 예수님께서 성경에 대해 어떻게 보고 계셨는가 하는 점입니다.

예수님은 성경에 잘못된 부분이 없다 하셨습니다. 구약성경에 대해 일점일획까지 없어지지 않을 것이다 하였습니다. 신약성경은 당시 아직 쓰여지지 않았습니다. 그러나 앞으로 쓰여질 성경에 대해 성령(Holy Spirit, 聖靈)께서 오셔서 제자들을 진리가운데로 인도하신다 약속하셨습니다. 그리고 그 받은 계시와 사건들을 제자들이 모아 기록한 것이 신약성경입니다.

예수 그리스도를 기준으로 구약성경과 신약성경 모두 틀림이 없는 내용입니다. 예수님께서 성경의 진실성(眞實性)을 보장하셨습니다. 성경은 믿을 수 있는 것입니다.

Today's Bible

내가 율법이나 선지자를 폐하러 온 줄로 생각하지 말라 폐하러 온 것이 아니요 완전하게 하려 함이라. 진실로 너희에게 이르노니 천지가 없어지기 전에는 율법의 일점 일획도 결코 없어지지 아니하고 다 이루리라(마태복음 5:17~18)
그러나 진리의 성령이 오시면 그가 너희를 모든 진리 가운데로 인도하시리니 그가 스스로 말하지 않고 오직 들은 것을 말하며 장래 일을 너희에게 알리시리라(요한복음 16:13)

Q15

왜 성경에 여러 종류의 번역이 있는가?[15)]

Q 질문

성경을 읽으려고 도서관에 갔는데 여러 종류 일본어 번역이 있었습니다. 번역이 왜 많습니까? 무엇이 가장 정확한 것입니까?

A 회답

첫째, 성경의 '원전'은 바뀌지 않습니다.

성경의 원전(original text, 原典)을 보면 구약성경은 히브리어로 쓰여졌습니다. 그리고 일부 아람어가 섞여 있습니다. 신약성경은 헬라어로 쓰여졌습니다. 히브리어의 구약성경과 헬라어의 신약성경은 변하지 않습니다.

둘째, 왜 많은 번역이 있는가? 하는 점인데, 이는 우리가 쓰는 언어가 변화하고 있기 때문입니다.

일본어번역 성경을 보면 오래된 번역 중 문어역 성서(文語訳聖書)라는 것이 있습니다. 매우 아름다운 일본어로 쓰여져 있습니다. 그런데 오늘날 젊은 사람들은 문어역 성서를 읽어도 감이 오지 않습니다. 그래서 대부분 교회에서 사용하고 있지 않습니다. 단 문어역 성경의 문체가 너무 훌륭하기 때문에 지금도 소수 사용하는 교회도 있기는 합니다. 그러나 일반적으로 문어조의 문장은 젊은 사람들에게 익숙하지 않기 때문에 알기 쉬운 말로 다시 번역할 필요가 있습니다.

이러한 이유로 문어역 성서외에 구어역 성서(口語訳聖書), 신개역 성서(新改訳聖書), 신공동역 성서(新共同訳聖書)와 같은 것이 계속해 나왔습니다. 개인번역 성경도 여러 개 있습니다. 언어자

15) Q15 なぜ聖書には多くの翻訳があるのですか? http://seishonyumon.com/movie/1652/

체가 변화하기 때문에 시대적 요청에 부응하기 위해서 새로운 번역문이 계속 나왔던 것입니다.

셋째, 성경 말씀의 의미에 대해 새로운 발견이 나옵니다.

서두에서 원전은 바뀌지 않는다 했지만, '이것이 원전이다' 물리적으로 존재하고 있는 것은 아닙니다. 원전에서 파생된 몇천 개의 사본(寫本)이 있습니다. 학자들이 사본을 비교 검토하면서 원전이 무엇인가를 연구합니다. 그 결과 원전의 99% 이상이 회복되었습니다. 원전이 물리적으로는 존재하지 않지만, 문자정보로서 신뢰할 수 있는 수준으로 회복된 셈입니다.

연구는 전진하고 있습니다. 새로운 사본이 나왔거나 새로운 발견이 있으면 원전에 관한 보다 깊은 이해가 될 것입니다. 고고학적으로 문서들이 발견되기도 합니다. 성경의 일부가 아닌 일반 문서도 좋지만 성경시대의 문서가 발견되면 그 때까지 의미를 알 수 없었던 것도 이해가능하게 됩니다. 문맥을 판단하고 '여기에는 이런 의미가 있었구나' 연구가 진행됩니다. 성경에 한번 밖에 언급되지 않아 충분히 알 수 없었던 본문들도 다른 자료를 참고함으로써 더욱 잘 이해할 수 있게 됩니다.

그리고 이러한 발견들이 쌓여가며 정확한 성경번역(Translation of the Bible, 聖書飜譯)이 이루어지게 됩니다. 그러므로 시간과 세월이 지나며 성경을 다시 번역해야 할 필요가 생기게 되는 것입니다.

이것은 성경의 신뢰성에 대한 파괴가 아니라, 좀 더 정확히 번역하기 위해 접근하려는 노력입니다. 성서학자들은 이런 연구를 계속하고 있습니다.

Today's Bible

너희가 거듭난 것은 썩어질 씨로 된 것이 아니요 썩지 아니할 씨로 된 것이니 살아 있고 항상 있는 하나님의 말씀으로 되었느니라(베드로전서 1:23)

Q16

어떤 일본어 성경이 좋은가?[16)]

Q 질문

성경을 읽고 싶은데, 일본어번역 성경 중 어떤 것을 읽어야 할지 고민입니다. 특징을 알고 싶습니다.

A 회답

가장 대중적인 일본어역 성경을 번역 연대순으로 4개 소개하겠습니다.

첫째, 문어역 성서입니다.

이것은 일본성서협회(日本聖書協会)에서 발행하고 있습니다. 구약성경 부분은 메이지역(明治訳)이라고 합니다. 1887년 메이지 시대에 번역된 것입니다. 이후 다이쇼 시대인 1917년에 신약성경이 번역되었는데 이를 다이쇼개역(大正改訳)이라 합니다.

저 개인적으로는 문어역 성경을 좋아합니다. 격조 높은 일본어로 번역이 되어있습니다. 암송하기도 쉽습니다. 그래서 많은 기독교 선배들은 문어역 성경 성구를 암송했습니다.

그러나 시대가 변하며 젊은 사람들에게는 옛날 말로 느껴지게 되었습니다. 그래서 일반성이 없다는 이유로 두번째 성경이 번역되었습니다.

둘째, '구어역 성경'입니다.

일본성서협회에서 발행하고 있습니다. 신약성경은 1954년에, 구약성경은 그 다음해인 1955년에

12) Q16. どの日本語聖書を読めばいいですか? http://seishonyumon.com/movie/1670/

출판되었습니다.
구어역 성경은 이해하기 쉽습니다. 최근 일본어 번역과 비교하면 짧은 단어로 표현하는 느낌이 들어, 읽기 쉽고 리듬이 좋습니다. 이것이 구어역 성경(口語訳聖書)의 특징입니다.

셋째, '신개역 성서'입니다.

이 성경은 일본성서간행회에서 발행되고 있습니다. 초판이 1970년으로, 소위 복음파(福音派)라고 불리는 사람들이 번역한 성경입니다. 구어역 성경에서는 신학적으로 납득할 수 없다고 하는 사람들이 자신들의 신앙고백으로 번역한 것이 이 성경입니다. 저희 단체 '하베스트 타임 미니스트리즈'도 신개역 성경(新改訳聖書)을 사용하여 메시지를 전달하고 있습니다. 물론 다른 일본어 번역을 참고하는 것은 많이 있습니다.

「신개역성서」의 개정 제3판이 2003년에 출판되었습니다. 이것은 차별 용어를 수정하거나 일본어로서 불충분한 표현을 고쳐 쓰거나 한 것입니다.

넷째, '신공동역성경'입니다.

문어역, 구어역과 마찬가지로 일본성서협회에서 발행이 되고 있습니다. 1987년에 출판되었습니다. 공동역이라는 의미는 일본기독교단, 일본성공회, 로마 가톨릭교회가 공동으로 번역했기 때문입니다.

신공동역성경은 일반적으로 정경(正經)으로 인정되지 않는, 제2정경으로 불리는 것을 구약성경 속편으로 수록하고 있습니다. 최신 학문적 성과를 바탕으로 읽기 쉬운 일본어로 표현하고 있는 것이 신공동역성서(新共同訳聖書)의 특징입니다.

위 4개 일본어 번역 성경 외에, 개인역성경(個人訳聖書)이 있습니다. 또 '리빙 바이블(Living Bible)'처럼, 의역을 하여 읽기 쉽게 한 성경도 있습니다.

Today's Bible

모든 성경은 하나님의 감동으로 된 것으로 교훈과 책망과 바르게 함과 의로 교육하기에 유익하니 (디모데후서 3:16)

Q017

하나님을 '아버지 하나님'이라 하는 이유[17)]

Q 질문

하나님을 아버지 하나님이라 부르는데, 하나님은 남자입니까? 어머님 하나님이라 부르면 안됩니까?

A 회답

첫째 '아버지 하나님'은 비유적인 표현입니다.

하나님을 비유해서 아버지 하나님이라 부릅니다. 고대 중근동에서는 아버지의 역할이 신(神)의 성질을 표현하기에 가장 적합하다 판단했기 때문입니다.

아버지는 가족 전체를 보살피고, 보호하고 키우는 역할을 합니다. 또 종교 교육을 하는 것도 아버지의 몫입니다. 그래서 하나님을 아버지 하나님이라 부르는 것입니다. 그러나 비유적인 말에는 항상 한계가 있으니, 이는 참조해야 합니다.

아버지라는 인간입니다. 신(神)은 인간이 아닙니다. 아버지는 남자입니다. 그러나 신에게는 성별이 없습니다. 남성과 여성이란 성별은 피조세계 안에서 만들어진 구별입니다. 하나님은 그것을 초월하여 계시는 분입니다. 그러므로 비유적인 용어의 한계를 알 필요가 있습니다.

둘째, 성경은 하나님을 '아버지'도 '어머니'도 그리고 있습니다.

예를 들어 구약성경 이사야서에 이런 말이 있습니다.

「여인이 어찌 그 젖 먹는 자식을 잊겠으며 자기 태에서 난 아들을 긍휼히 여기지 않겠느냐 그들은

17) Q17. 神を「父なる神」と呼ぶのはどうしてですか? http://seishonyumon.com/movie/1686/

혹시 잊을지라도 나는 너를 잊지 아니할 것이라」(이사야49:15)

한 여자가 아이에 갖는 마음을 하나님의 생각으로 표현하고 있습니다.

또 예수님은 이렇게 말씀하십니다.
「암탉이 그 새끼를 날개 아래에 모음 같이 내가 네 자녀를 모으려 한 일이 몇 번이더냐」
(마태복음23:37)
예수님이 자신을 '암탉'에 비유하신 것입니다. 이렇듯 성경은 하나님을 아버지로서도 어머니로서도 표현하고 있습니다.

셋째, 그러면 왜 '어머니 하나님'이라 부르지 않는지 생각해 봅시다.

어머니 하나님이라는 말을 사용하면 문제는 없는 것일까? 제가 볼 때는 문제가 있다 생각합니다. 이유는 성경이 하나님이 선택하신 말씀이기 때문입니다. 어떤 말을 고르고 어떤 말을 고르지 않았다. 그 뒤에는 저마다의 이유가 있는 것입니다.

성경이 어머니 하나님이라는 말을 쓰지 않는 이유는 우상숭배(idolatry, 偶像崇拜)로 이어질 염려가 있기 때문입니다. 다신교의 신, 다산의 신, 풍요의 신 등은 대체로 여성의 신. 즉 여신을 말합니다. 이스라엘에서 유적을 발굴하다 보면 우상신이 나오기도 합니다. 출토된 가나안인의 우상신은 여성이 커다란 젖가슴을 두 손으로 안고 내가 풍요의 신이라고 자기주장하는 것처럼 보입니다.

이와같이 성경은 하나님을 아버지로도 어머니로서도 표현하고 있지만, 우리가 하나님을 부를 때는 '어머니 하나님'이 아닌 '아버님 하나님'이라는 용어를 사용하는 것이 적합하다고 생각합니다.

Today's Bible

그러므로 그들을 본받지 말라 구하기 전에 너희에게 있어야 할 것을 하나님 너희 아버지께서 아시느니라. 그러므로 너희는 이렇게 기도하라 하늘에 계신 우리 아버지여 이름이 거룩히 여김을 받으시오며, 나라가 임하시오며 뜻이 하늘에서 이루어진 것 같이 땅에서도 이루어지이다(마태복음 6:8-10)

Q18

하나님은 왜 사탄을 처벌하지 않을까?[18)]

Q 질문

하나님은 왜 악마를 처벌하지 않습니까? 악마가 없다면 세상이 더 좋아지지 않겠습니까?

A 회답

첫째, 하나님이 사탄을 취급하는 방법은 인간이 이해할 수 없습니다.

질문에 이렇게 하면 되는데 하나님은 왜 안하느냐? 하는 뜻이 있지만, 사실 하나님의 생각은 인간이 100% 알 수 있는 것이 아닙니다. 그래서 저도 '모르겠다'는 점에서 출발, 답변을 드리고 싶습니다.

에덴동산에서 생긴 일입니다. 왜 하나님은 아담과 하와가 유혹되는 것을 허락하셨는가? 저도 의문이 생깁니다.

욥의 체험의 경우도 마찬가지입니다. 왜 하나님은 사탄(Devil, Satan)이 욥을 괴롭히도록 허락하셨을까. 대답하기가 어렵습니다.

그럼에도 하나님이 악마를 즉시 처벌하지 않은 이유가 있을 것입니다. 그것을 생각해 봅시다.

둘째, 질문에 '악마의 존재는 바람직하지 않은 것이다'라는 전제가 있습니다.

그러나 인간이 아는 것은 일부이기 때문에 신중하게 판단할 필요가 있습니다. 즉 '하나님이 당장 사탄을 처벌하지 않는 이유가 있을 것이다'와 같은 마음의 여유를 가질 필요가 있다는 것입니다.

---

18) Q18. 神様は、どうして悪魔をただちに処罰しないで、放置しておられるのでしょうか?
http://seishonyumon.com/movie/1697/

악마는 전능하지 않습니다. 사탄은 하나님의 허락한 범위에서만 움직일 수 있습니다. 사탄은 우리가 동의하지 않는 한 영향을 줄 수 없습니다. 이는 중요한 것입니다. 많은 사람들이 유혹에 넘어 갑니다. 그러나 마음을 열고 그에 동의하지 않는 한 악마는 우리를 지배할 수 없습니다.

셋째, '악마의 책략'이, 반대로 '신의 계획'을 전진시키는 경우가 있습니다.

앞에서 '하나님이 사탄을 다루는 방법'에 대해 인간이 알 수 없다 했지만, 하나님의 관점에서 보면 자신의 계획을 이루기 위해 악마를 방치하는 경우도 있습니다.

우리의 신앙(faith, 信仰)은 사탄이나 그 하수인 악령들의 유혹을 극복함으로써 성장합니다. 시험이 없는 신앙의 완성은 있을 수 없습니다. 하나님은 우리를 유혹하는 분이 아니지만, 우리가 유혹에 만나는 것은 허락하실 수 있습니다.

아담과 욥이 사탄의 유혹을 받은 것은 연단을 통해 그들의 신앙을 보다 높은 단계로 끌어올리기 위해서였습니다. 오늘 결론은 다음 2가지입니다.

1. 하나님이 사탄을 취급하는 방법을 다 아는 것은 불가능합니다.
2. 그러나 하나님의 계획 속에는 악마를 방치하는 적극적인 이유도 있습니다.

Today's Bible

이것은 이상한 일이 아니니라 사탄도 자기를 광명의 천사로 가장하나니(고린도후서 11:14)
여러 계시를 받은 것이 지극히 크므로 너무 자만하지 않게 하시려고 내 육체에 가시 곧 사탄의 사자를 주셨으니 이는 나를 쳐서 너무 자만하지 않게 하려 하심이라(고린도후서 12:7)

Q19

재림의 시기[19)]

Q 질문

최근에 어떤 분이 그리스도의 재림 시기를 알 수 있다 말하는 것을 들었습니다. 그리스도의 재림(second advent, 再臨) 시기를 알 수 있습니까?

A 회답

첫째, 먼저 재림의 내용은 다음과 같이 두 가지로 나뉨을 이해해 주시길 바랍니다.

① 휴거(공중 재림, 空中再臨)
'휴거'가 있으면 지상에 살아 있는 신자들은 모두 산 채로 하늘로 올라가게 됩니다. 이미 그리스도를 만나 그리스도를 믿고 죽은 사람은 죽음의 상태에서 부활하여 하늘로 올라갈 수 있습니다. 이것을 '휴거(携挙)'라 합니다. '공중재림'이라 부르기도 합니다.

② 재림(지상 재림, 地上再臨)
'재림(再臨)'은 지상재림을 말하며, 이는 그리스도가 영광스러운 모습으로 왕으로서 지상에 돌아오는 것을 말합니다.

이것들을 구분하여 이해할 수 있어야 합니다.

둘째, '휴거'의 시기는 모릅니다. 그러나 재림할 때의 장래는 예측할 수 있습니다.

'휴거'는 언제 일어날지 모릅니다. 오늘일지도 모릅니다.

---

19) Q19. キリストの再臨の時期は分かるのですか? http://seishonyumon.com/movie/1712/

휴거가 일어나서 기독인이 지상에서 없어지는 것은 교회가 없어진다는 것을 의미합니다. 교회란 건물이 아니라 그리스도를 믿는 사람들의 무리입니다. 그 때 지상에서 일이 일어납니다. 반기독인인 한 인물이 등장해 이스라엘과 7년 계약을 맺습니다. 이 계약체결이 환난시대의 시작입니다. 그리고 7년째 말에 그리스도의 '재림'이 있습니다.

그러면 휴거가 일어난 후 반그리스도와 이스라엘의 계약이 체결되면, 그로부터 7년 후 지상재림이 있을 것이라는 계산이 성립됩니다. 그러나 지금은 아직 이 계산을 할 수 없습니다.

셋째, 성경에는 '재림할 때를 예측하라'는 명령이나 권고는 없습니다.

만약 재림의 시기를 계산하는 것이 성경적이라면 바울 서신이나 그 밖의 서신중에 재림 때가 언제인지 열심히 계산하라는 권유가 있었을 것입니다. 그러나 그런 권유는 없었습니다. 오히려 성경은 언제 재림이 와도 좋은 삶을 살라 가르치고 있습니다.

그래서 기독인들은 아침에 일어났을 때, 기도 안에서 하나님의 목소리를 듣는 것입니다.

하나님은 당신에게 이렇게 말씀합니다.

'Are you ready?' 그때 우리는 'Yes, we are!'라고 대답하며 그날을 향해 하루를 하루를 걸어가는 것입니다.

이것이 재림을 기대하는 기독인의 삶입니다.

Today's Bible

또 너희에게 명한 것 같이 조용히 자기 일을 하고 너희 손으로 일하기를 힘쓰라. 이는 외인에 대하여 단정히 행하고 또한 아무 궁핍함이 없게 하려 함이라(데살로니가전서 4:11-12)

020

이단의 구별 방법[20)]

Q 질문

얼마전 친구 집에 이상한 기독교 교리를 가르치는 사람이 왔다는 말을 들었습니다. 이단 같습니다. 이단을 쉽게 구별하는 방법을 가르쳐 주십시오.

A 회답

먼저 언어의 뜻부터 이해하겠습니다. 이단(cult, 異端)이란 정통 또는 정통파가 존재하기 때문에 나온 말입니다. 이단의 구별에 관한 질문인데, 자세히 말하면 이는 기독교 안에 있는 이단에 대해 가르쳐 달라는 내용 같습니다. 기독교에는 진짜가 있습니다. 그리고 그것을 벗어난 것을 이단이라 합니다.

그리고 이단 교리에는 다음 3개의 특징이 있습니다.

첫째, 그리스도에 대한 이해가 빠져 있습니다.

그리스도론이 틀려 있습니다. 그리스도는 '하나님이면서 사람이다'라는 것이 일반적인 정통 교단의 이해입니다. 그러나 이단은 어느 쪽인가를 부정합니다.

그리스도가 하나님인 걸 부정합니다. 또는 그리스도가 사람인 것을 부정합니다. 이는 둘 다 이단의 가르침입니다. 하나님이 아니면 구원을 할 수 없습니다. 반대로 사람이 아니면 죽을 수 없습니다. 예수 그리스도가 십자가에 못 박혀 죽으심을 믿음으로 구원을 얻는 것이 바른 가르침입니다.

20) Q20 異端の見分け方を教えてください。http://seishonyumon.com/movie/1764/

그리고 이는 예수님이 하나님이며, 또 사람인 것을 인정해야만 이루어지는 가르침입니다.

둘째, 성경에 대한 이해가 잘못되었습니다.

성경론(聖書論)에 대한 이해가 잘못되었습니다. 이들은 성경 외에 자신들의 경전을 갖고 있습니다. 또는 성경 본문을 자기들 편하게 번역하고 있습니다.

그래서 '우리는 다른 사람이 번역한 것은 읽지 않습니다. 우리가 번역한올바른 번역 성경이 있으니까요' 등의 말을 하는 사람이 있다면 이단 가능성이 있으므로 주의해야 합니다.

셋째, 구원에 대한 이해가 빗나가 있습니다.

구원론(救援論)이 잘못 되었습니다. 정통 교단의 가르침은 사람이 '믿음과 은혜를 통해 구원받는다' 이야기합니다. 그에 비해 행위를 통한 구원을 주장하며, '이렇게 하지 않으면 구원받지 못한다' 말하는 경우가 있다면 이것이 이단의 가르침의 특징입니다.

이단의 교리는 결국 하나님의 사랑을 부정하는 것입니다. 우리는 자신을 구원하기 위해 아무것도 할 수 없습니다. 그렇기 때문에 하나님이 대신 해 주신 것입니다. 그 하나님의 사랑에 응답하는 그것이 정통적인 신앙입니다.

Today's Bible

너희는 그 은혜에 의하여 믿음으로 말미암아 구원을 받았으니 이것은 너희에게서 난 것이 아니요 하나님의 선물이라. 행위에서 난 것이 아니니 이는 누구든지 자랑하지 못하게 함이라(에베소서 2:8~9)

Q21

수천년전 쓰여진 성경을 현대에 적용?[21)]

Q 질문

성경은 수천년 전에 쓰여진 책인데, 모두 따르는 것이 어렵지 않은가요? 오늘날의 크리스천도 모든 명령에 순종해야 합니까?

A 회답

답은 'Yes & No' 입니다. 이유는 3가지로 말씀드리겠습니다.

첫째, 성경이 시대의 흐름 속에서 서서히 쓰여져 온 책임을 이해해 주시기 바랍니다.

신약성경은 구약성경이 쓰여진 토대 위에서 기록된 것입니다.

구약성경도 마찬가지입니다. 창세기, 출애굽기, 레위기.... 이렇게 차례로 쓰였는데 뒤에 쓴 기록은 앞에 쓴 기록을 전제로 쓴다는 것입니다.

성경은 시간의 흐름 속에서 오랜 세월에 걸쳐 쓰여졌습니다. 이를 점진적 계시(漸進的啓示)라 합니다. 서서히 계시되어 왔다는 뜻입니다.

둘째, 성경에는 지금 우리에게 적용해서는 안되는 명령이 있습니다.

물론 그를 통해 영적 교훈을 얻을 수는 있습니다. 생활을 필요한 힌트를 얻을 수도 있습니다.

---

21) Q21 何千年も前に書かれた聖書を今の時代に適用するのは､無理があるのではないですか?
http://seishonyumon.com/movie/1770/

그러나 이 명령들을 직접 적용할 필요는 없습니다. 성경에는 그런 예가 많이 있습니다.

예를 들어 역사적 기록을 그대로 적용하면 안 됩니다. 가장 쉽게 이해할 수 있는 사례입니다. 신앙의 아버지로 불리는 아브라함에게는 여러 아내가 있었습니다. 이를 우리에게 적용해야 할까요? 역사적 기록은 '이런 일이 있었구나' 사실을 말하는 것이지, 그대로 적용하자는 것이 아닙니다.

또 십계명을 중심으로 한 모세의 율법은 시내산에서 하나님이 이집트를 떠난 이스라엘 백성과 맺은 계약 조항입니다. 이는 구약시대 이스라엘 백성에 적용된 것입니다. 따라서 예수 그리스도의 십자가 죽음과 부활 사건 이후에 믿음을 갖게 된 신약시대 신자에게 적용할 필요가 없습니다.

셋째, 성경에는 지금의 우리에게 그대로 적용해야 할 명령도 있습니다.

신약시대 신자들에게는 모세의 율법 대신에 새로운 법이 주어졌습니다. 그리스도의 법입니다. 이는 우리 마음속에 성령께서 부어주시는 것인데 바꾸어 말하면 '사랑의 법'입니다.

보다 구체적으로 신약성경 속 사도행전 이후의 책, 특히 서신서(書信書, epistle)는 지금 우리에게 그대로 적용해도 좋을 것입니다. 아니 그대로 적용해야 할 가르침입니다.

그러한 점에서 오늘 질문에 대한 대답은 'Yes & No' 입니다.

결론은 '성경은 그대로 적용해야 할 부분'과 '그렇지 않은 부분이 있다'입니다. 이 구분을 잘하면서 성경을 읽어 나가는 것이 중요합니다.

Today's Bible

그러므로 내 형제들아 너희도 그리스도의 몸으로 말미암아 율법에 대하여 죽임을 당하였으니 이는 다른 이 곧 죽은 자 가운데서 살아나신 이에게 가서 우리가 하나님을 위하여 열매를 맺게 하려 함이라(로마서 7:4)
너희가 짐을 서로 지라 그리하여 그리스도의 법을 성취하라(갈라디아서 6:2)

022

메시아닉 쥬란 무엇입니까?[22)]

Q 질문

'메시아닉 쥬(Messianic Judaism)'라는 말을 자는 듣는데 무슨 뜻입니까? 유대인 크리스천이란 의미인가요?

A 회답

질문을 하신 분이 기독인이신 것 같습니다. '메시아닉 쥬'라는 말이 최근 다양하게 관심을 끌고 있습니다. 3가지로 말씀드리겠습니다.

첫째, 메시아닉 쥬는 '누구'인가?

그것은 예수를 구약성경에서 예언 받은 메시아라고 믿는 유대인입니다. 메시아(messiah)는 구세주란 뜻으로 히브리어입니다. 그리고 헬라어로 그리스도(Christ)입니다.

메시아닉 쥬란 유대인 크리스천입니다. 단 그들은 스스로 유대인 크리스천이라 부르지 않습니다. 이유는 기독인이라는 말에 대한 일종의 저항감이 있기 때문입니다. 그들은 기독교로 개종한 것이 아닙니다. 그래서 때때로 자신들을 완성된 유대인(complete Jew)이라 말하기도 합니다.

정리하면 메시아닉 쥬란 '예수를 자신의 구원자로 인정하고 믿는 것은 유대인으로서 당연하다'라는 생각을 갖고 있는 유대인입니다. 그들의 라이프 스타일은 유대인의 전통이나 문화를 지키면서 예수를 따르고 있습니다.

---

21) Q22 メシアニックジューとはどういう人たちですか? http://seishonyumon.com/movie/1786/

둘째, 메시아닉 쥬의 기원은 언제부터인가?

놀랍게도 신약성경이 쓰여진 시대에 메시아닉 쥬의 기원이 있습니다.

여러분에게 질문합니다. 예수님이 어느 나라 사람입니까? 유대인입니다. 제자들도 유대인입니다. 성경 자체가 신구약을 포함해 유대적인 책입니다. 그러므로 교회가 시작된 처음부터 중심은 메시아닉 쥬, 즉 유대인 신자였습니다. 20세기가 되며 메시아닉 쥬의 수가 늘어나는 현상이 있는데, 원래는 신약성경과 함께 메시아닉 쥬의 기원이 있다는 것입니다.

셋째, 메시아닉 쥬의 전 몇 명일까요?

전 세계에서 약 35만명으로 알려져 있습니다. 이스라엘은 현재 2만명 안팎으로 추정되고 있습니다. 예전의 메시아닉 쥬의 인구를 생각하면, 이 숫자는 경이롭습니다.

제1차 중동전쟁 직후 이스라엘에는 몇 가족의 메시아닉 쥬밖에 없었습니다. 그것이 60년후 2만명까지 증가한 것입니다. 메시아닉 쥬가 증가하는 것은 '성경의 확실성(確實性)'을 증명하는 것이기도 합니다. 하나님이 유대인에 대해 갖고 계신 계획(計劃)은 지금도 유효하다는 것입니다.

메시아닉 쥬의 수의 증가는 특히 종말론과의 관계에서, 흥미롭습니다. 종말론(終末論)은 '세상이 끝날 시대에 어떤 일이 일어나는가'하는 것입니다. 마지막 순간 이스라엘은 민족적인 구원을 경험하게 됩니다. 우리는 그 시대에 점점 더 가까워지고 있다고 말할 수 있습니다.

복음은 예루살렘에서 시작해 세계를 일주하고, 지금 다시 예루살렘으로 향하고 있습니다. 이러한 시대에 우리는 살아 있습니다.

Today's Bible

형제들아 너희가 스스로 지혜 있다 하면서 이 신비를 너희가 모르기를 내가 원하지 아니하노니 이 신비는 이방인의 충만한 수가 들어오기까지 이스라엘의 더러는 우둔하게 된 것이라. 그리하여 온 이스라엘이 구원을 받으리라 기록된 바 구원자가 시온에서 오사 야곱에게서 경건하지 않은 것을 돌이키시겠고
(로마서 11:25-26)

Q23

세례란?[23)]

Q 질문

예수를 믿지만, 세례를 받지 못했습니다. 세례를 안 받으면 기독인이 아닌가요? 세례란 무엇입니까? 세례를 안 받으면 구원도 받지 못합니까?

A 회답

세례(baptism, 洗禮)에 대한 이해는 기독교계 안에서도 다소 혼란이 있습니다. 3개로 말씀드리겠습니다.

첫째, 세례(BAPTISMA)의 본래 뜻은 '일체화' 입니다.

세례는 하나가 됨을 의미합니다. 보통 세례 때면 물속에 들어가 몸을 깊이 담급니다. 이는 일체화를 상징하는 것입니다. 일체화(一體化)란 물론 예수 그리스도와 하나가 되는 것입니다. 나는 예수 그리스도를 믿습니다. 예수 그리스도와 하나가 되었습니다. 이를 상징적으로 표현한 것이 세례입니다.

둘째, 세례는 '구원의 조건'이 아닙니다.

사람은 믿음과 은혜를 통해 구원받는다는 것이 성경의 가르침입니다. 그리고 세례를 받는 것이 구원의 조건이라면 이는 인간의 행위가 필요하다는 것을 의미하게 됩니다. 이것은 신앙과 은혜를

21) Q23 洗礼とはなんですか。また、洗礼を受けなければ救われませんか？ http://seishonyumon.com/movie/1794/

통한 구원과는 모순되는 가르침입니다. 그러므로 세례는 구원의 조건이 아님이 올바른 이해입니다.

하나 더 덧붙이면, 구원받은 사람이 받는 것이 세례입니다. 신앙이 없는 사람이 세례를 받는것은 아무 소용이 없습니다. 물(水) 그 자체에 축복하는 힘이 있는 것이 아닙니다.

만약 그렇다면 세상에서 가장 축복받은 것은 금붕어일 것입니다. 물에는 사람을 구할 힘이 없습니다.

셋째, 세례는 예수 그리스도를 향한 순종의 첫 걸음입니다.

세례는 구원의 조건이 아니지만 그래도 중요합니다. 세례는 예수 그리스도를 믿고, 기독인으로서 그리스도에 순종하는 삶을 시작하는 첫걸음이 되기 때문입니다. 세례를 받는 첫째 이유는 예수 그리스도께서 그렇게 명령하셨기 때문입니다. 기독인은 예수 그리스도를 따르는 사람을 말합니다. 기독인은 '나는 그리스도를 믿고, 그리스도와 한 몸이 되었다'라는 것을 표현하기 위해서 세례를 받습니다.

정리해 보겠습니다.

세례는 구원을 받은 사람이 받는 것입니다. 그리스도께서는 인간이 '영과 육'으로 이루어진다는 것을 알고 계십니다. 세례를 받고 나면 '나도 구원을 얻고 기독인이 되었다' 하는 확신이 깊어집니다. 신기하지만, 체험적 인 사실입니다.

예수 그리스도는 우리들이 연약한 존재이고, 그러한 외면적 의식이 필요하다는 것을 잘 알고 계십니다. 특별히 사정이 있는 경우를 제외, 기독인은 가능한 한 빨리 세례를 받는 것이 좋다고 생각합니다.

Today's Bible

그러므로 너희는 가서 모든 민족을 제자로 삼아 아버지와 아들과 성령의 이름으로 세례를 베풀고, 내가 너희에게 분부한 모든 것을 가르쳐 지키게 하라 볼지어다 내가 세상 끝날까지 너희와 항상 함께 있으리라 하시니라(마태복음 28:19~20)

Q24

하나님이 사랑이신데 왜 세상에 슬픔과 고통이 있습니까?[24)]

Q 질문

뉴스를 보면 슬픈 사건과 여러 다툼이 그치지 않고 계속되고 있습니다. 하나님이 사랑이신데 왜 이 세상에 고통과 슬픔이 끊이지 않는 걸까요?

A 회답

하나님이 사랑이신데 왜 악이 존재하는가? 라는 질문과도 같은 것이군요. 매우 중요한 질문입니다. 그리고 이는 100% 해답을 드릴 수 없는 내용이기도 합니다. 3가지로 문제를 풀어 보겠습니다.

첫째, 하나님은 인간에게 '자유의지'를 주었다는 것을 기억해 주십시요.

자유의지(自由意志)가 없으면 인간은 로봇이 됩니다. 우리 인간에게는 하나님을 따를 자유도, 반항할 자유도 주어져 있습니다.

둘째, '인간이 그 자유를 행사해서 하나님에게 반항했다'는 부분을 기억해 주십시오. 즉 인간은 자유를 악용했다는 것입니다.

아담은 인류 최초로 만들어진 사람입니다. 그는 인류의 대표로 하나님과 계약을 맺고 행동을 하였습니다. 그러나 불행히도 그는 죄를 지었습니다. 하나님께 불순종하였습니다. 또 영향이 아담

24) Q24 神が愛なら、どうしてこの世は苦しみ、悲しみで満ちているのですか?
http://seishonyumon.com/movie/1812/

의 자손인 우리에게도 미쳤습니다. 그렇다고 아담을 탓할 수는 없습니다. 저희 자신 또한 아담과 같이 행동을 했었을 것이기 때문입니다.

하나님이 사랑이라면 왜?라고 우리는 말합니다. 객관적으로 생각하면 인간의 쪽에 문제가 있는 것입니다. 그것이 성경의 가르침입니다.

셋째, 그러나 매우 중요한 것인데, '하나님은 그런 인류를 버리지 않는다'는 사실입니다.

하나님은 여전히 인간을 바라보시며 구원을 하고 계십니다. 그렇다면 거꾸로 질문을 해보시기 바랍니다. 만약 하나님이 사랑이 아니라면 왜 이 세상에 이렇게 기쁘고 감동적인 일이 많을까? 하는 점입니다.

확실히 인생에는 슬픔이나 고통이 있습니다. 그러나 그와 동시에 기쁨과 살아 있길 잘했다고 생각되는 일들이 이 세상에 넘치고 있습니다.

그리고 하나님은 고통과 슬픔에 대한 최종 답변을 준비하셨습니다.

그것이 바로 예수 그리스도의 십자가(cross,十字架)입니다. 예수님은 십자가 위에서 하나님에게 반항하고 멸망 당할 수밖에 없는 우리의 죄를 모두 대속하여 주셨습니다. 십자가의 사랑을 모든 인류에게 나타내시었습니다.

하나님은 고통과 슬픔에 대한 최종적인 대답을 갖고 계십니다.

당신도 사랑하시길 멈추지 않으시는 아버지 하나님께 예수 그리스도를 통해서 다가가실 수 있기를 바랍니다.

Today's Bible

사랑은 여기 있으니 우리가 하나님을 사랑한 것이 아니요 하나님이 우리를 사랑하사 우리 죄를 속하기 위하여 화목 제물로 그 아들을 보내셨음이라(요한일서 4:10)

Q025

'십자가를 지다'의 뜻[25]

Q 질문

성경에 '십자가를 지다'란 말이 있습니다. 사전에는 '견딜 수 없는 고난을 당하는 것'이라 되어 있습니다. 예수님께서 '견딜 수 없는 고난을 겪으라'고 하셨을 것 같지는 않습니다. '자기 십자가를 진다'는 말이 무슨 뜻입니까?

A 회답

성경에 그런 말이 있습니다. 평소처럼 3개로 말씀드리겠습니다.
「누구든지 나를 따라오려거든 자기를 부인하고 자기 십자가를 지고 나를 따를 것이니라」
(마가복음 8:34)

첫째, '비유적 표현' 입니다.

글자 그대로 하라는 뜻이 아닙니다. 비유(比喩)입니다. 말 그대로라면 기독인 모두 십자가를 지고 다녀야 합니다. 그러면 바로 알겠지요. '저기 기독인이 있다, 여기도 있다'. 그러나 그런 일은 일어나지 않습니다. 이것이 비유적인 표현이기 때문입니다.

십자가형은 로마 시대에 있었던 가장 잔혹하고 비참한 형벌입니다. 죄인을 십자가의 가로모양 부분을 등에 짊어지고 형장으로 향하게 합니다. 세로 부분을 함께 지는 것은 너무 무거워 불가능했기 때문입니다. 세로 나무는 미리 형장에 세워두었습니다.

십자가형은 본보기적 형벌이기도 합니다. 십자가를 지고 형장으로 가는 도중 군중들에게 비웃음을

25) Q25「自分の十字架を背負う」とは、どういう意味ですか？ http://seishonyumon.com/movie/1830/

받습니다. 매를 당하기도 하고 조롱받기도 합니다. 로마 제국에 반항하면 이렇게 비참한 결과를 초래하는구나, 민중에게 보여주는 것입니다. 또 십자가는 과거 로마 제국에 반항했던 사람이 지금은 로마법에 복종하고 있다는 것을 보여주는 형벌이기도 합니다.

'십자가를 진다'는 것은 로마 시대 십자가형을 배경으로 한 비유적 표현입니다.

둘째, '수난의 권유'가 아닙니다. 기뻐하며 십자가에 못 박히라는 뜻이 아닙니다.

예수를 따르려면 박해를 받는 경우가 많습니다. 순교의 죽음을 맞이한 기독인도 있습니다. 지금도 박해 때문에 순교를 하는 기독인이 세계 각지에서 나오고 있습니다. 그러나 십자가를 진다는 것은 순교의 죽음을 기쁨으로 받아들이고 그렇게 하라는 가르침이 아닙니다.

셋째, '그러면 십자가를 진다는 것은 무엇인가?' 이는 순종적인 권유입니다.

십자가 형벌이 의미하는 것은 로마법에 순종하는 것입니다. 지배의 권위에 순종(順從)하는 것입니다. 권위에 대한 순종이라는 점을 생각해 봅시다.

예수님은 아버지 되신 하나님께 순종을 하셨습니다. 어디까지 순종하였나 하면 죽음에 이르기까지 하였습니다.

그처럼 우리도 하나님의 말씀에 순종할 필요가 있습니다. 자신의 생각을 우선시 하고 욕망을 달성시키고 싶지만 그렇게 하지 않고, 하나님의 뜻에 순종하는 것, 그것이 '자신의 십자가를 진다'는 뜻의 의미입니다. 또 하나님의 뜻에 순종하는 것은 동시에 축복의 길을 걷는 의미이기도 합니다.

Today's Bible

또 무리에게 이르시되 아무든지 나를 따라오려거든 자기를 부인하고 날마다 제 십자가를 지고 나를 따를 것이니라(누가복음 9:23)
믿음의 주요 또 온전하게 하시는 이인 예수를 바라보자 그는 그 앞에 있는 기쁨을 위하여 십자가를 참으사 부끄러움을 개의치 아니하시더니 하나님 보좌 우편에 앉으셨느니라(히브리서 12:2)

Q26

성경의 장과 절의 유래?[26)]

Q 질문

성경에는 장((chapters, 章)과 절(verses, 節)의 구분이 있습니다. 이것은 언제부터 생긴 것입니까?

A 회답

첫째, 성경의 원전에는 장과 절의 구분이 없습니다.

구약성경은 히브리어, 신약성경은 헬라어로 쓰여져 있습니다. 처음 원전(original text, 原典)은 각각의 책이 별다른 구분 없이 하나로 정리되어 집필되었습니다.

그러나 지금은 성경에 구분이 있습니다. 그중에는 '왜 이런 곳에서 장(章)의 구분이 바뀌는 거야?'라 생각될 수 있는 부분도 있습니다. 그러나 전체적으로 말하면 장과 절이 있는 것이 도움이 됩니다. 이것이 없으면 더욱 큰일이 발생하기 때문입니다.

'성경의 장과 절'은 '잃어버리지 않도록 표시하기 위한 번호표와 같은 것'입니다.

둘째, '장의 구분'이 절보다 먼저 생겼습니다.

장의 구분은 1227년경에 이루어졌습니다. 캔터베리의 대주교로 스티븐 랜턴(Stephen Langton)이 성경을 장(章)으로 구분했습니다. 그리고 이러한 구분이 일반화되기까지는 1382년 출판된 '위클리프 영어성경'에서 처음으로 영어역 성경안에 구분이 이루어졌기 때문입니다.

---

21) Q26 聖書の章と節の区分は、いつごろできたのですか? http://seishonyumon.com/movie/1851/

그 이후 대부분 성경에서 랜턴에 의한 장의 구분을 따라 했습니다.

셋째, 약 200년 후에 1448년에 '절의 구분'이 생겼습니다.

처음에 구약성경, 그 다음 신약성경의 절(節이) 구분되었습니다. 1448년에 유대인 랍비 나탄(Nathan)이 구약성경에 절을 붙였습니다. 그리고 1555년에 로베르 에티엔(Robert Estienne)이 신약성경에 절을 붙였습니다.

따라서 현재와 같이 장과 절의 구분이 생긴 것은 500년이 조금 안되었습니다. 이후 대부분의 번역 성경에서 '장과 절의 구분'을 채택하게 되었습니다.

유대인이 사용하는 히브리어 성경과 이방인이 사용하는 번역된 구약성경 사이에는 아주 작지만 다른 부분이 있습니다. 그러나 그 차이는 예외적인 것으로 대부분 일치합니다.

이는 정말 감사한 일입니다. 유대인과 이방인이 '공통 번호'를 갖고 있다는 것은 대화와 공동연구를 위해 꼭 필요한 일이기 때문입니다.

결론은 성경의 장과 절의 구분은 일부 의문점이 있기는 하지만, 매우 유익합니다. 여기에 하나님의 섭리의 뜻이 있다 생각합니다.

Today's Bible

진실로 너희에게 이르노니 천지가 없어지기 전에는 율법의 일점 일획도 결코 없어지지 아니하고 다 이루리라(마태복음 5:18)

027

노아의 홍수가 일어난 이유?[27)]

Q 질문

노아의 방주를 주제로 영화를 봤는데 성경적이지 않았습니다. 노아의 방주에 대해 알고 싶어 4개 질문을 드렸습니다. 먼저 노아의 홍수(Noah's Flood, 洪水)가 왜 일어났는지 알고 싶습니다.

A 회답

첫째, '인류의 죄가 허용될 수 없을 만큼 퍼졌다' 성경은 이야기 합니다.

창세기(Genesis, 創世記) 6장에 이런 본문이 있습니다.
「여호와께서 사람의 죄악이 세상에 가득함과 그의 마음으로 생각하는 모든 계획이 항상 악할 뿐임을 보시고」 (창세기 6:5)

이 본문을 몇번 읽으면 노아가 살았던 시대가 얼마나 처절했는지 알 수 있습니다. 사람들은 항상 악한 일을 생각하고 있었습니다. 이런 사회는 강한 사람들에게는 좋아도, 약한 사람들에게는 가혹한 사회입니다.

'어린이나 부인, 핸디캡이 있는 자, 경제적 약자' 등 이런 사람에게는 지옥과 같은 세계입니다.
인류 악의 증대란 맥락 안에, 성경에는 하나님의 아들이 사람의 자녀들과 결혼하였다는 이야기가 나오는데, 이것은 별도로 다른 기회에 설명하도록 하겠습니다.

27) Q27 ノアの洪水はなぜ起こったのか? http://seishonyumon.com/movie/1865/

둘째, 인류의 타락에 대해서 '하나님은 의롭게 대처하셨다'고 하는 것이 바로 '홍수'입니다.

홍수는 이 땅 가운데 퍼진 죄악를 없애기 위해 하나님께서 일으키신 것입니다. 그리고 그것은 인류를 지키기 위한 방법이기도 했습니다. 실제로 홍수 이후 인류의 역사가 다시 시작됩니다.

홍수는 단지 심판(審判)을 하고, 죄악을 제거하기 위한 것일 뿐만 아니라, 장기적 관점에서 보면 인류를 지키기 위한 하나님의 섭리였습니다.

셋째, '하나님은 사랑으로 대처'하셨습니다.

홍수의 심판으로부터 보호받은 사람이 있었습니다. 노아와 그 가족들입니다. 노아와 세 아들들로 남자 4명. 또 각각의 아내 4명, 총 8명이 하나님으로부터 택함을 받고 구원을 받았습니다.

노아와 그 가족 이외의 사람들도 심판을 피할 수 있도록, '방주(方舟)'가 마련되었습니다. 그러나 하나님의 명령에 순종하여 방주를 건축한 것은 노아입니다. 계산해 보면 노아는 홍수 때까지 약 120년간에 걸쳐서 사람들에게 방주에 대한 이야기를 계속하였습니다. 사람들은 노아의 말에 귀를 기울이고, 방주에 들어가 심판으로부터 구원받는 길을 택할 수도 있었습니다. 그러나 안타깝게 사람들은 정반대의 길을 선택했습니다. 노아의 이야기를 읽다 보면 방주가 예수 그리스도의 십자가 상징이었다는 것을 알 수 있습니다.

지금도 사람들에게 '십자가의 사랑'에 대하여 이야기하고 있습니다. 예수 그리스도께서 당신과 저를 위해 죽으셨다는 메시지가 제시되어 있습니다. 그러나 그 메시지를 귀담아 듣고 구원받는 사람이 있는가 하면, 마음을 닫고 있는 사람도 있습니다. 노아의 시대와 같은 상황입니다.

이렇게 보면 노아의 방주와 홍수는 사실 '하나님의 사랑을 보여주기 위한 것'이었습니다. 당신도 그 하나님의 사랑을 받고 있습니다.

Today's Bible

노아가 여호와께서 자기에게 명하신 대로 다 준행하였더라(창세기 7:7)
홍수 전에 노아가 방주에 들어가던 날까지 사람들이 먹고 마시고 장가 들고 시집 가고 있으면서, 홍수가 나서 그들을 다 멸하기까지 깨닫지 못하였으니 인자의 임함도 이와 같으리라(마태복음 24:38-39)

Q28

노아의 홍수는 지구적 규모였나?[28)]

Q 질문

노아의 홍수(Noah's Flood, 洪水)에 관한 두 번째, 질문입니다. 홍수는 지구적인 규모의 것이었습니까? 아니면 지역에 한정된 것입니까?

A 회답

지구적((地球的) 규모의 것입니다. 이유를 3가지로 말씀드리겠습니다.

첫째, 성경에 나와 있는 '홍수전 지구 환경'을 생각해 주십시오.

창세기(Genesis, 創世記) 1장 6~7절에 이런 말씀이 있습니다.

「하나님이 이르시되 물 가운데에 궁창이 있어 물과 물로 나뉘라 하시고, 하나님이 궁창을 만드사 궁창 아래의 물과 궁창 위의 물로 나뉘게 하시니 그대로 되니라」(창세기 1:6~7)

노아의 홍수가 일어나기 전, 지구(地球) 환경은 땅을 덮고 있는 물이 아래에 있고, 하늘에는 수증기의 층이 지구를 덮고 있었습니다. 이 수증기층이 가져다주는 효과를 '온실 효과'라 합니다. 지구 전체가 수증기층으로 덮여 있었기 때문에 지상 기후는 매우 온난했던 것으로 추정됩니다.

그리고 '안개만 땅에서 올라와 온 지면을 적셨더라(창세기 2:6)'라 합니다. 식물은 땅에서 솟아나는 물과 수증기층에서 수분을 얻어 자라고 있었습니다. 그것은 노아의 홍수전까지지는 비가 내리지 않았다는 것을 의미합니다. 그리고 폭우가 내린 것은 지구를 덮고 있던 수증기층이 대량의 물을

---

21) Q28 ノアの洪水は地球規模のものだったか? http://seishonyumon.com/movie/1876/

제공했기 때문입니다.

둘째, '방주(ark, 方舟) 건축'에 대해 생각해 보십시다.

지구적인 홍수가 아니라면 굳이 방주를 건설할 필요는 없었을 것입니다.

다른 지역이나 더 높은 지대로 이주하면 문제가 해결되었을 것이기 때문입니다. 당시 사람들에게는 120년의 시간이 주어졌습니다. 전 지역적 홍수가 아니라면 동물들을 방주 안에 가두지 않고 다른 지역로 이동시켜도 되었을 것입니다. 방주를 만들라 하신 것은 '전 지구적 홍수'를 전제로 한 것입니다.

'물이 땅에 더욱 넘치매 천하의 높은 산이 다 잠겼더니' (창세기 7:19)라 합니다. 이 성경 본문도 지구적인 홍수를 시사하고 있습니다.

셋째, 예수 그리스도의 말씀을 떠올려 보시기 바랍니다.

예수께서도 홍수를 '지구적인 것이다'라 인정하고 있습니다.
「홍수가 나서 그들을 다 멸하기까지 깨닫지 못하였으니 인자의 임함도 이와 같으리라」(마태복음 24:39)

전세계를 뒤덮은 홍수가 모든 것을 빼앗아 갔지만, 당시 사람들은 그것을 믿으려 하지 않았습니다. 예수님은 '인자의 임함도 이와 같으리라'고 말씀합니다. 그리스도의 재림입니다. 예수님이 다시 오신다는 메시지를 듣고도 많은 사람들이 믿으려 하지 않습니다. 그리스도의 재림은 돌연히 일어납니다. 그 모습이 '노아의 홍수와 같다' 말씀하시는 것입니다.

노아의 홍수 이야기는 심판과 구원의 메시지입니다. 전 인류를 향한 것입니다. 노아의 홍수는 '종말론적 심판과 구원의 모형'을 말하고 있습니다. 따라서 노아의 홍수도 지구 전체에 영향을 미치는 것이어야 합니다.

Today's Bible

그러나 그 날과 그 때는 아무도 모르나니 하늘의 천사들도, 아들도 모르고 오직 아버지만 아시느니라. 노아의 때와 같이 인자의 임함도 그러하리라. 홍수 전에 노아가 방주에 들어가던 날까지 사람들이 먹고 마시고 장가 들고 시집 가고 있으면서, 홍수가 나서 그들을 다 멸하기까지 깨닫지 못하였으니 인자의 임함도 이와 같으리라(마태복음 24:36-39)

Q29

노아의 방주에 들어간 동물?[29)]

Q 질문

노아의 홍수에 관한 세 번째 질문입니다. 노아의 방주(Noah's ark, 方舟)에 모든 동물을 넣을 수 있었던 건가요?

A 회답

먼저 성경을 확인합시다.
'방주 속에 모든 동물(animal, 動物)이 2마리씩 짝을 이루어 들어갔습니다. 정결한 동물은 7쌍이 들어갔으니 14마리입니다. 정결한 동물은 제물로 바치는 동물을 말합니다. 제물로 바치면 씨가 끊어져 버릴 수 있습니다. 그래서 7쌍을 방주에 넣은 것입니다.

그럼 이 숫자의 동물이 정말 방주에 들어갔는지 생각해 봅시다. 3가지로 말씀드리겠습니다.

첫째, 방주의 크기를 생각해 보시기 바랍니다.

성경에 따르면 방주는 길이 135m, 폭 22.5m, 높이 13.5m입니다. 바닥면적은 일본식으로 할 경우 920평(坪)입니다. 방주가 3층 건물이니 바닥면적은 총2,760평입니다. 오늘날 대형선박 무게로 환산하면 배수량이 43,000톤에 달합니다. 방주는 4만3천톤의 무게를 운반할 능력을 갖고 있었다는 것입니다.

어떤 사람은 방주의 용량을 계산하여 양(羊) 13만 마리가 들어갈 수 있는 크기라 결론을 내렸습니다. 놀라운 크기입니다.

---

29) Q29 ノアの方舟にすべての動物を入れることができますか? http://seishonyumon.com/movie/1896/

둘째, 실제로 방주에 담긴 '동물의 수'는 어느 정도였는지 생각해 봅시다.

오늘날 알려진 동물의 종류는 약 7만5천종입니다. 이것을 2배로 하면 약15만 마리입니다. 그러나 히브리어로 종류(種類)라는 뜻은 지금의 동물학적 종류보다 더 큰 뜻의 단어입니다. 오늘날 동물학에서는 7만5000 종보다 성경이 말하는 동물의 종류가 훨씬 수가 더 적었다는 뜻입니다. 따라서 그것을 2배로 해도 15만마리에는 미치지 못했을 것입니다.

그리고 양보다 큰 동물은 자연계에 약 15%밖에 존재하지 않습니다. 양 13만마리가 들어갈 공간이라 하면, 성경에 나오는 내용의 동물이 모두 들어갈 수 있을 정도로 용량(容量)이 충분했음을 의미합니다.

셋째, '동물의 관리'에 대해서 생각해 봅시다.

단 8명이서 이렇게 많은 동물을 어떻게 관리가 가능했을까요? 먼저 기억할 것은 동물들은 노아가 모은 것이 아니고, 자연스럽게 방주에 들어갔다는 사실입니다. 동물을 모으고 이끄시는 것은 하나님의 역할입니다.

그리고 하나님이 밖에서 문을 닫으셨다는 점입니다. 방주 안에는 하나님의 인도하심이 있었습니다. 홍수 기간 동안 방주 속 동물들이 육지에서 생활한 것처럼 살았을 수는 당연히 없었겠지요. 생각할 수 있는 것은 반동면 상태로 있었을지도 모릅니다. 그러나 하나님이라면 가능합니다. 자세한 내용은 기록이 없기 때문에, 질문에 대답하기는 어려운 점도 있군요.

그러나 종합해 보면, 노아의 홍수 이야기를 역사적 사실로 읽지 못할 이유는 아무것도 없습니다. 성경은 기록된 대로 읽는 것이 가장 좋습니다.

Today's Bible

그러나 너와는 내가 내 언약을 세우리니 너는 네 아들들과 네 아내와 네 며느리들과 함께 그 방주로 들어가고, 혈육 있는 모든 생물을 너는 각기 암수 한 쌍씩 방주로 이끌어들여 너와 함께 생명을 보존하게 하되, 새가 그 종류대로, 가축이 그 종류대로, 땅에 기는 모든 것이 그 종류대로 각기 둘씩 네게로 나아오리니 그 생명을 보존하게 하라(창세기 6:18~20)

Q30

하나님의 자녀가 사람의 딸과 결혼했다는 것의 의미[30)]

Q 질문

노아의 홍수에 관한 네 번째 질문입니다. 하나님의 자녀들과 사람의 딸들이 결혼했다니 무슨 뜻입니까?

A 회답

하나님의 자녀들과 사람의 딸들이 결혼했다는 것이 무슨 뜻인가? 이는 창세기 6장 2절에 관한 내용입니다. 3가지로 말씀드리겠습니다.

「하나님의 아들들이 사람의 딸들의 아름다움을 보고 자기들이 좋아하는 모든 여자를 아내로 삼는지라」(창세기 6:2)

첫 번째 해석은 '하나님의 자식들'이란 '셋의 가계=신앙이 있는 사람들'이고, '사람의 딸들'이란 '가인의 가계=불신앙의 사람들'을 말하는 것입니다.

이 해석은 신자과 불신자가 잡혼(雜婚)을 하기 시작한 결과, 사람들의 신앙이 약해지고 무너져 갔다는 뜻입니다. 신앙이 무너져 버려 노아의 홍수(洪水)가 필요했다고 주장을 합니다.

그러나 이 해석에는 문제가 있습니다. 아담과 하와의 자손을 셋의 가계와 가인의 가계로 양분하는 것은 자연스럽지 못합니다. 그들에게서 나온 자손은 훨씬 더 많습니다. 그리고 하나님의 자녀

30) Q30 神の子らと人の娘たちが結婚したとは、どういう意味ですか？ http://seishonyumon.com/movie/1908/

들이 사람의 딸들과 결혼한 것인데, 이는 일방통행식 결혼(結婚)입니다. 하나님의 자녀를 신앙이 있는 사람이라 한다면, 신앙이 있는 남성이 신앙이 없는 여성과만 결혼하는 일방통행식 결혼이 되는 것입니다. 그러나 결혼은 그 반대도 있는 법입니다. 신앙이 있는 여성이 신앙이 없는 남성과 결혼할 수도 있습니다.

이러한 이유로 저는 첫 번째 해석에는 문제가 있다고 생각합니다.

둘째, 이것은 '타락한 천사와 인간의 결혼이다' 입니다.

이것이 정답입니다. 하나님의 자녀라는 말은 히브리어로 '브네이 엘로힘(בְּנֵי־הָאֱלֹהִים)'입니다. 이 말은 유대인의 전통으로는 '천사(天使)'를 가리킵니다. 창세기 6장에 등장하는 하나님의 아이들(브네이 엘로힘)은 타락한 천사들 말합니다. 이를 '인간(人間)'이라고 해석하기 시작한 것은 기원 4세기 이후입니다. 이방인들이 그렇게 해석한 것입니다. 따라서 본래적인 의미는 '타락한 천사와 인간 여자의 결혼'이라고 생각하는 것이 정답입니다.

셋째, 그럼 '천사와 인간이 결혼하는 것이냐?' 라는 것입니다.

천사는 결혼하지 않는 것 아닌가? 의문이 들 수 있습니다. 예수님은 '천사들이 결혼하지 않는다'고 하셨습니다. 그런데 이는 '좋은 천사'를 가리키는 것입니다. 타락한 천사, 악령이라고 불리는 존재는 인간의 여성에게 작용해 비정상적인 아이를 낳게 할 수 있습니다. 인간은 지상생애에서는 결혼을 합니다. 그러나 하늘나라에 가면 시집가는 일이 없어집니다. 좋은 천사는 인간과 결혼하지 않지만, 타락한 천사는 결혼할 수 있다는 게 이상한 일이 아닙니다.

악령과 인간 딸의 잡혼에 의해 탄생한 것이 바로 '네필림'이라는 '초인(超人)'입니다. 즉 비정상적인 존재입니다.

왜 악령(惡靈)은 이런 일을 하는 걸까요? 인간 중 여자로부터 구세주(메시아)가 탄생한다는 예언을 알고 있기 때문입니다. 악령들은 여자에게서 메시아가 탄생하지 못하도록 탄생하는 아이들의 인간성을 파괴하려 한 것입니다. 그 상황을 보시고 하나님은 '대홍수'를 통해 인류의 역사를 다시 세우려 하셨습니다. 그것이 노아의 홍수가 일어나야 했던 이유입니다.

Today's Bible

당시에 땅에는 네피림이 있었고 그 후에도 하나님의 아들들이 사람의 딸들에게로 들어와 자식을 낳았으니 그들은 용사라 고대에 명성이 있는 사람들이었더라(창세기 6:4)

031

모든 사람이 구원을 받는가?[31)]

Q 질문

모든 사람이 구원을 받는다. 이것이 바른 가르침입니까?

A 회답

이런 가르침을 유니버설리즘, 보편적 구원이라 합니다. 하나님은 마음이 넓으신 분이므로 기독인이 아니어도 구원받을 수 있다는 생각입니다.

첫째, 이런 가르침이 나오는 원인이 무엇까요? 그 '원인'에 대한 것입니다.

동기는 이해가 됩니다. 영원한 멸망이 있다거나 지옥에서 고통받는 것을 상상하는 것이 싫은것입니다. 생각할수록 사람들이 불쌍해지고 하나님은 사랑이시라던데 하는 생각을 갖게 됩니다. 그 원인의 첫번째는 인간적인 동정심(同情心) 때문입니다. 그리고 두 번째 원인은 모든 사람이 구원을 받았으면 좋겠다는 희망입니다. 하나님은 사랑과 은혜가 넘치시는 분이므로 모두가 구원받을 수 있도록 해 주신다는 것입니다.

그러나 이러한 논리는 동정심이나 바램의 관점에서 나온 것이고, 인간의 눈으로 옳게 보인다 해서 모든 것이 옳다 할 수는 없습니다.

둘째, 보편주의의 문제점이 어디에 있는지 생각해 봅시다.

가장 큰 문제점은 균형을 잃고 있는 것입니다. 하나님은 사랑이시며 은혜로우신 분입니다. 의로

31) Q31 最近、すべての人は救われると聞いたことがありますが、本当ですか?
http://seishonyumon.com/movie/1983/

우시고 거룩하신 분입니다. 보편주의가 균형을 잃은 것은 '하나님은 의로우시며 죄를 무시할 수 없다'라는 속성을 고려하지 않고 있기 때문입니다.

복음서에서 지옥(地獄)에 대해 그 존재를 말하고, 가장 많이 경고를 하고 있는 분이 그리스도 자신입니다. 따라서 지옥의 존재를 부정하거나 지옥에서 고통받는 사람은 없다고 주장한다면 이는 그리스도의 가르침에 위반하는 것이 됩니다.

보편주의는 성경전체를 보지 않고, 자신에게 좋은 가르침만을 말을 합니다. 메시지에 성경의 인용이 없습니다. 성경이 아니라 자신의 생각을 이야기할 뿐입니다. 겉보기에 훌륭하다, 모두가 칭찬합니다. 그러나 성경적 관점에서 보면 실체가 없습니다. 이것이 보편주의의 가르침입니다.

셋째, 그러면 '성경적 가르침'이 무엇인지 생각해 봅시다.

요한복음 3장 16절에 이렇게 쓰여 있습니다.
「하나님이 세상을 이처럼 사랑하사 독생자를 주셨으니 이는 그를 믿는 자마다 멸망하지 않고 영생을 얻게 하려 하심이라」 (요한복음 3:16)

하나님은 사랑이시고 은혜가 많으신 분입니다. 외아들을 주실 만큼 우리에게 사랑을 나타내셨습니다. 그러나 '그러므로 모든 사람이 구원을 받는다'라고 성경에 쓰여 있지는 않습니다. 독생자를 주셨으니 이는 그를 믿는 자마다 멸망하지 않고, 즉 믿는다는 우리들의 책임과 역할이 부여되어 있습니다. 하나님의 사랑에 응답하고 받아들이는 것이 중요합니다.

요한복음 14장 6절에는 이렇게 쓰여 있습니다.
「예수께서 이르시되 내가 곧 길이요 진리요 생명이니 나로 말미암지 않고는 아버지께로 올 자가 없느니라」 (요한복음 14:6)
나로 말미암지 않고는 이라 말씀하셨습니다. 기독인이 되지 않아도 구원받을 수 있다 가르치는 것은 이 말씀을 부정하는 것이 됩니다.

결론적으로, 보편주의=모든 사람이 구원을 받는다 라는 가르침은 인간적인 소망에서 생겨난 것일 뿐입니다. 예수를 믿음으로, 우리를 구원하신 하나님의 사랑을 경험하는 여러분이 되시길 바랍니다.

Today's Bible

예수께서 이르시되 내가 곧 길이요 진리요 생명이니 나로 말미암지 않고는 아버지께로 올 자가 없느니라 (요한복음 14:6)

032

하나님은 시기의 하나님이신가?[32)]

Q 질문

구약성경에 '나는 시기하는 하나님'이라는 말이 나오는데, 시기는 좋은 뜻이 아닙니다. 그럼에도 하나님은 자신을 왜 그렇게 표현하신 것입니까? 하나님은 시기하는 분이십니까?

A 회답

시기(jealousy, 猜忌), 질투(嫉妬)하시는 하나님! 출애굽기 20장 5절에 나오는 내용이군요. 평소처럼 3개로 말씀드리겠습니다.
「네 하나님 여호와는 질투하는 하나님인 즉 … 」(출애굽기 20:5)

첫째, 시기는 죄입니다.

시기(猜忌)는 남의 물건을 탐내는 죄입니다. 나는 없다, 부럽다, 저것이 갖고 싶다, 또 예를 들어 남이 갖고 있는 부와 능력, 미모 이런 것들을 갖고 싶어하는 것입니다. 이것은 성경에서 분명히 죄(罪)입니다.

둘째, 그러나 시기에는 다른 의미도 있습니다.

출애굽기(Exodus, 出埃及記) 20장 5절의 질투(嫉妬)는 다른 의미로 사용되고 있습니다. 실제 예를 들어 쉽게 설명해보도록 하겠습니다. 부부관계, 또는 부모자녀 관계를 생각 해보면 잘 알 수 있습니다.

32) Q32 なぜ､聖書の神はねたむ神なのですか？ http://seishonyumon.com/movie/2027/

예를 들어, 다른 남자가 자기 아내에게 구애를 하거나 유혹하려 하는 것을 볼 때 가만히 있을 남편은 아무도 없습니다. 모르는 척하고, '나는 질투하지 않아요'라 하는 사람이 있다면 정말 이상한 것이지요. 남편은 아내를 사랑하기 때문입니다. 하나님이 주신 부부관계를 파괴하려는 일이 있을 때 이를 방어하고 물리치려는 것은 자연스러운 일입니다.

부모자녀의 관계도 마찬가지입니다. 아이가 유괴될 것 같을 때, '나는 상관 없어요'라 하는 부모는 당연히 이상한 것입니다. 부모라면 자기 목숨 걸고라도 자식을 지키려 하는 것이 정상입니다.

하나님께서 '나는 시기하는 하나님이다'라고 말할 경우, 시기는 2번째 사례의 의미로 사용하면 좋겠습니다.

셋째, 출애굽기 20장 5절은 '우상숭배를 금지한다'라는 맥락 속에서 언급되어 있습니다.

우상숭배(idolatry, 偶像崇拜)는 눈에 보이는 형상을 만들어 그것을 신(神)으로 섬기는 것을 말합니다. 원래 하나님에게만 속해 있는 속성을 다른 것에 주는 행위입니다. 존엄과 영예, 영광은 하나님에게만 속하는 속성입니다. 만약 우리가 그러한 속성들을 하나님이 아닌 다른 우상(偶像)에게 돌아가게 한다면, 하나님은 그것에 대해 질투(嫉妬)의 감정을 느끼실 수 있음을 기억하시기 바랍니다.

우리 인간이 창조주 하나님을 떠나 다른 신에게로 가려 한다면, 하나님은 사랑하시기에 되찾으려 합니다. 그것은 하나님으로서 당연한 감정입니다. 하나님은 우리를 사랑하십니다. 그러므로 질투하시는 하나님이라 말할 수 있는 것입니다.

당신도 지금 하나님의 그 사랑을 받고 있습니다.

Today's Bible

만군의 여호와가 이같이 말하노라 내가 시온을 위하여 크게 질투하며 그를 위하여 크게 분노함으로 질투하노라(스가랴 8:2)
너희는 하나님이 우리 속에 거하게 하신 성령이 시기하기까지 사모한다 하신 말씀을 헛된 줄로 생각하느냐(야고보서 4:5)

Q33

성경에 왜 기적 이야기가 많은가?[33)]

Q 질문

성경에 기적 이야기가 많습니다. 읽다가 바보처럼 느껴질 때가 있습니다. 왜 성경에는 기적의 이야기가 많습니까?

A 회답

첫째, 기적은 '어느 시대'에서만 일어나고 있습니다.

성경 어디에서나 기적(miracle, 奇蹟)이 나온다는 것은 과장된 이야기입니다. 기적이 많이 나오는 시대는 주로 다음 3시대입니다.

1. 출애굽기 무렵, 유대인들이 이집트로 탈출(脫出)하는 시대입니다.
2. 통일국가 이스라엘이 북이스라엘과 남유다로 분열(分裂)됩니다. 이후 북왕국은 우상숭배 때문에 망국(亡國)의 위기에 빠지게 됩니다. 그때 활약하는 사람이 예언자 엘리야(Elijah)와 엘리샤(Elisha)입니다. 이 시대에 많은 기적이 일어났습니다.
3. 마지막으로 예수와 사도(Apostle, 使徒)들의 시대입니다.

기적은 주로 이 3시대에 집중되어 일어나고 있습니다. 그 외의 시대에는 기적이라고 할 수 있는 현상이 거의 일어나지 않았습니다. 그리고 이 시대에 기적이 일어난 것은 필연성이 있었습니다. 인류의 역사가 하나님의 개입을 필요로 했기 때문입니다.

---

33) Q33 聖書はすばらしい言葉が詰まっていますが､奇跡の話を読むと バカバカしくて､読む気が失せます｡どうして聖書にはこうも奇跡の 話が多いのですか？ http://seishonyumon.com/movie/2034/

둘째, 기적에는 '목적'이 있습니다.

예를 들어 구약성경 시대 이스라엘 백성들 앞에서 이루어지는 기적은 '하나님이 자연계를 초월하신 분이다'라는 것을 설명하고 있습니다. 즉 이 분을 신뢰해도 좋다라는 것을 가르치고 있는 것입니다.

신약성경 시대 복음서에 기록된 기적은 '예수 그리스도가 하나님의 아들이자 메시아 구원자'라는 것을 증명하기 위해 일어난 것입니다. 사도행전(Acts of the Apostles, 使徒行傳)을 보면 사도들의 손에 의해 기적이 이뤄지는데, 이는 '사도들이 말하는 메시지를 신뢰할 수 있다'는 것을 보여주기 위한 것입니다.

셋째, 성경에서 기적을 제거하면 '성경 이야기'는 성립할 수 없습니다.

그래서 '읽을 맛이 없어집니다' 가 아니라 반대로 생각해서 '기적이 없다면 읽을 의미가 없다'라는 것입니다.

구약성경이 가르치는 가장 큰 기적은 '하나님이 무(無에)서 유(有)를 창조(creation, 創造)하신' 것입니다. 하나님이 아무것도 없는 것에서 천지를 창조하셨다는 것. 이것이 구약성경의 가장 큰 기적입니다.

신약성경이 가르치는 가장 큰 기적은 '예수님이 십자가에 못 박혀 죽고, 죽은 지 3일만에 부활(Resurrection, 復活)해 지금도 살아 계신다'는 것입니다.

내용을 정리하면 다음과 같습니다.
1. 기적(奇跡)은 특정 시대에만 일어난다.
2. 기적에는 목적이 있다.
3. 기적을 제거한다면 성경 이야기는 성립할 수 없다.

성경에 기록된 기적은 우리와 같이 성경을 읽는 사람들이 하나님께 가까이 나아가도록 하기 위함입니다. 성경의 기적은 우리에게 믿음을 주고, 우리의 신앙을 격려(激勵)하기 위해 주어진 것입니다.

Today's Bible

이스라엘 사람들아 이 말을 들으라 너희도 아는 바와 같이 하나님께서 나사렛 예수로 큰 권능과 기사와 표적을 너희 가운데서 베푸사 너희 앞에서 그를 증언하셨느니라(사도행전 2:22)
사도들의 손을 통하여 민간에 표적과 기사가 많이 일어나매 믿는 사람이 다 마음을 같이하여 솔로몬 행각에 모이고(사도행전 5:12)

Q34

신약성경 중 4복음서의 모순[34)]

Q 질문

저는 연구를 목적으로 성경을 읽고 있습니다. 신약성경 중 4복음서를 비교해 보면 모순이 나옵니다. 성경에 오류가 있다는 증거 아닙니까?

A 회답

첫째, 순수한 동기로 성경을 읽으면 '조화로운 책'임을 알 수 있습니다.

그러나 잘못을 찾아내려는 동기(動機)로 읽는다면 성경이 전달하고자 하는 진정한 메시지는 가슴에 와 닿지 않을 수 있습니다.

성경에는 해석이 어려운 부분이 있습니다. 그것은 저도 인정합니다. 그러나 해석이 어렵다는 것과 성경이 모순된다는 것은 다른 문제입니다.

둘째, 성경은 약 1500년 동안 약 40명의 저자가 쓴 것입니다.

따라서 어려운 부분이 있는 것은 당연합니다. 각 책의 내용의 주제가 다릅니다. 대상이 되는 독자도 다르고, 쓰여진 목적도 다릅니다. 글쓰기 스타일도 다릅니다. 그러므로 같은 주제라 하더라도 내용이나 표현방식이 다를 수 있습니다.

그러나 내용이나 표현법이 다르다는 것이 모순을 뜻하는 것은 아닙니다. 차이를 설명하는 것이

---

34) Q34 新約聖書の四福音書を照らし合わせると明らかな矛盾があります。これは、聖書にも間違いがある証拠ではないのですか？ http://seishonyumon.com/movie/2175/

불가능하다고 할 때 모순이라고 할 수 있습니다.

저의 경험을 말씀드리면, 이전에는 어려워서 '이 부분은 도저히 설교를 할 수 없다'라고 생각했던 부분이 학습량이 쌓이면서 설교를 할 수 있게 된 경우도 많습니다.

고고학(考古學)이나 역사학(歷史學)의 발전에 따라 과거에는 의문시되었던 점들이 지금은 해답을 얻는 경우도 계속 일어나고 있습니다.

셋째, '그럼 모순이라고 생각되는 부분을 만나면 어떻게 해야 할까'입니다.

기도하는 마음으로 성경을 읽고, 단순히 해결책이 없는지 살펴보는 것입니다. 생각했던 것보다 이렇게 하면 되는구나 쉽게 답을 발견하는 경우가 있습니다.

그리고 그래도 어려운 경우 주석서(注釋書)나 신앙서적을 찾아보는 것이 좋습니다. 최근에는 인터넷에도 성경 질문에 대해 답하는 사이트가 많기 때문에 참고해도 좋을 것입니다.

그래도 의문이 해결되지 않으면 영적인 지도자, 목사, 전도자, 선교사, 기타 신앙생활을 먼저한 기독인 선배 등과 상담해 보는 것입니다.

그러나 아무리 노력해도 답을 못 찾을 수 경우에는 그 의문을 일시적으로 냉동고(冷凍庫)에 보관해 두어도 좋을 것입니다. 즉 잠시 동결해 놓으라는 것입니다. 언젠가 꼭 알게 될 것입니다. 얼었던 것이 해동하여 풀리는 날이 올 것입니다.

성경은 하나님의 말씀이라는 전제 아래 읽는 것이 좋습니다. 순수한 동기로 성경을 읽을 때 성경의 메시지를 더 잘 알 수 있게 됩니다.

Today's Bible

모든 성경은 하나님의 감동으로 된 것으로 교훈과 책망과 바르게 함과 의로 교육하기에 유익하니. 이는 하나님의 사람으로 온전하게 하며 모든 선한 일을 행할 능력을 갖추게 하려 함이라(디모데후서 3:16-17)

Q35

하나님은 처음부터 존재했는가?[35)]

Q 질문

하나님이 창조주라면서, 이 세계보다 하나님이 먼저 존재하셨다는 것이 비논리적으로 느껴집니다. 하나님이 처음부터 존재하고 있었다는 것이 믿어지지 않습니다.

A 회답

하나님(God, 神)이 처음부터 존재한다는 것을 어떻게 설명해야 할까?
현실 세계가 존재하는 것을 부정하는 사람은 없습니다. 내 자신이 지금 생각하고 답을 합니다. 나의 존재 자체가 현실(現實)속에 있습니다. 당신도 현실 속에 있습니다. 그럼 어떻게 현실 세계가 존재하게 된 것일까요? 3가지로 말씀드리겠습니다.

첫째는 현실의 세계가 '자기 창조', 즉 '셀프·크리에이션(self-creation)'에 의해 만들어졌다는 가정입니다. 스스로 만들어졌다는 것입니다.

그러나 이러한 설명은 자체가 모순입니다. 존재하지 않는 것이, 무엇인가를 만들어 내는 것은 있을 수 없습니다. 그러므로 자기 창조는 있을 수 없습니다.

두번 째 가능성은 현실 세계는 '처음부터 존재하는 것이다' 는 가정입니다.

이 논리에 따르면 현실과 물질적인 세계가 처음부터 있었다는 것이 됩니다. 그런데 현실 세계에는

---

35) Q35 創造主が神なら、それはどうして出来たのですか？ 最初から神が存在していたことが信じられません。
http://seishonyumon.com/movie/2195/

시작이 있습니다.

우주의 시작을 설명하는 이론으로 '빅뱅이론(Big bang Theory)'이 있습니다. 세계가 '이 시점에서 시작되었다고 하는 순간이 있을 것 같다'라 하는 것을 과학적 데이터로 설명해 보이는 것입니다. 그러므로 현실 세계는 '영원부터 존재한다'라 말할 수 없습니다. 현실 세계는 어느 시점부터 존재하게 되었고, 그 이후 계속 변화하고 있습니다.

세번째 가능성은 현실 세계는 '영원히 존재하는 분에 의해 창조되었다'는 것입니다.

2번과 3번은 양자택일 중 하나입니다. 세 번째는 '영원한 존재에 의해 창조되었다'는 것입니다. 이를 받아들이지 못하는 사람은 '영원부터 존재했다'로 갈 수밖에 없습니다.

한가지 묻고 싶습니다. '인과관계의 법칙'이라는 것이 있습니다. 이는 원인과 결과를 비교할 때 '결과는 원인과 비슷하다'라고 하는 법칙입니다. 즉 원인과 결과 사이에 '상관관계'가 존재하는 것입니다. 물질이 영원한 존재라면 왜 인간이라는 인격을 가진 존재가 있을까요? 두번째 가정은 왜 인간이 만들어졌는지? 도덕적, 윤리적 존재로 설명할 수가 없습니다.

성경은 '하나님의 형상에 따라 사람이 창조(creation, 創造)되었다'고 합니다. 따라서 '현실 세계 또한 인격을 가진, 또 윤리적이며 도덕적인 분에 의해서 만들어졌다'라 하는 것을 증명하고 있습니다.

영원하신 하나님의 존재를 믿는다는 것은 어느 분이 생각하실 정도로 '비논리적'인 것은 아닙니다. 사실은 이것이 가장 '논리적인 결론'입니다.

Today's Bible

태초에 하나님이 천지를 창조하시니라(창세기 1:1)
하나님이 이르시되 우리의 형상을 따라 우리의 모양대로 우리가 사람을 만들고 그들로 바다의 물고기와 하늘의 새와 가축과 온 땅과 땅에 기는 모든 것을 다스리게 하자 하시고, 하나님이 자기 형상 곧 하나님의 형상대로 사람을 창조하시되 남자와 여자를 창조하시고(창세기 1:26~27)

036

자아가 생기기전 죽은 아이나 지적 핸디캡을 갖은 사람도 구원을 받나?[36)]

Q 질문

자신이 생각할 수 있는 나이가 되기 전에 사망하는 어린이(child)나 지적 핸디캡(handicap)을 갖고 있는 사람도 구원을 받을 수 있습니까? 구원받을 수 없다면 마음이 아프고 슬픈 일입니다.

A 회답

누구나 갖을 수 있는 질문입니다. 3가지 말씀드리겠습니다.

첫째, 이 주제에 대해서 성경은 침묵하고 있습니다.

즉 아무리 성경을 조사해도 이에 대해 단정적으로 말할 수 없다는 것입니다. 그러나 하나님의 성품이 '하나님은 사랑이요, 거룩하고 의로우신 분이다'는 것을 생각하면, 어떠한 일이 일어날지 예상할 수 있습니다.

둘째, 죽은 아이가 하늘의 영접을 받았다고 해석할 수 있는 부분이 있습니다.

그것은 구약성경 사무엘하(2 Samuel) 12장 23절에 기록되어 있는 다윗을 말입니다. 다윗은 밧세바와의 사이에서 태어난 아이가 숨지기 전까지는 단식하고 기도했지만 죽은 뒤에는 단식을 멈추고 이렇게 말합니다.

---

36) Q36 物心つく前に亡くなる子どもや、知的ハンディを負った人は、救われるのでしょうか?
http://seishonyumon.com/movie/2212/

「나는 그 아이에게 가겠지만, 그 아이가 내게로 돌아오지는 않을 것이다」(사무엘하 12:23)

이 말은 죽은 내 아이는 천국에 갔다, 이윽고 나도 거기에 간다 라는 의미입니다.

자신의 죄를 판단할 수 없는 아이나 또는 그리스도에 관한 판단을 할 수 없는 아이라면 책임을 지지 않습니다. 이것이 바로 '성경적 원칙'입니다.

셋째, 어린이에게 적용되는 원칙은 지적 핸디(handicap)를 입은 사람에게도 적용됩니다.

지적 수준의 책임을 물을 수 있는 상태가 아닌 경우, 즉 자기 판단을 할 수 없기 때문에 자기 책임이 없는 경우는 책임은 묻지 않습니다.

우리는 하나님이 사랑과 의로움으로 모든 것을 판단하고 계신 데에서 평안을 찾아야 합니다.

이 질문을 하신 분은, 아마 마음 아픈 체험을 하신 분이라고 생각됩니다. 아이나 지적 핸디캡을 가진 사람의 구원에 관해서는 하나님에게 모든 것을 맡기고, 평안을 받는 것이 좋다고 생각합니다.

Today's Bible

이르되 아이가 살았을 때에 내가 금식하고 운 것은 혹시 여호와께서 나를 불쌍히 여기사 아이를 살려 주실는지 누가 알까 생각함이거니와, 지금은 죽었으니 내가 어찌 금식하랴 내가 다시 돌아오게 할 수 있느냐 나는 그에게로 가려니와 그는 내게로 돌아오지 아니하리라 하니라(사무엘하 12:22-23)
하나님이 모든 것을 지으시되 때를 따라 아름답게 하셨고 또 사람들에게는 영원을 사모하는 마음을 주셨느니라 그러나 하나님이 하시는 일의 시종을 사람으로 측량할 수 없게 하셨도다(전도서3:11)

037

예수의 동정녀 탄생[37)]

Q 질문

예수 그리스도에 대해 좋은 마음을 갖고 있으나, 마리아에 의한 동정녀 탄생이 믿어지지 않습니다. 믿음이 없는 저는 온전한 기독인이 되지 못했나 봅니다.

A 회답

예수의 동정녀 탄생(virgin birth, 童貞女誕生)은 기독교의 구원을 이해하기 위한 매우 중요한 부분입니다. 3가지를 말씀드리겠습니다. 오늘은 다음과 같이 정리해서 답변드리겠습니다.
How... 어떻게 그것이 가능한가?
Why... 왜 그것이 필요한지?
What... 그것이 가져온 의미가 무엇인지?

첫째, 'How'입니다. 어떻게 그것이 가능한가?

최초의 사람인 아담(Adam)은 '흙'으로 만들어졌습니다. 다음으로 하와(Eve)가 '아담의 갈비뼈'로 만들어졌습니다. '혼인관계' 이외의 방법으로 두 사람이 존재하게 된 것입니다. 그렇다면 예수님도 정상적인 혼인관계를 거치지 않고 태어나실 수 있음을 이해하실 수 있겠지요.

성령(Holy Spirit, 聖靈)이 마리아 위에 임하셨고 마리아(Mary)의 몸에서 예수가 탄생(誕生)하였습니다. 이는 예수님께서 '인간의 몸'으로 이 땅에 오셨음을 뜻하는 것입니다.

---

37) Q37 イエスの処女降誕がどうしても信じられません。http://seishonyumon.com/movie/2224/

둘째, 'Why'입니다. 왜 그것이 필요할까요?

그것은 예수님이 '죄 없는 인간'으로 탄생할 필요가 있었기 때문입니다. 아담과 하와가 죄를 지은 이후 혼인관계에 의해 태어나는 모든 사람은 아담과 하와의 타락이 세상에 가져온 죄의 속성을 품고 태어나게 되었습니다. 이 죄를 기독교에서는 원죄(original sin, 原罪)라고 부릅니다.

그러나 인류를 구원할 예수님이 '구원자(救援者)'가 되기 위해서는 동정녀 탄생을 통해 죄 없는 인간으로 탄생하실 필요가 있었습니다. 죄인을 구원할 메시아는 죄(罪가) 없어야 합니다. 이것이 동정녀 탄생의 이유입니다.

셋째, 'What'입니다. 그렇다면 이것은 가져온 의미는 무엇인가?

이렇게 탄생한 예수님은 100% 하나님이시고, 100% 사람이시란 것입니다. 예수님께서 하나님(God, 神)으로서의 성품과 사람(人)으로서의 성품을 모두 조화롭게 갖추셨음을 뜻합니다.

'인간'이 아니면 죽을 수가 없습니다. '하나님'이 아니시면 구원을 할 수 없습니다. 예수 그리스도가 십자가 위에 죽으시고 우리의 죄를 대신하여, 구원의 길을 여신 것은 예수님이 100% 하나님이시고, 100% 사람이기 때문에 가능했던 것입니다. 그런 의미에서 동정녀 탄생(virgin birth, 童貞女誕生)은 기독교의 중요한 기초입니다.

당신도 예수 그리스도를 바라보며 그리스도께서 주시는 '죄사함'을 받으시길 바랍니다. 성경의 가르침은 인간이 믿음과 그 은혜에 따라 구원을 받을 수 있음을 말씀하고 있습니다.

Today's Bible

예수 그리스도의 나심은 이러하니라 그의 어머니 마리아가 요셉과 약혼하고 동거하기 전에 성령으로 잉태된 것이 나타났더니(마태복음 1:18)
보라 처녀가 잉태하여 아들을 낳을 것이요 그의 이름은 임마누엘이라 하리라 하셨으니 이를 번역한즉 하나님이 우리와 함께 계시다 함이라(마태복음 1:23)

038

예수님은 유다의 배신을 알면서도 왜 그를 선택했는가?[38)]

Q 질문

어느 책에서 '예수님이 유다의 배신을 알고 있었는데 왜 그렇게 하셨는지 의문이 든다'는 말이 있었습니다. 예수님은 유다가 자신을 배신할 줄 알면서도 왜 그를 택하셨나 궁금합니다.

A 회답

매우 어려운 질문입니다. 유다에 대해 '모든 것을 아는 것은 불가능'하기 때문입니다. 성경에는 모든 것이 쓰여져 있지 않습니다. 단 성경에 있는 내용을 중심으로 3가지로 말씀드리겠습니다.

첫째, '신의 예지와 인간의 자유의지'의 문제입니다.

예수님은 유다의 배신을 예지(precognition, 豫知), 사전에 알고 계셨습니다. 예수님은 전지전능한 분이십니다. 그리고 유다가 스스로 배신의 길을 선택했다는 것도 사실입니다. 예수님이 예지하셨다고 해서 유다의 책임이 가벼워지는 것은 아니기 때문입니다.

이는 많은 분들이 어려워하는 내용입니다. 이유는 시간의 개념이 복잡하기 때문입니다.

예수님이 보는 시간의 개념과 인간이 보는 시간의 개념이 미묘하게 다릅니다. 인간에게 시간은 직선적 개념입니다. 그래서 과거의 일은 뒤에 있고 미래의 일은 앞에 있습니다. 그에 비해 예수

38) Q38 イエスはユダが自分を裏切ることを知っていながら、なぜ彼を選んだのですか?
http://seishonyumon.com/movie/2232/

님은 시간을 초월하신 분입니다. 역사 속에서 일어나는 모든 일들이 하나님이 볼 때는 같은 거리에 있습니다. 시간이란 하나님에 의해 만들어진 개념으로, 피조 세계에 부어진 개념입니다. 그러므로 유다는 자기 책임으로 배신을 택했다고도할 수 있고, 예수님이 그것을 예견하고 계셨다고도 할 수 있습니다.

둘째, '예수님의 사랑'과 '유다의 선택'을 비교해 보십시요.

예수님은 유다에게 회개(repentance, 悔改)의 기회를 주셨습니다. 그러나 유다는 그것을 거부했습니다. 최후의 만찬 자리에서 예수님은 유다밖에 알 수 없는 방법으로 경고를 하셨습니다. 예수님이 말씀하신 '당신이 하려는 일을 지금 당장 하라'는 말도 유다만이 들을 수 있는 경고입니다.

셋째, '예수의 죽음'과 '유다의 배신'의 관계에 대해 생각해 보십시오.

유다가 배신하지 않았으면 예수님도 십자가에 못 박히지 않았을 텐데, 유다가 불쌍하다는 말을 하는 사람도 있으나 그렇지 않습니다. 유다가 배신하지 않았더라도 예수님은 십자가에 못 박혀 죽으셨을 것입니다. 로마 관헌에 체포되어서라도 십자가에 못 박혔을 것입니다. 예수의 죽음은 자발적이며, 속죄의 죽음이시기 때문입니다.

이스카리오테 유다에 관한 내용을 정리하면 다음과 같습니다.

1. 하나님은 유다가 예수를 배신할 것을 예지(豫知)하고 계셨다.
2. 유다는 자신의 의지로 예수를 배신(背信)할 것을 택했다.
3. 유다는 예수의 사랑을 받고 회개의 기회가 주어져 있었지만 끝내 회개하려 하지 않았다.
4. 유다의 배신이 없어도 예수는 속죄(贖罪)의 죽음을 하였을 것이다.
5. 우리에게 중요한 것은 예수님은 자신의 목숨을 버릴 정도로 우리를 사랑해 주셨다는 사실이다.

Today's Bible

조각을 받은 후 곧 사탄이 그 속에 들어간지라 이에 예수께서 유다에게 이르시되 네가 하는 일을 속히 하라 하시니, 이 말씀을 무슨 뜻으로 하셨는지 그 앉은 자 중에 아는 자가 없고(요한복음 13:27~28)

Q39

동성애자 기독인[39)]

Q 질문

제가 다니는 교회에 동성애자 기독인이 있습니다. 지인은 동성애자는 결코 용서받을 수 없다고 했습니다. 이 문제에 대해 어떻게 생각하면 좋을까요?

A 회답

어려운 질문입니다. 우선 정의해 둡시다. 이번에 제가 말하는 '동성애자'가 어떤 분이냐면 '동성에 대해 성적 매력을 느끼는 사람'입니다. 그렇게 일단 정의해 놓겠습니다. 3가지로 말씀드리겠습니다.

첫째, 성경에 따르면 동성애는 죄(罪)입니다.

사도 바울(Paul)은 로마서 제1장에서 동성애(homosexuality, 同性愛)에 대해 강력히 규탄했습니다. 그의 말을 그대로 사용하면 동성애는 부끄러운 정욕 '부자연스러운 관계'입니다. 그래서 '성경을 하나님의 말씀'으로 글자 그대로 받아들인다면 동성애는 죄(sin, 罪)라는 결론에 이르게 됩니다.

둘째, 그러나 동성애는 용서받을 수 없는 죄가 아닙니다.

동성애는 '최악의 죄이고 용서받지 못할 죄다'라고 오해하고 있는 분도 있는 것 같습니다만, 그렇지 않습니다. 항상 죄와 싸우고 있는 것이 기독인의 생활입니다. 기독인이라고 해서 죄와의 싸움이 없어지는 것은 아닙니다. 그리고 주목해야 할 것은 사람마다 죄나 유혹의 내용이 다르다는 것입니다.

---

39) Q39 私の教会に、同性愛者のクリスチャンがいます。どう考えたらよいのでしょうか?
http://seishonyumon.com/movie/2240/

성적 유혹에 약한 사람도 있고, 금전욕이나 명예욕에 지배되고 있는 사람도 있습니다. 그렇지만 싸우고 있는 것에 있어서는 모두 같습니다.

크리스천은 매일 매일 영적 전투 속에서 성령에 의해 마음의 인도함을 배웁니다. 그리고 시간을 들여 서서히 변화되어, '성령의 열매(fruit of the Spirit)'를 거둘 수 있게 됩니다. 이 과정을 기독교 용어로 '성화(sanctification, 聖化)'라 합니다. 따라서 동성애적 경향과 싸우고 있는 사람이나 다른 유혹과 싸우고 있는 사람이나 마찬가지입니다.

셋째, 동성애자의 기독교적 개념은 있을 수 있습니다.

구체적으로 말하자면, 그 사람은 '스스로 안에 들어있는 동성애적 경향을 죄로 생각하고, 그것과 싸우고 있는 사람'인 것입니다.

그러나 만약 동성애적 경향을 죄라고 생각하지 않는다고 하면, 구원을 받을 수 있는 크리스천이 되어 있지 못할 가능성이 큽니다. 또는 습관적으로 실제 행위에 이르고 있다면 그 또한 도움을 받지 못할 가능성이 큽니다.

그런 분들께는 예수 그리스도의 복음을 전해드릴 필요가 있습니다. 어쨌든 하나님은 동성애(同性愛)를 미워하시지만, 동성애자(同性愛者)를 사랑하고 계십니다. 그리고 그 사람들이 속박으로부터 해방되어 자유로워지기를 하나님은 바라고 계십니다.

Today's Bible

불의한 자가 하나님의 나라를 유업으로 받지 못할 줄을 알지 못하느냐 미혹을 받지 말라 음행하는 자나 우상 숭배하는 자나 간음하는 자나 탐색하는 자나 남색하는 자나, 도적이나 탐욕을 부리는 자나 술 취하는 자나 모욕하는 자나 속여 빼앗는 자들은 하나님의 나라를 유업으로 받지 못하리라(고린도전서 6:9-10)
사람이 감당할 시험 밖에는 너희가 당한 것이 없나니 오직 하나님은 미쁘사 너희가 감당하지 못할 시험 당함을 허락하지 아니하시고 시험 당할 즈음에 또한 피할 길을 내사 너희로 능히 감당하게 하시느니라 (고린도전서 10:13)

Q040

왜 하나님을 믿을 필요가 있는가?[40)]

Q 질문

저는 하나님을 믿지 않고도 스스로 어려움을 극복해 가며 즐겁게 살아왔습니다. 왜 하나님을 믿어야 하는지 모르겠습니다.

A 회답

솔직한 질문입니다. 3가지 측면에서 답변을 드리도록 하겠습니다.

첫째, 인간에게는 '삶의 의미'를 알고 싶어 하는 바램이 있습니다. 그것이 하나님을 믿어야 하는 첫번째 이유입니다.

저 또한 '나는 어디에서 왔고, 또 어디로 가고 있는가'를 고민하며 성경을 읽기 시작했습니다. 인간에게는 이성적으로 설명할 수 없는 '영원(永遠)을 생각하는 마음'이 있습니다. 이것은 하나님께서 주신 것입니다.

유명한 신학자가 '사람의 마음에는 하나님 이외 어떤 것으로도 채울 수 없는 공허(空洞)함 같은 것이 있다' 말했습니다. 맞습니다. 만약 허무를 느끼기 시작했다면 이는 나쁜 것이 아니라 훌륭하고 멋진 일입니다. 그것이 하나님을 찾는 계기가 될 수 있기 때문입니다.

---

40) Q40 今まで､神を信じなくても楽しく生きてきました｡どうして神を信じる必要があるのですか？
http://seishonyumon.com/movie/2304/

둘째, 인간은 '위기의 상황'에 대비를 해야 합니다.

최근에는 자연재해에 대비해 위기관리를 어떻게 할 것인가가 관심을 받고 있습니다. 만일의 경우를 위한 대비는 시대의 요청입니다. 마찬가지로 인생에 있어서도 위기관리(危機管理)를 확실히 해 둘 필요가 있습니다. '하나님을 믿지 않아도 즐겁게 살아왔다'고 말씀하셨습니다.

그러나 주의하셔야 할 것은 긴 인생에 있어서 뜻하지 않은 시련(試鍊)은 언제든 올 수 있습니다. 사랑하는 사람을 잃고, 사고를 당하거나 병에 걸리거나 누구에게든지 일어날 수 있습니다. 대비가 필요합니다.

인간에게 일어날 수 있는 최악의 경우는 '죽음(death, 死)'입니다. 사후 세계에 대한 대비를 생각하는 사람은 지혜(智惠)로운 자이며, 그것을 생각하지 않고 사는 사람은 어리석은 자입니다. 성경은 '예수 그리스도를 통해 아버지 하나님과 화목(reconciliation, 和睦)해 지는 것'이 죽음에 대한 가장 소중한 대비책이라 말씀합니다.

셋째, 인간은 '지금을 살기 위한 힘'을 필요로 하고 있습니다.

인간의 노력에는 한계(限界)가 있습니다. 그래서 하나님을 믿고 의지할 필요가 있습니다. 사도 바울은 '나는 해야 할 일을 알면서도 그것을 할 수 없다'고 하였습니다. 또 '하고 싶지 않은 악(惡)을 행하였다'고 정직하게 고백까지 하였습니다.

하나님과 사랑의 관계에 있는 사람은 자신의 힘이 아닌 초자연적인 힘을 체험하게 됩니다. 전에는 할 수 없었던 일을 할 수 있게 됩니다. 지금 살아갈 수 있는 힘을 하나님께서 공급해 주시기 때문입니다.

당신도 하나님과 화목(和睦)해 지시기를 바랍니다. 하나님과의 화목, 화평을 얻는 방법은 예수 그리스도를 통해 하나님께 나아가는 것입니다.

Today's Bible

하나님이 모든 것을 지으시되 때를 따라 아름답게 하셨고 또 사람들에게는 영원을 사모하는 마음을 주셨느니라 그러나 하나님이 하시는 일의 시종을 사람으로 측량할 수 없게 하셨도다(전도서3:11)
그러므로 우리가 그리스도를 대신하여 사신이 되어 하나님이 우리를 통하여 너희를 권면하시는 것 같이 그리스도를 대신하여 간청하노니 너희는 하나님과 화목하라(고린도후서 5:20)

041

왜 기독교의 하나님이어야 하는가?[41)]

Q 질문

하나님을 믿지만, 왜 기독교의 하나님이 아니면 구원받지 못하는지 이유를 모르겠습니다. 어떤 종교라도 목적지는 같지 않습니까?

A 회답

질문은 바꾸면 '기독교와 타 종교의 차이가 무엇인가?' 내용이 되겠습니다. 기독교(Christianity, 基督教)와 타 종교의 차이점을 분명히 확인할 수 있다면 왜 기독교여야 하는지 알 수 있을 것입니다. 기독교와 일반종교(宗教)의 차이점에 대해 3가지로 말씀드리겠습니다.

첫째, 일반종교는 어떻게 하면 신(神)이나 진리에 다가갈 수 있는지를 가르쳐주는 것입니다.

일반종교는 이렇게 하면 된다, 이렇게 하면 안 된다, 이렇게 생각하면 된다, 이렇게 생각하면 안 된다, 이런 가르침의 체계가 있습니다. 그리고 그것을 신자는 실행해 나가는 것입니다. 일반종교가 가르치는 구원의 특징은 '행위(業)에 의한 구원'입니다. 이것은 중요한 점입니다.

그러나 기독교는 구원에 대한 구조의 방향(方向)이 타 종교와는 다릅니다. 사람이 신에게 손을 내밀었다(일반종교)는 것이 아니고, 하나님이 사람에게 손을 내밀어 주셨다(기독교) 하는 것입니다. 이 교훈의 배경에는 사람이 자력으로는 구원이 불가능하다는 세계관이 자리 잡고 있습니다. 하나님이 사람에게 손을 내밀어 주셨다. 이것이 기독교 교리의 중요한 포인트입니다.

---

41) Q41 神は信じているのですが、なぜキリスト教の神でないといけないのか、分かりません。
http://seishonyumon.com/movie/2388/

둘째, 일반종교는 '철학적 사색'의 결과로 생겨난 것입니다. 그에 비해 기독교는 '하나님의 계시'에 의해서 만들어진 것입니다.

즉 하나님이 역사에 개입하여 자신을 인류에게 계시(revelation, 啓示)하셨다는 것입니다. 그 역사적 기록이 바로 성경입니다. 그래서 기독인은 '오직 성경(sola scriptura)'이라는 원칙을 세우고 강조하고 있습니다. 성경은 역사책(歷史書)이자 하나님의 계시서(啓示書)입니다.

세 번째로 기독교는 인류 역사에서 일어난 가장 놀라운 사건을 토대로 생겨 났습니다. 그것이 바로 '그리스도의 부활'입니다.

예수님께서 십자가(cross, 十字架) 위에서 죽으시고, 무덤에 장사된 지 3일 만에 부활(resurrection, 復活)하셨습니다. 예수님의 부활은 그리스도께서 말씀하신 내용과 성경에 기록된 모든 말씀에 대한 신뢰를 증명하는 것입니다.

제자(disciple, 弟子)들은 그리스도의 부활을 목격한 이후, 자신들이 예수님과 함께 한 사역과 경험들을 기록으로 남겼습니다. 이것이 바로 신약성경(New Testament)의 내용입니다.

이상, 위 3가지가 기독교가 일반종교와 명확하게 다른 점입니다.

당신도 성경을 통해, 하나님의 말씀과 예수 그리스도를 마음으로 받아들이는 축복이 있으시길 바랍니다. 하나님은 당신을 사랑하고 계십니다.

Today's Bible

예수께서 이르시되 내가 곧 길이요 진리요 생명이니 나로 말미암지 않고는 아버지께로 올 자가 없느니라(요한복음 14:6)
다른 이로써는 구원을 받을 수 없나니 천하 사람 중에 구원을 받을 만한 다른 이름을 우리에게 주신 일이 없음이라 하였더라(사도행전 4:12)

Q42

유대교와 기독교, 이슬람교의 하나님은 같은 하나님인가?[42)]

Q 질문

TV에서 한 유명한 해설자가 유대교와 기독교, 이슬람교의 하나님이 같다고 설명하는 것을 보았습니다. 진짜입니까?

A 회답

중요한 질문입니다. 유대교(Judaism)와 기독교(Christianity)는 같은 구약성경을 사용하고 있습니다. 그러나 유대교는 신약성경을 인정하지 않습니다. 대답을 단순화하기 위해 질문을 바꿔보겠습니다.

성경의 신(神)과 이슬람교(Islam)에서 쓰는 코란(Koran)의 신은 같습니까? 라는 질문입니다. 유대교, 기독교, 이슬람교, 삼차원의 방정식입니다. 3가지로 말씀드리겠습니다.

첫째, 양자의 신(神) 개념에는 '공통된 점'이 있습니다.

예를 들면 '천지를 창조하신 영원한 신이 있다'라는 주장을 하는 것입니다. '전지전능하고 무한한 신이 있다'는 주장도 공통적입니다. 이슬람교도는 그 신을 '알라(Allāh)'라고 부르고 있습니다. 아랍어로 '신'이라는 뜻입니다. 여기까지 보면 신에 대한 개념이 가깝고 공통된 점이 있다는 것을 알 수 있습니다.

42) Q42 ある有名な解説者が、テレビで、「ユダヤ教、キリスト教、イスラム教の神は同じだ」と説明し ていました。本当ですか?
http://seishonyumon.com/movie/2445/

그러나 두 번 째로, 이들 신의 개념에는 '결정적인 차이'가 있습니다.

성경의 신은 삼위일체(trinitas, 三位一體)입니다. 하나님은 유일하신 분이지만, '성부(Father, 聖父)와 성자(Son, 聖子), 성령(Holy Spirit, 聖霊)'에 해당하는 3개의 위격을 갖고 있습니다. 위격(位格)이란 '3가지 인격을 갖추고 있다'라는 뜻입니다. 아버지와 아들, 성령이라는 삼위일체 하나님의 두 번째 격인 신을 '성자'라고 합니다. 그리고 그 분이 우리를 구원하기 위해 사람이 되어 이 땅에 오신 바로 예수 그리스도입니다. 신의 개념에 대한 양자의 결정적인 차이는 예수를 신, 즉 하나님으로 인정하느냐, 인정하지 않느냐 하는 점에 있습니다.

그리고 세번째 신의 개념이 다르다는 것은 바로 양자의 구원의 방식에도 '결정적인 차이'가 있다는 사실입니다.

하나님이신 예수 그리스도는 인류의 죄를 지고 십자가 위에서 돌아가셨습니다. 예수 그리스도를 구주로 믿는 것이 용서를 받는 '유일한 방법'입니다. 성경은 '사람은 은혜와 믿음으로 구원을 받는다'고 가르치고 있습니다. 그에 대해 코란이나 이슬람교는 '행위(業)에 의한 구원'을 가르치고 있습니다. 기독교가 신앙에 의한 구원을 가르치고 있는 것과는 매우 대조적입니다.

결론은 양자의 신(神에) 대한 개념은 비슷한 점도 있지만, 결정적인 차이가 있다는 것입니다. 그러므로 같은 신, 같은 하나님이라고 주장할 수는 없습니다.

Today's Bible

예수께서 이르시되 내가 곧 길이요 진리요 생명이니 나로 말미암지 않고는 아버지께로 올 자가 없느니라(요한복음 14:6)
예수께서 나아와 말씀하여 이르시되 하늘과 땅의 모든 권세를 내게 주셨으니, 그러므로 너희는 가서 모든 민족을 제자로 삼아 아버지와 아들과 성령의 이름으로 세례를 베풀고, 내가 너희에게 분부한 모든 것을 가르쳐 지키게 하라 볼지어다 내가 세상 끝날까지 너희와 항상 함께 있으리라 하시니라(마태복음 28:18~20)

Q043

공룡에 대한 성경 기록[43)]

Q 질문

성경에 나오는 내용이 역사적 사실이라면 왜 공룡에 대한 기술이 없습니까? 공룡은 역사적 사실로 존재했을 것입니다.

A 회답

기독계에서도 자주 논쟁 대상이 되는 중요한 주제 중 하나입니다.
이는 지구의 연대(年代)」에 관한 것입니다. 지구는 오래되었는지, 젊은지에 대한 논쟁입니다.
지구가 오래 되었다 생각하는 사람들은 약 46억년의 연수를 생각하고 있습니다.
그러나 성경의 내용을 문자 그대로 읽으면 지구는 거기까지 오래되지는 않았습니다. 더 젊고 짧다라고 하는 결론입니다. 즉 '젊은 지구설'이 올바른 것이 됩니다. 저 자신도 젊은 지구설의 입장에 서 있기 때문에 그 전제로 공룡(dinosaur, 恐龍)에 대해 3가지를 말씀드리겠습니다.

첫째, 인류와 공룡은 같은 시기에 지상에 존재했던 것으로 추정됩니다.

세계 각지에 산재한 고대문명의 유적을 발굴해보면 거기에서 토우, 점토로 만든 상과 다수의 그림이 나옵니다. 그 안에는 인간이 공룡(恐龍)과 놀고 있는 상과 그림이 있습니다. 어떤 유적에서는 공룡의 등에 사람이 타고 있는 상이 발굴되기도 했습니다. 이 출토물들은 인간이 공룡을 알고 있었다는 증거가 되기도 합니다.

43) Q43 聖書に書かれている事が歴史的事実なのであれば、何故恐竜についての記述が無いのでしょうか?
http://seishonyumon.com/movie/2572/

또한 인간 발자국 화석과 공룡 발자국 화석이 똑같은 지층에서 나오는 곳이 있기도 합니다. 미국 텍사스주의 팔락시강 유역이 그것입니다. 중국에도 그런 곳이 있습니다. 발자국이 화석이 되는 것은 드문 현상이지만 비가 내리고 부드러워진 석회석으로 된 지층 위를 거의 같은 시간에 인간과 공룡이 걸었다는 것입니다. 그 흔적이 화석화된 셈입니다. 이들 발자국 화석은 같은 시기에 공룡과 인간이 생존하였음을 시사합니다.

두번째 성경에는 공룡이라는 말이 나오지 않지만, 다른 말이 있습니다.

당시에는 공룡이라는 말이 없었습니다. 일본어 번역 성경에도 말이 나오지 않는 것입니다. 히브리어로 '타닌'이라는 말이 있습니다. 이 말은 구약성경에 23번 나옵니다. 일본어로 번역하면 바다의 거수, 뱀, 용 등의 뜻입니다. 타닌은 바다에도 뭍에도 있는 거수입니다. 아마 공룡이었던 같습니다.

히브리어로 '베헤못'이라는 것도 공룡일 가능성이 있습니다. 이 말은 구약성경 욥기(Job) 40장 15절에 나옵니다. 신개역 성경에서는 '하마'라고 번역하였습니다. 그런데 신공동역 성경은 베헤못이라고 번역했습니다. 일본어로는 쓸 수 없어 소리로 표기를 한 것입니다. 타니임과 베헤못은 공룡을 가리키는 말일 가능성이 큽니다.

세번째, 왜 공룡은 멸망했습니까?

성경에는 명확한 이유가 적혀 있지 않습니다. 노아 시대 대홍수 이후 어떤 이유로든 공룡이 멸망한 것은 사실입니다. 이유중 하나는 기후의 급변입니다. 새로운 환경과 기후가 적합하지 않게 되었다는 것입니다. 또 다른 이유는 인간의 사냥에 의한 멸종을 생각할 수 있습니다.

이상을 정리하면, ① 인류는 공룡을 목격했고 ② 공룡은 대홍수 이후 시대에 멸망했습니다. 그리고 ③ 공룡의 존재는 창조주의 위대함을 보여준 것입니다.

Today's Bible

이제 소 같이 풀을 먹는 베헤못을 볼지어다 내가 너를 지은 것 같이 그것도 지었느니라. 그것의 힘은 허리에 있고 그 뚝심은 배의 힘줄에 있고, 그것이 꼬리 치는 것은 백향목이 흔들리는 것 같고 그 넓적다리 힘줄은 서로 얽혀 있으며, 그 뼈는 놋관 같고 그 뼈대는 쇠 막대기 같으니, 그것은 하나님이 만드신 것 중에 으뜸이라 그것을 지으신 이가 자기의 칼을 가져 오기를 바라노라(욥기 40:15~19)

044

화날 때 도움이 되는 성경 본문[44)]

Q 질문

한번씩 분노감정 때문에 곤란을 겪을 때가 있습니다. 짜증이 나거나 화가 날 때 도움이 되는 성경 본문을 가르쳐 주십시오.

A 회답

분노와 감정의 통제는 모든 사람에게 필요한 공통 과제입니다. 저도 고속도로 운전할 때 화가 날 때가 있습니다. 3가지로 말씀드리겠습니다.

첫째, 화를 잘 내는 사람은 '어리석은 사람'입니다.

잠언 29장 11절에 이런 성경본문이 있습니다.
「어리석은 자는 자기의 노를 다 드러내어도 지혜로운 자는 그것을 억제하느니라」(잠언 29:11)

성경의 잠언(proverbs, 箴言)은 안전하게 살 수 있는 매뉴얼과 같은 것입니다. 구약시대 사람들은 이웃과 다투고 목숨을 건 전쟁도 하였습니다. 그리고 잠언 통해 평화롭게 살 수 있을까 방법을 많이 배웠습니다.

「자기의 마음을 제어하지 아니하는 자는 성읍이 무너지고 성벽이 없는 것과 같으니라」(잠언 25:28)

이 본문은 머리에 피가 끓어 오르도록 화가 날 때 생각하십시오. 현대인에게도 편안한 생활을

44) Q44 イライラしたり、怒りをぶつけそうになったりしたときに、助けになる聖句はありますか？
http://seishonyumon.com/movie/2582/

위한 매뉴얼이 필요합니다. 화를 잘 내는 사람은 인간관계에 문제를 갖고 있습니다. '화를 쉽게 내는 사람은 어리석은 사람이다', 기억하십시다.

둘째, 화를 잘 내는 사람은 '월권행위를 하는 사람'입니다. 자기에게는 본래 없는 권리를 행사하고 있다는 것입니다.

로마서(Romans) 12장 19절에 이런 말씀이 있습니다.
「내 사랑하는 자들아 너희가 친히 원수를 갚지 말고 하나님의 진노하심에 맡기라 기록되었으되 원수 갚는 것이 내게 있으니 내가 갚으리라고 주께서 말씀하시니라」(로마서 12:19)

복수는 나에게 있다, 이는 내가 복수하겠다는 의미가 아닙니다. 복수는 하나님의 특권(特權)입니다. 복수를 하려는 자는 하나님의 주권을 침해하는 것입니다. 과도하게 화를 내는 것도 월권행위(越權行爲)입니다. 화내지 않아도 되는데 그만 화를 내고 후회하는 경우가 있습니다.

예수님이시라면 어떻게 하셨을까?
예수님의 성품과 또 하신 말씀을 생각하며 행동하는 기독인이 되십시다.

그런데 세 번째로 '올바른 분노'도 있습니다.

분노가 항상 죄인 것은 아닙니다. 오히려 화를 내야 하는 경우도 있습니다. 단 이 경우에는 화가 나 있는 동기, 화가 났을 때 감정의 제어, 화가 얼마나 계속되고 있는지 등을 고려해야 합니다. 분노(忿怒)의 기간이 너무 길어서는 안 됩니다. 화가 난 채로 밤을 새우면 안됩니다. 또 화를 내서 덕(德)이 될만 한 것이 나올 수 있을지도 생각해야 합니다. 분노의 감정을 통제할 줄 아는 사람은 영적으로 성장(成長)한 사람입니다.

Today's Bible

자기의 마음을 제어하지 아니하는 자는 성읍이 무너지고 성벽이 없는 것과 같으니라(잠언 25:28)

045

할로윈을 축하해도 문제 없는가?[45)]

Q 질문

할로윈은 악마적인 것을 취급하고 위험하기 때문에 축하해서는 안 된다는 사람과 문제가 없다는 사람이 있습니다. 어떻게 생각하면 좋습니까?

A 회답

할로윈은 매년 10월 31일에 열리는 축제를 말합니다. 일본에서도 상업주의를 타고 확산되었습니다. 성경에 나오는 축제라고 오해하는 분도 있습니다. 미국에서도 자녀들에게 축제에 참가를 시켜야 할지 고민을 합니다. 기독인의 경우는 특히 그렇습니다. 3가지로 답을 하겠습니다.

첫째, 할로윈의 기원은 이교적인 것입니다.

할로윈(Halloween)은 약 2000년전 고대 켈트인의 축제가 기원입니다. 가을 추수 수확을 하며, 자연계와 초자연계의 벽이 무너지는 시기라 생각을 한 것 같습니다. 즉 살아 있는 사람이 죽은 사람과 교류할 수 있는 기간, 죽은 자와의 교류를 통해서 미래를 들여다볼 수 있는 기간이라고 생각하였던 것입니다.

또 악령의 추방이나 마녀의 존재 같은 이교적(異教的) 의미가 사람들의 관심의 대상이 되었습니다. 그렇기 때문에 할로윈이 위험하다고 하는 사람이 있는 것은 당연한 것입니다.

---

45) Q45 ハロウィンとは、キリスト教と関係ありますか？クリスチャンが祝っても大丈夫？
http://seishonyumon.com/movie/2608/

둘째, 할로윈은 오늘 날 특히 미국에서는 민간 행사로 자리 잡았습니다.

오늘날의 할로윈은 원래 유래와 무관하게 '아이들이 즐기는 축제'가 되었습니다. 축제기간 동안 아이들이 다양한 모습으로 변장하고 집집마다 돌아다니며 사탕을 받습니다. 저도 고등학교 시절 미국에 체류하여 경험을 한 적이 있습니다.

할로윈을 축하하는 사람들은 '그 자체는 종교적 의미가 없다'고 합니다. 그런 의미에서 할로윈에 위화감을 느끼지 않는 사람들이 있는 것도 당연합니다. 즉 할로윈을 위험하게 보는 사람과 그렇지 않은 사람 모두가 있습니다. 따라서 이 질문은 제가 어느 쪽에 대답해도 반드시 비판을 받을 수 있습니다.

셋째, 개인적으로는 '제3의 길'을 선택하고자 합니다.

신약성경 로마서 14장에서 바울은 본질적인 주제만 아니면 다 좋다고 하였습니다. 이것을 저는 '그레이존(gray zone)'이라고 부르고 있습니다. 회색 지대에 속하는 문제는 각자가 판단해야 할 사항입니다. 그러므로 그것이 죄라고 생각하는 사람들은 이 축제에 참가해서는 안 됩니다. 문제없다고 생각하는 사람은 자신의 양심과 신앙에 비추어 참가해도 좋을 것입니다. 그리고 상대방의 선택을 비판해서는 안 됩니다.

그리고 만약 기독인이 문제없다고 생각하고 이 축제에 참가한다면 최소한 이교적인 요소를 배제하려는 노력은 해야 할 것 같습니다. 예를 들면 잭 오 랜턴(Jack-o'-Lantern)같은 것입니다. 호박을 도려내서 만든 랜턴입니다. 그것은 '악령들이 올 때 길을 잘못 들지 않도록 빛을 비추어 준다'는 개념이 있기 때문에 주의해야 합니다. 또한 마녀와 도깨비 등의 의상을 아이에게 입히는 일도 삼가는 것이 좋다고 생각합니다.

그리고 예수의 사랑과 복음을 전하는 기회로 쓰면 좋겠습니다. 할로윈 수확제(収穫祭)에 참가할 경우, 복음(福音)을 전하는 기회로 축제를 활용하면 좋겠다는 뜻입니다.

Today's Bible

믿음이 연약한 자를 너희가 받되 그의 의견을 비판하지 말라. 어떤 사람은 모든 것을 먹을 만한 믿음이 있고 믿음이 연약한 자는 채소만 먹느니라(로마서14:1-2)

046

종교가 전쟁의 원인 아닌가?[46)]

Q 질문

전쟁이 끝이 없습니다. 종교 때문에 전쟁이 생기는 것은 아닌지, 저는 전쟁이 일어나는 최대 원인이 종교라고 생각합니다. 종교를 믿는 사람이 줄어들면 전쟁도 없어지지 않겠습니까?

A 회답

종교가 없거나 무신론자들이 강하게 주장 중 하나입니다. 배후에는 종교를 부정하고 싶은 동기가 있어 보입니다. 3가지로 답을 드리겠습니다.

첫째, 분명히 종교로 인한 전쟁이 있습니다.

11~13세기에 있었던 십자군 전쟁(crusades, 十字軍戰爭)이 그 예입니다. 예루살렘을 이슬람교도로부터 탈환하고 싶어 했던 것이 일련의 싸움의 시작입니다.

또 유럽에서 17세기에 '30년 전쟁(Thirty Years' War, 三十年戰爭)' 있었습니다. 지금의 독일을 무대로 진행된 전쟁입니다. 이 전쟁에서는 천주교와 개신교가 다투었습니다. 마지막이 되면 오히려 정치적 요인이 강해지는데, 처음에는 종교적인 전쟁이었습니다.

요즘엔 이슬람 근본주의자에 의한 9.11 테러 등 동시다발적 테러가 있습니다. 이는 지하드라는 성전(聖戰) 개념 아래 이슬람 과격단체 사람들이 자행한 테러입니다. 이렇듯 종교가 원인이 된 전쟁은 분명히 있습니다.

46) Q46 宗教があるから戦争が起こるのではないのですか？ 私は、戦争が起こる最大の原因は、宗教だと思っています。
http://seishonyumon.com/movie/2665/

둘째, 종교가 원인이 된 전쟁은 주장하는 것만큼 많지 않습니다.

흥미로운 백과사전이 있는데, 영어로 'Encyclopedia of Wars'라는 전쟁에 관한 전3권 백과사전입니다. 이 백과사전에는 역사상 일어난 1,763건의 전쟁이 쓰여져 있습니다. 분석 결과를 보면 전체 전쟁 중 '종교적 전쟁'으로 분류되는 것은 123개(6.98%) 입니다. 이슬람교와 관련된 전쟁은 66건이고, 이를 제외하면 이슬람교 이외의 종교 전쟁은 57건으로 3.23%에 불과합니다.

많은 전사자를 낸 역사상 대전쟁은 종교와는 무관하게 일어난 것입니다. 대량 학살이나 죽음이라는 것도 '무종교 지배자 아래'에서 일어나고 있습니다. 가장 큰 희생자는 스탈린 시대로 4,267만명이 죽었습니다. 그 다음은 모택동 시대로 3,782만명이 죽었습니다. 세 번째가 히틀러의 시대로 2,094만명이 죽었습니다. 세 명의 독재자들은 모두 무교였습니다.

셋째, 전쟁의 첫째 원인은 종교가 아니라 '인간의 죄'입니다. 인간의 이기심, 욕망이 전쟁의 원인입니다.

야고보서(James) 4장 1~2절에는 이렇게 기록되어 있습니다.
「너희 중에 싸움이 어디로부터 다툼이 어디로부터 나느냐 너희 지체 중에서 싸우는 정욕으로부터 나는 것이 아니냐, 너희는 욕심을 내어도 얻지 못하여 살인하며 시기하여도 능히 취하지 못하므로 다투고 싸우는도다 너희가 얻지 못함은 구하지 아니하기 때문이요」(야고보서 4:1~2)

전쟁의 원인은 인간 안에 있는 죄 때문입니다. 만약 인간이 하나님을 부정한다면 인간의 성질과 행위는 더 끝없이 타락하고 말 것입니다.

Today's Bible

속에서 곧 사람의 마음에서 나오는 것은 악한 생각 곧 음란과 도둑질과 살인과, 간음과 탐욕과 악독과 속임과 음탕과 질투와 비방과 교만과 우매함이니, 이 모든 악한 것이 다 속에서 나와서 사람을 더럽게 하느니라(마가복음 7:21-23)

047

성경과 과학은 서로 모순되는가?[47)]

Q 질문

지금 같은 과학시대에 신이 존재한다는 것을 믿을 수 없습니다. 과학을 믿다 보면 신을 믿지 않게 되지 않을까요? 성경과 과학은 모순되지 않습니까?

A 회답

'천동설(geocentric theory, 天動說)'과 '지동설(heliocentric theory, 地動說)'의 논쟁이 생각납니다. 이 논쟁은 '성경과 과학이 서로 모순'이라는것을 증명해 주는 것이 아닙니다. 성경을 오해한 결과 잘못된 주장을 하게 된 사례입니다. 3가지 답을 드리겠습니다.

첫째, 과학은 궁극적인 물음에 답할 수 없습니다.

이미 최첨단 철학자들이 반복해서 말하고 있는 것입니다. 예를 들면 '신이 존재하는가, 존재하지 않는가', '사람은 왜 살아있는가', '사람은 어디서 와서 어디로 가려고 하는가' 이런 것은 궁극적인 질문들인데 이러한 물음에 과학은 대답을 하지 못하고 있습니다.

둘째, 만약 신이 존재하지 않는다면 성경과 과학은 모순이 됩니다.

과학의 방법론은 대략 이런 것입니다. 자연계의 현상을 관찰한다. 그리고 정보의 정리와 분석을 실시한다. 그것을 기초로 가설을 세워 검증을 실시해 공리, 정리로 이끈다. 이 정리가 또 새로운

47) Q47 今のような科学的な時代に、神が存在するとは到底信じられません。聖書と科学は矛盾していませんか?
http://seishonyumon.com/movie/2698/

정보와 모순된다면 다시 이 사이클을 반복한다. 즉 과학이란 '객관적 진리를 탐구하려는 행위'입니다. 과학이 객관적 진리에 도달할 수 있는가? 하는 것은 또 다른 주제입니다. 그러므로 만약 신이 존재하지 않는다면 신이 존재한다고 가르치는 성경은 과학과 모순됩니다.

그러나 세 번째로, 만약 신이 존재한다면 성경과 과학은 모순되지 않습니다.

크리스천 과학자는 어떤 생각으로 과학적 접근을 하고 있습니까? 그들은 과학은 신이 창조한 피조 세계를 탐구하는 시도라 생각할 것입니다. '과학은 신을 예배하는 한 가지 방법이기도 하다'는 것입니다.

과학(science, 科學)을 믿는 것과 신을 믿는 것은 큰 차이가 있습니다. 과학을 믿는다는 것은 '불완전한 인간의 판단이나 불완전한 인간의 두뇌를 믿는다'는 것입니다. 그에 비해 신을 믿는다는 것은 '온전한 분이 계시고 그 분에게 신뢰를 둔다'는 것입니다.

결론적으로 과학을 통해 하나님(God)의 피조 세계를 배우고, 하나님을 예배(service, 禮拜)하는 것도 가능하다는 것입니다.

시편(Psalms, 詩篇) 19장 1절에 이런 기록이 있습니다.
'하늘이 하나님의 영광을 선포하고 궁창이 그의 손으로 하신 일을 나타내는도다(시편 19:1)'.

성경과 과학은 모순되지 않습니다. 당신도 성경을 통해 진정한 하나님을 만나시길 바랍니다.

Today's Bible

이는 하나님을 알 만한 것이 그들 속에 보임이라 하나님께서 이를 그들에게 보이셨느니라. 창세로부터 그의 보이지 아니하는 것들 곧 그의 영원하신 능력과 신성이 그가 만드신 만물에 분명히 보여 알려졌나니 그러므로 그들이 핑계하지 못할지니라(로마서 1:19-20)

Q048

십자가 액세서리의 착용[48)]

Q 질문

최근 개신교 교회를 다니기 시작했습니다. 액세서리로 심플한 십자가 목걸이를 하고 있습니다. 십자가를 해도 좋은 것인지 묻고 싶습니다.

A 회답

기독인이 아니라도 십자가를 액세서리로 하는 사람은 많이 있습니다. 이는 자신의 신앙을 음미하는 좋은 기회가 될 것입니다. 3가지로 답을 드리겠습니다.

첫째, 십자가를 액세서리로 할 것인지? 여부는 각자가 스스로 결정해야 할 문제입니다.

십자가(cross, 十字架)는 원래 사형 도구였습니다. 가끔 '십자가를 다는 것을 가슴에 전기의자나 단두대를 매는 것과 같다'고 표현하는 사람도 있습니다. 그런데 이 말은 50점입니다. 반은 맞는데 반은 틀렸습니다. 그 이유는 크리스천이 십자가를 하기 시작한 것은 십자가형이 폐지된 이후의 이야기이기 때문입니다. 그 시대에는 십자가의 의미가 이미 바뀌어 있었던 것입니다. 그러므로 사형 도구를 매달고 있는 것은 아닙니다. 십자가는 사랑, 용서, 인도하심 등을 상징하는 심볼(symbol, 象徵)이 되었습니다.

이러한 배경이 있으므로 십자가는 스스로 판단하여 달면 되는 것입니다. 십자가를 하지 않은 사람은 하고 있는 사람을 비판해서는 안 됩니다.

---

48) Q48 アクセサリーとしてシンプルな十字架のネックレスを付けています。普段から十字架を身に着けているというのは、問題ありますでしょうか？ http://seishonyumon.com/movie/2889/

그런데 두 번째로 십자가를 액세서리로 하는 것이 문제가 될 수 있습니다. 어떤 경우일까요?

하나는 '내 외모가 어떻게 보이는가'에만 관심이 있는 경우입니다. 잘생겼는지 아닌지 그것만을 신경 쓰고 있는 경우입니다. 그 사람은 겉모습에만 마음을 빼앗겨 마음의 본연의 자세에 관심이 가지 않는 것입니다.

다음 문제는 십자가가 우상(偶像)이 될 경우입니다. 예를 들어 십자가를 숭배하는 것과 같은 심리 상태가 되어 있는 경우는 위험합니다. 게다가 십자가를 하고 있으면 무엇을 해도 사고를 당하지 않는다든지, 차 앞에 십자가를 하고 있으면 무모한 운전을 해도 괜찮다는 식의 생각 또한 문제입니다.

셋째, 십자가를 액세서리로 하는 것은 칭찬할 만한 경우가 있습니다.

그것은 그리스도의 '희생적(犧牲的)인 사랑'을 확인하기 위해서 십자가 액세서리를 하는 경우입니다. 또는 자신의 마음을 음미하고 '하나님께 순종하는 것'을 재확인하고 있는 경우입니다. 심지어 그리스도의 사랑에 따라 살기로 결심을 하고 이웃에게 사랑을 보이려고 하는 경우입니다.

결론적으로 자신의 내면(內面)을 돌아보며 십자가를 한다면 좋은 일인 것 같습니다.

Today's Bible

친히 나무에 달려 그 몸으로 우리 죄를 담당하셨으니 이는 우리로 죄에 대하여 죽고 의에 대하여 살게 하려 하심이라 그가 채찍에 맞음으로 너희는 나음을 얻었나니(베드로전서 2:24)
새 계명을 너희에게 주노니 서로 사랑하라 내가 너희를 사랑한 것 같이 너희도 서로 사랑하라
(요한복음 13:34)

049

성경의 한 부분만 믿는 사람[49)]

Q 질문

창세기 1장에서 11장 부분을 믿지 않는 크리스천을 만났습니다. 성경의 어느 부분만 믿고, 다른 부분은 믿지 않는 것도 가능한 것입니까?

A 회답

성경의 어떤 부분을 믿지 않거나, 또는 어떤 기적을 믿지 않는다고 하는 분들이 있습니다. 주로 '자유주의 신학'의 영향을 받은 사람들입니다. 자유주의 신학(liberal theology, 自由主義神學)이 무언인지, 3가지로 정리를 해 보겠습니다.

첫째, 자유주의 신학은 인간의 이성을 중시합니다.

자유주의(自由主義) 신학자는 현대 과학이나 현대 사상과 성경을 조화시키려 하고 있습니다. 그 전제에 과학적 지식이야말로 잘못이 없고, 성경에는 잘못이 있다고 생각하는 것입니다. 그러나 만약 성경에 오류(誤謬)가 있다면 성경의 가르침은 미덥지 못한 것이 되고 맙니다. 거기에 자유주의 신학의 큰 문제가 있는 것입니다.

둘째, 자유주의 신학은 성경에 기록된 기적을 부정합니다.

자유주의 신학자들이 부인하는 대표적인 기적은 다음 3가지입니다.

49) Q49 聖書のある部分は信じているが、ある部分は信じていない、という人でもクリスチャンなのですか? http://seishonyumon.com/movie/2904/

1. 창세기 천지창조
2. 예수의 동정녀 탄생
3. 예수의 부활

이 3개의 기적을 믿지 않는 것이 자유주의 신학의 특징입니다. 그러나 만약 위 성경의 기적을 부정(否定)한다면 그것은 기독교가 아닙니다.

왜냐하면 기독교는 예수의 부활(復活)이라는 '역사적(歷史的) 사실' 위에 있는 신앙이기 때문입니다.

셋째, 자유주의 신학은 영원한 멸망으로부터의 구원보다는 이웃 사랑을 강조합니다.

그들은 죄의 심판, 영원한 멸망 등의 가르침은 옛사람들이 생각했던 것으로 무시해도 좋다고 가르칩니다. 그 보다는 지금 살고있는 이 지상에서 사람으로서 이웃사랑을 얼마나 하며 살까? 모색하는 것이 더 중요하다고 생각합니다. 따라서 예수님은 단순한 '도덕의 교사'로 간주됩니다.

그런데 여러분, 예수님은 '나는 하나님이다'라고 선언을 하셨습니다. 만약에 예수가 하나님이라는 것이 거짓말이라면 예수는 도덕교사가 될 수 없는 것입니다. 도덕교사는 거짓말을 하지 않을 테니까요. 즉 예수에 대해서 어떻게 생각한다 해도 예수가 도덕교사라는 선택지는 없다는 이야기입니다. 예수는 글자 그대로 '하나님의 아들'이거나, 아니면 '거짓말쟁이'거나 '과대망상 환자'이거나, 그 중 하나이지 결코 도덕의 교사가 아니라는 것입니다.

정리해서 결론적으로 말씀드리면, '자유주의(自由主義) 신학에서는 기독교는 성경적인 기독교가 아니다' 라고 말할 수 있겠습니다.

Today's Bible

예수께서 이르시되 내가 곧 길이요 진리요 생명이니 나로 말미암지 않고는 아버지께로 올 자가 없느니라 (요한복음 14:6)
모든 성경은 하나님의 감동으로 된 것으로 교훈과 책망과 바르게 함과 의로 교육하기에 유익하니 (디모데후서 3:16)

Q050

성경은 자살에 대해 무엇이라 하는가?[50)]

Q 질문

친구 중에 자살을 원하는 사람이 있습니다. 자살(suicide, 自殺)은 성경적으로 죄라 하는 것으로 들었는데, 자세히 가르쳐 주시기 바랍니다.

A 회답

첫 번째로 사람이 언제 어떻게 죽을지를 결정하는 것은 하나님입니다.

왜냐하면 생명은 '하나님의 선물'이기 때문입니다. 프레젠트(present)입니다. 욥기(Job) 1장 21절에는 이런 성구가 쓰여져 있습니다.

「이르되 내가 모태에서 알몸으로 나왔사온즉 또한 알몸이 그리로 돌아갈지라 주신 이도 여호와시요 거두신 이도 여호와시오니 여호와의 이름이 찬송을 받으실지니이다 하고」(욥기 1:21)

두 번째로 자살은 하나님의 권위에 대한 도전입니다.

자살은 성경적으로는 살인입니다. 가해자와 피해자가 같을 뿐이지 살인이라는 것에는 변함이 없습니다. 그래서 자살은 '죄(罪)'입니다.

또 자살은 주위 사람들에게 치유하기 어려운 상처를 남깁니다. 사랑하는 사람을 자살로 잃은 사람들의 슬픔이 얼마나 크겠습니까? 슬퍼할 뿐만 아니라 자책감을 느끼는 사람도 있을 것입니다.

---

50) Q50 私の友人に自殺願望のある人がいます。聖書は、自殺についてどう教えているのですか?
http://seishonyumon.com/movie/2916/

세 번째로 성경에는 '자살 충동의 마음'을 품은 사람들이 등장합니다.

예를 들면 솔로몬(Solomon) 왕이 이렇게 말합니다.
「이러므로 내가 사는 것을 미워하였노니 이는 해 아래에서 하는 일이 내게 괴로움이요 모두 다 헛되어 바람을 잡으려는 것이기 때문이로다」(전도서 2:17).

솔로몬 왕은 모든 부와 명성을 얻은 뒤 허무해져서 이젠 더 살기가 싫어졌다고 말했습니다.

예언자 엘리야(Elijah)도 이렇게 말합니다.
「자기 자신은 광야로 들어가 하룻길쯤 가서 한 로뎀 나무 아래에 앉아서 자기가 죽기를 원하여 이르되 여호와여 넉넉하오니 지금 내 생명을 거두시옵소서 나는 내 조상들보다 낫지 못하니이다 하고」(열왕기 제119:4)

엘리야의 경우는 완전 승리후의 증후군입니다. 그는 승리한 후 허탈감에 빠졌습니다. 솔로몬과 엘리야는 자살을 원했지만 다행히 자살하지 않았습니다. 엘리야의 경우에는 휴식을 주고, 음식을 주고, 그리고 동료 즉 친구를 받았습니다. 솔로몬은 공허함의 저편에서 하나님을 두려워했습니다. 하나님을 두려워하고 하나님과 더불어 사는 것에 의미가 있다는 것을 배운 것입니다.

지금 이 메시지를 듣고 있는 여러분 중에도 자살 가능성을 생각하고 있는 분, 또는 그것이 머리를 스치고 있는 분이 있을지도 모릅니다. 말씀드리고 싶은 것은 저희에게 선택지는 하나밖에 없다, 삶을 선택한다, 생명을 선택하다 뿐이라는 것입니다. 그렇게 결단을 내렸다면 반드시 모면의 길이 마련될 것입니다.

성경을 보시기 바랍니다. 교회 문을 노크해 주시기 바랍니다. 예수 그리스도께서 당신을 도와주십니다. 생명(ife, 生命)을 선택하시기 바랍니다.

Today's Bible

주께서 내 내장을 지으시며 나의 모태에서 나를 만드셨나이다(시편 139:13)
그가 모태에서 벌거벗고 나왔은즉 그가 나온 대로 돌아가고 수고하여 얻은 것을 아무것도 자기 손에 가지고 가지 못하리니(전도서 5:15)

051

자살한 크리스천의 구원[51)]

Q 질문

자살은 성경적으로 죄가 된다는 것을 알았습니다. 그럼 만약 자살(自殺)을 한 경우 구원도 취소되는 것입니까?

A 회답

중요한 질문입니다. 3가지로 답을 드리겠습니다.

첫 번째, 기독인이 아닌 사람이 자살한 경우입니다.

이 경우는 그리스도의 복음을 받아들이지 않고 구원받지 않은 상태입니다. 성경은 사람이 한 번 죽는 것과 죽은 후에는 심판(審判)이 있다고 기록하고 있습니다. 따라서 그리스도에 의해 구원을 받지 못하고 죽는 경우 그 사람은 심판을 받습니다. 매우 슬픈 일입니다만, 지옥(hell, 地獄)에 가게 됩니다. 기독인이 아닌 사람이 자살한 경우는 거기에 이르기까지의 시간을 단축했을 뿐입니다.

그러나 한 가지 주의해야 할 것은 죽는 순간의 일은 우리가 모른다는 것입니다. 그러므로 이미 돌아가신 분에 대해서 그 사람은 천국에 갔다든지 지옥에 갔다든지 단정적인 말을 해서는 안 됩니다. 그것은 하나님만이 아시는 사실입니다.

51) Q51 クリスチャンでも自殺する人がいます。その場合、救いは取り消されますか？
http://seishonyumon.com/movie/2932/

둘째, 크리스천이 자살했을 때를 생각해 봅시다.

기독인은 그리스도의 구원을 받아들이고 있기 때문에 영원한 생명을 얻었습니다. 그리고 성경에 따르면 우리에게 영원한 생명을 앗아가는 것은 아무것도 없습니다. 즉 크리스천은 한번 구원을 받으면 그 구원을 잃는 일은 없을 것입니다. 피조 세계에서 크리스천의 구원을 빼앗을 수 있는 것은 없으므로, 비록 자살했다고 해도 그로 인해 구원(救援)이 취소되지는 않습니다. 기독인은 자살했다고 해도 지옥에 가지는 않을 것입니다.

단 기억을 해야 될 것이 있습니다. 천국의 보상, 하나님으로부터 받는 상급(reward, 賞給)은 기독인으로서 얼마나 충실하게 걸었는가에 따라 결정됩니다. 자살한 크리스천에게 주는 상급은 많지 않을 것입니다.

세 번째는 자살 욕구가 덮쳤을 때 어떻게 해야 하는가 입니다.

기독인이든 아니든 관계없이 자살을 원하는 마음이 엄습할 수 있습니다. 이유는 인생에 여러 가지 시련이 존재하기 때문입니다. 악마는 성경에서 살인자라고 하는데 그 악마가 활동하고 있기 때문입니다. 악마는 우리에게 '자살하면 된다'고 유혹합니다. 특히 정신적, 육체적으로 약해져 판단력이 흐려지면 더 위험한 곳에 발을 들여놓을 수도 있습니다.

그러면 이런 경우 무엇이 도움이 될까요? 저는 기독인이든 아니든 성경 의 시편(Psalms, 詩篇)을 보며 시련을 겪은 사람들의 기도를 읽으면 좋겠습니다. 딱 맞는 곳이 있을 것입니다. 시편 속에 반복적으로 나오는 내용이 있습니다.

내 영혼아 네가 어찌하여 낙심하며 어찌하여 내 속에서 불안해 하는가 너는 하나님께 소망을 두라 그가 나타나 도우심으로 말미암아 내 하나님을 여전히 찬송하리로다(시편 43:5)

자살하고 싶은 충동이 생겼을 때, 기독인이 아닌 분에게는 그리스도를 알고 영접할 수 있는 기회가 될 수 있습니다. 또한 기독인들에게는 하나님의 사랑을 더 깊이 알 수 있는 기회가 됩니다. 시련이 닥쳤을 때는 꼭 하나님을 바라보시기 바랍니다.

Today's Bible

내 영혼아 네가 어찌하여 낙심하며 어찌하여 내 속에서 불안해 하는가 너는 하나님께 소망을 두라 그가 나타나 도우심으로 말미암아 내 하나님을 여전히 찬송하리로다(시편 43:5)

052

안락사에 대하여[52)]

Q 질문

최근에 안락사에 대한 뉴스를 자주 듣습니다. 성경은 안락사에 대해서 어떻게 가르치고 있습니까?

A 회답

안락사(euthanasia, 安樂死)란 환자 본인의 의사에 따라 환자를 도와 죽음에 이르게 하는 것입니다. 안락사 논쟁이 지금 세계적으로 벌어지고 있습니다, 이는 자세히 생각해 보면 죽음의 자기결정권(自己決定權)에 대한 논쟁입니다.

3가지로 답을 드리지만, 오늘은 오해(誤解)라는 키워드를 사용해서 설명하도록 하겠습니다.

첫째, 안락사는 '자살이 아니다'라는 오해가 있습니다.

그러나 안락사는 성경적 관점에서 보면 자살(自殺)입니다. 안락사는 하나님의 권위에 대한 도전임을 기억해야 할 것입니다.

두 번 째로 죽음의 자기결정권에 대한 오해가 있습니다.

성경적으로 생명은 하나님께서 주신 선물입니다. 따라서 사람에게는 죽음의 자기결정권이 없습니다. 그러므로 천수(天壽)를 다하지 않고 죽음을 재촉하는 것은 하나님에 대한 반항입니다.

52) Q52 最近、安楽死のニュースをよく見聞きするようになりました。聖書は、安楽死についてどう教えているのですか?
http://seishonyumon.com/movie/2947/

세 번째로 고통은 피하는 게 좋다는 오해가 있습니다.

어떤 사람은 장기간 괴로워하고, 어떤 사람은 단시간에 그 고통이 끝이 납니다. 그런데 모두 하나님이 준비한 삶입니다. 물론 고난(苦難)이란 누구에게나 힘들고 괴로운 일입니다. 따라서 우리는 어느 사이 '고난은 기뻐할 수 없는 일이다'라고 미리 생각해 버렸습니다. 그러나 성경은 '고통에도 의미(意味)가 있다'고 쓰여져 있습니다. 전도서(Ecclesiastes, 傳道書) 7장 14절에는 이런 내용이 있습니다.

「형통한 날에는 기뻐하고 곤고한 날에는 되돌아 보아라 이 두 가지를 하나님이 병행하게 하사 사람이 그의 장래 일을 능히 헤아려 알지 못하게 하셨느니라」(전도서 7:14)

범사에 잘 되고 있을 때 기뻐하고, 반대로 역풍이 불 때는 스스로를 돌아보라고 성경은 가르치고 있습니다. 즉 괴로운 일이 있을 때에는 스스로의 인생을 돌아보고, 궁극적인 질문을 자신에게 해 보라는 것입니다. 시련의 때나 역경의 날은 그리스도를 만날 수 있는 기회이기도 합니다.

말기증세가 있는 사람이라도 '100% 나아지지 않는다'고 누가 단언할 수 있겠습니까? 살아 있는 한 회복(recovery, 恢復)할 가능성이 전혀 없는 것이 아닙니다.

그러므로 '고통을 피하는 게 좋다'는 잘못된 오해를 버리고, 하나님께서 주신 인생을 마지막까지 최선을 다하겠다는 마음의 자세가 필요합니다.

Today's Bible

형통한 날에는 기뻐하고 곤고한 날에는 되돌아 보아라 이 두 가지를 하나님이 병행하게 하사 사람이 그의 장래 일을 능히 헤아려 알지 못하게 하셨느니라(전도서 7:14)
다만 이뿐 아니라 우리가 환난 중에도 즐거워하나니 이는 환난은 인내를, 인내는 연단을, 연단은 소망을 이루는 줄 앎이로다. 소망이 우리를 부끄럽게 하지 아니함은 우리에게 주신 성령으로 말미암아 하나님의 사랑이 우리 마음에 부은 바 됨이니(로마서 5:3-5)

053

존엄사에 대하여[53)]

Q 질문

안락사가 자살이라는 것은 이해가 되었습니다. 그럼 존엄사의 경우는 어떻습니까?

A 회답

존엄사라 하는 순간 저의 대답은 막막하기만 합니다. 이 문제가 너무 어렵기 때문입니다. 먼저 정의(定義)를 생각해 봅시다. 존엄사(death with dignity, 尊嚴死)란 무의미한 연명 행위를 거부하고 인간으로서의 품위를 지키다가 죽는다는 뜻입니다. 무의미한 연명 행위는 필요없다, 자연스럽게 죽고 싶다는 것이 존엄사의 정신입니다.

평소처럼 3가지로 답을 드리겠습니다.

첫째, 무엇이 존엄사인가를 판정하는 것은 매우 어렵습니다.

생명을 빼앗아서는 안 된다는 것은 모두가 이해를 합니다. 그와 동시에 죽는 시기를 인공적으로 늦춰서는 안 된다라 하는 것도 이해할 수 있습니다. 다만 이 양자 사이 어디에 선을 긋는가 하는 것은 매우 어렵습니다. 그러므로 이 주제는 굉장히 어렵다는 전제하에 접근해야 합니다.

둘째, 말기 환자가 자연스럽게 죽을 수 있도록 하는 것은 반드시 잘못된 것은 아닙니다.

고통에서 벗어나기 위해 페인 컨트롤(pain control), 즉 통증을 완화시키는 치료가 있습니다만,

53) Q53 安楽死が自殺だということは、前回のお話で理解できました。では、尊厳死の場合は、どうですか?
http://seishonyumon.com/movie/3032/

이는 인도적인 대처이므로 용인되어야 합니다.

그러나 부자연스러운 연명 치료는 결코 적절한 것이 아니라고 생각합니

다. 즉 말기 환자에 대해서는 '페인 컨트롤' 치료를 하면서 자연스럽게 죽음을 맞이할 수 있도록 유도하는 것이 좋다고 생각합니다.

그런데 세 번째로 굉장히 중요한 포인트가 있습니다. 존엄사의 실행을 매우 신중하게 판단해야 한다는 것입니다.

안락사는 자살입니다. 존엄사는 안락사와는 다르지만 확대 해석의 위험성을 포함하고 있습니다. 즉 존엄사를 옹호하는 것이 '존권에 대한 위협이 될 수도 있다는 것입니다. 생산성이 없는 인간은 결국 살 가치가 없는 것이다는 사고방식이 양성된다면 그것은 사회에 있어서 매우 위험한 일입니다. 살아 있어도 의미가 없어, 생산성이 없으니까. 이제 죽어도 좋다고 하는 생각은 생명의 존엄성과 정면으로 대립하는 것입니다.

오늘의 결론입니다.

존엄사(尊嚴死)는 아주 신중하게 판단한 결과 겨우 허용될 수 있는 것이다. 이 점을 꼭 기억해 주시기 바랍니다.

Today's Bible

범사에 기한이 있고 천하 만사가 다 때가 있나니, 날 때가 있고 죽을 때가 있으며 심을 때가 있고 심은 것을 뽑을 때가 있으며(전도서 3:1-2)

054

불교와 기독교[54)]

Q 질문

저는 불교도이지만 기독교를 믿어 보고 싶습니다. 기독교에서는 다른 종교를 믿으면서 신앙생활을 하는 것이 인정됩니까?

A 회답

이 질문은 꼭 스스로 답을 해 주셨으면 합니다. 답을 위해 성경에서는 어떻게 가르치고 있는지 힌트를 3개 드리도록 하겠습니다.

첫째, 성경은 '하나님이 유일하신 분'이시라 가르치고 있습니다.

성경은 하나님이 천지를 창조하신 하나님이시다 가르치고 있습니다. 하나님은 당신과 저를 창조하신 분입니다. 사실은 기독교는 어떤 가르침의 체계가 아니라 하나님과의 관계(關係)입니다. 하나님과의 관계를 어떻게 바로 하는가 라는 것이 기독교 신앙의 핵심입니다.

둘째, 성경은 '구원이란 하나님과의 화평의 회복'이다 가르치고 있습니다.

우리는 하나님에 의해 만들어졌습니다. 따라서 하나님에 대해서 자신을 설명할 수 있는 책임을 갖고 있습니다. 그러나 우리는 하나님이 기대하시는 대로 상황에 있지 않을 수도 있습니다.

이것이야말로 성경이 말하는 죄(罪)입니다. 기독인이 된다는 것은 하나님과의 관계를 회복하는

---

54) Q54 私は仏教徒ですが、キリスト教を信仰したいと思っています。キリスト教では、他宗教を信じつつ、信仰するということは 許されているのでしょうか? http://seishonyumon.com/movie/3189/

것입니다. 하나님을 등지고 살던 우리가 하나님과의 화평(和平)을 회복하는 것. 이것이 기독인이 되는 의미입니다.

하나님을 사랑하지 않고서는 기독인이 될 수 없습니다. 체계적으로 가르침을 받는 것만으로는 부족합니다.

셋째, 성경은 '예수 그리스도만이 유일한 구원의 길'이라고 가르치고 있습니다.

예수 그리스도는 하나님과 사람의 중보자(Mediator, 仲保者)입니다. 중보자가 되시기 위해서 오직 한 분, 하나님의 아들되신 예수 그리스도께서 사람이 되어 주셨습니다.

요한복음(JOHN) 14장에 예수님은 자기 자신에 대해 이렇게 말씀하셨습니다.

「예수께서 이르시되 내가 곧 길이요 진리요 생명이니 나로 말미암지 않고는 아버지께로 올 자가 없느니라」 (요한복음 14:6)

예수 그리스도께서 우리의 죄를 대신 치르시기 위해 죽으셨습니다. 예수 그리스도를 구주로 믿는 사람은, 하나님께서 주시는 화평을 이미 받으신 것입니다.

그것이 가능해졌다면 앞의 질문에 대해서도 스스로 어느 정도 답이 나오셨을 것이라 생각합니다. 성경을 열어 예수 그리스도를 만나 보시기 바랍니다.

Today's Bible

다른 이로써는 구원을 받을 수 없나니 천하 사람 중에 구원을 받을 만한 다른 이름을 우리에게 주신 일이 없음이라 하였더라(사도행전 4:12)

055

이슬람 원리주의[55)]

Q 질문

이슬람 원리주의에 대해 어떻게 생각하면 좋겠습니까?

A 회답

첫째, 이슬람교와 이슬람교도를 구분해 주십시오.

이슬람교는 코란에 근거한 종교입니다. 그 가르침에 지하드(聖戰)라는 개념이 들어있습니다. 또 알라를 어기는 자는 처벌한다는 권선징악적 가르침도 있습니다. 이번에는 일본인이 테러의 표적이 되어, 이슬람교 과격파 IS에 의해서 2명이 납치되고 살해되었습니다. 군사행동이 아닌 경제적 지원을 포함한 지하드(성전)이 분명해진 것입니다.

다만 모든 이슬람교도가 지하드의 개념이나 권선징악(勸善懲惡)적 의견에 찬성하는 것이 아니고, 행동하는 것도 아닙니다. 따라서 이슬람교와 이슬람교도를 구분할 필요가 있습니다.

둘째, 원리주의적 이슬람교도와 온건한 이슬람교도를 구별하시기 바라니다.

구별에 도움이 되는 키워드는 정교일치인가 정교분리인가입니다. 정교일치(政教一致)는 정치는 이슬람교의 이념에 근거해 실시해야 한다는 것입니다. 정교분리(政教分離)는 정치와 종교는 분리해서 생각해야 한다는 것입니다.

기독교는 역사적 경위를 거쳐 정교분리(政教分離)의 원칙을 확립해 왔습니다. 이슬람교 사회에는

55) Q55 イスラム原理主義についてどう考えればいいのでしょうか? テロリストは、なぜあんなに残酷になれるのでしょうか?
http://seishonyumon.com/movie/3301/

아직 그것이 없습니다. 이슬람 근본주의 혁명은 정교일치를 회복하기 위한 싸움입니다. 온건한 이슬람교도는 거기에 찬성하지 않습니다. 이슬람 국가들 중에는 정교분리를 실행하고 있는 나라도 있습니다.

타국에 이주해 있는 이슬람교도들은 대부분이 '온건한 이슬람교도'입니다. 코란의 가르침을 부정하는 것은 아니지만 일단 이주지의 법을 따르는 것을 수용합니다. 단 지하드 개념이 있다는 것은 신학적으로 부정할 수 없습니다. 단지 행동에 제한을 하고, 거주국의 법에 따르자고 하는 것이, 많은 이주자 이슬람교도의 생각입니다.

셋째, 제1차적 주제와 제2차적 주제를 구분해 주십시오.

이걸 하지 않으면 문제의 바꿔치기가 일어날 수 있습니다. 2차적 주제가 전면에 나오면 국론이 혼란되거나 양분됩니다. 테러리스트들이 바라는 바입니다. 우리는 협박이나 폭력으로 국가 정책이 규제되고 개인의 행동이 통제되는 사회를 원하지 않습니다. 그것은 민주주가 아닙니다. 이것이 오랜 시간에 걸쳐 인류가 구축한 보편적 가치관입니다.

1차적 주제는 코란의 해석과 적용에 대한 논의입니다. 나쁜 것은 테러리스트 쪽입니다. 테러를 억제하기 위해서는 이슬람교도 내부에서의 신학적 논의가 높아질 필요가 있습니다. 자주 미디어에서, 이슬람교 내부의 종교개혁입니다. 이를 위해서는 다음 3가지를 유의해야 합니다.

1. 국제여론의 고조
국제여론이 테러에 대해서는 끝까지 NO임을 분명히 하는 것입니다. 그렇지 않으면 세계가 폭력과 위협에 빠지게 됩니다.

2. 온건한 이슬람 법학자
이슬람 법학자의 분기가 필요합니다. 코란의 해석과 적용에 현대의 보편적 가치관에 적합한 법 해석을 제시해 갈 필요가 있습니다.

3. 신의 개입
마지막은 신의 개입입니다. 기독인들은 이러한 상황 속에 하나님이 개입해 주시도록 기도할 필요가 있습니다.

Today's Bible

내가 예언하는 능력이 있어 모든 비밀과 모든 지식을 알고 또 산을 옮길 만한 모든 믿음이 있을지라도 사랑이 없으면 내가 아무 것도 아니요(고린도전서 13:2)

056

마가복음 10장 18절 '선한 이' 의 의미[56)]

Q 질문

성경을 읽고 있는 중인데, 마가복음 10장 18절의 의미를 모르겠습니다. 이 말이 사실이라면 예수님은 하나님이 아니라 생각해야 되지 않을까요?

A 회답

마가복음(Mark) 10장 18절의 내용입니다.

「예수께서 이르시되 네가 어찌하여 나를 선하다 일컫느냐 하나님 한 분 외에는 선한 이가 없느니라」 (마가복음 10:18)

성경 본문의 해석과 적용 방법을 3단계로 답을 하도록 하겠습니다.

첫째, 문맥을 확인하는 것입니다.

이 내용은 한 부유한 청년(青年)과 예수님과의 대화입니다.
이 청년은 지위도 있고 부(富)도 있었습니다. 당시 유대 사회에서 부는 하나님의 복을 받았다는 증거였습니다. 그러나 그에게는 영원한 생명(生命)을 얻었다는 확신이 없었습니다. 그래서 그는 예수님에게 어떻게 해야 영원(永遠)한 생명을 얻을 수 있는가? 질문을 했습니다. 그리고 그에 대한 대답으로 예수님께서 마가복음 10장 18절의 말씀을 한 것입니다.
이것이 이 본문의 문맥입니다. 어떤 성경 본문을 해석하는 경우 먼저 문맥을 확인하는 것이 중요

56) Q56 マルコ10章18節がどうしてもわかりません。このイエスの言葉が 真実なら、イエスは神ではないと考えるべきではないでしょうか？ (クリスチャンではない方からの質問) http://seishonyumon.com/movie/3327/

합니다.

둘째, 본문에 나오는 말들이 당시 어떤 의미로 쓰였는지를 생각합니다.

여기서 키워드는 '선한 선생님(尊い先生)'입니다. 그는 예수를 선한 선생님이라고 부르고 있습니다. 당시 이해로 이는 하나님에게만 사용되어야지 함부로 불러서는 안 되는 말입니다. 그런데 이 청년은 예수를 선한 선생님이라 하였습니다. 예수가 하나님이라 인정하지 않으면서도, 아부하는 말을 사용한 것입니다.

셋째, 1과 2의 작업을 마치고 나서 그 말의 의미를 해석하는 작업에 들어갑니다.

여기서 예수님은 이 청년이 구원에 대해 잘못 오해하고 있음을 알았습니다. '행위(業)에 의한 구원'을 전제로 질문하고 있는 것을 간파하였습니다. '믿음에 의한 구원'의 개념이 원래 그에게는 없었던 것입니다.

그리고 예수님은 이 청년이 '예수가 하나님이다'라는 믿음을 갖고 있지 않은 것도 간파하였습니다. 이를 알고 그의 믿음을 시험하기 위해 왜 나를 선하다 하느냐? 선한 분은 하나님 한 분 외에는 아무도 없다라고 하신 것입니다. 이는 예수님이 자신의 신성(神性)을 부정한 것이 아닙니다.

여기서 예수님은 어떤 대답을 기대하고 계셨습니다. 만약 청년이 '당신은 하나님입니다'라고 고백했다면 예수님은 그의 믿음을 축복하며 '당신은 영원(永遠)한 생명을 얻었습니다'라는 말을 하셨을 것입니다. 그러나 이 청년은 그런 믿음의 고백(告白)에 이르지 못했습니다.

마가복음 10장 18절은 '예수가 하나님이심을 부정'하려는 내용이 아니고, 반대로 이 청년의 믿음을 끌어내고자 한 말씀이라는 것이 여기서의 결론입니다.

Today's Bible

시몬 베드로가 대답하여 이르되 주는 그리스도시요 살아 계신 하나님의 아들이시니이다. 예수께서 대답하여 이르시되 바요나 시몬아 네가 복이 있도다 이를 네게 알게 한 이는 혈육이 아니요 하늘에 계신 내 아버지시니라(마태복음 16:16-17)

057

영적이란 용어의 의미[57)]

Q 질문

영적 성장과 죽음, 영적 가난 등, 영적이란 말은 많이 사용됩니다. 여기서 영적(靈的)이란 무슨 뜻입니까?

A 회답

마음을 잘 알겠습니다. 평소 자주 사용해도 설명할 수 없는 말이 있습니다. 3가지로 답을 드리겠습니다.

첫째, 인간은 눈에 보이는 부분과 눈에 보이지 않는 부분으로 이루어져 있습니다.

눈에 보이는 부분을 '육체(body, 肉體)'라 합니다. 인간은 자연계의 일부입니다. 그리고 또 다른 부분이 있습니다. 그것은 눈에 보이지 않는 부분으로 '영혼(soul, 靈魂)'이라 합니다.

예수님이 마태복음 4장 4절에서 하신 유명한 성경 본문을 생각해 봐 주십시오.

「사람이 떡으로만 살 것이 아니요 하나님의 입으로부터 나오는 모든 말씀으로 살 것이라 하였느니라」 (마태복음 4:4)

이것은 인간이 영적 존재(靈的存在)라는 것을 전제로 말씀하신 성경 본문입니다.

57) Q57 霊的成長、霊的死、霊的貧しさなど、霊的という言葉はよく 使われています。小学生には、この霊的とはなんと説明すれば よいのでしょうか? http://seishonyumon.com/movie/3346/

둘째, 눈에 보이지 않는 부분을 영과 혼으로 나누는 사고가 있습니다.

그러나 영혼(soul,靈魂)을 현실적으로 둘로 나누는 것은 불가능합니다. 그래서 저는 인간의 내면을 하나의 통일체로 생각하는 것이 성경적이라 생각합니다. 그리고 이른바 지(知), 정(情), 의(意)의 대한 생각도 거기에 포함하고 있습니다.

영적 죽음은 창조주와의 관계가 끊어진 것을 말합니다. 영적 성장은 창조주와의 관계를 연결되어 그것이 자랄 수 있도록 나아가는 것입니다.

셋째, 성령께서 일하심을 나타내기 위해, '영적'이란 단어를 사용합니다.

영적 선물(靈的膳物)이라는 말이 있는데, 이는 성령이 주는 선물, 하나님의 영에 의한 선물입니다.

로마서(Romans) 7장 14절에 이런 내용이 있습니다.
「우리가 율법은 신령한 줄 알거니와 나는 육신에 속하여 죄 아래에 팔렸도다」(로마서 7:14)

이 경우 '율법이 신령한 것이다'라 함은 율법이 성령에 의해 주어졌다는 뜻입니다. 그러므로 영적이라고 하는 것은 우리들의 내면을 가리키는 경우와 성령의 인도를 가리키는 경우, 이렇게 두 종류가 있습니다.

오늘의 결론입니다.
우리들은 육체적인 생명에 관심을 쏟는 것과 마찬가지로, 영적인 생명에 관심을 기울일 필요가 있습니다. 예수 그리스도를 통하여 하나님 아버지와 화평을 이루는 것, 이것이야말로 영적 생명을 얻는 방법입니다.

Today's Bible

이로써 우리도 듣던 날부터 너희를 위하여 기도하기를 그치지 아니하고 구하노니 너희로 하여금 모든 신령한 지혜와 총명에 하나님의 뜻을 아는 것으로 채우게 하시고(골로새서 1:9)

058

담배 흡연에 대하여[58)]

Q 질문

성경에는 없지만, 담배 흡연은 죄입니까? 저는 담배를 피우지 않지만, 그걸로 생계를 이어가고 있습니다.

A 회답

성경은 해도 되는 것과 하지 말아야 하는 것을 나열한 책이 아닙니다. 성경은 삶의 자세를 가르쳐 줍니다. 그래서 각각의 행위에 관해서는 성경에 나와 있는 '원칙'을 적용하여 스스로 판단할 수밖에 없습니다.

그래서 오늘은 '이것이 좋다, 나쁘다'라는 결론보다 결론을 내기 위해서 참고가 되는 판단의 가이드라인(guideline)을 3가지로 소개하겠습니다.

첫째, 하나님 이외의 것에 마음을 빼앗기고 있다면 그것은 우상 예배입니다.

십계명(Ten Commandments, 十誡命)을 읽어보면 비슷한 금지령이 2개 나옵니다.
① 나 외에 다른 신들을 섬겨서는 안 된다.
② 우상을 만들어서는 안된다.

②의 우상(idol, 偶像)을 만들어서는 안 된다는 것이 우상숭배를 의미한다는 것을 금방 알 수 있습니다. 그럼 ①의 금지령은 어떤가요? 그것은 눈에 보이지 않는 것이라도 그것에 마음을 빼앗긴다

58) Q58 聖書に書いていないタバコの喫煙は罪ですか。私は一切吸いませんが、それで生計を立てています。
http://seishonyumon.com/movie/3364/

면 그것이 당신에게 있어서 신이 된다는 가르침입니다. 따라서 기호품이나 취미 같은 것도 성경적으로는 우상숭배가 될 수 있습니다.

둘째, 모든 것이 허용되지만 모든 것이 이득이 되는 것은 아닙니다.

이것은 어느 쪽이 좋다 판단할 수 없는 '그레이존(gray zone)'의 문제에 대해 말할 수 있는 것입니다. 그 경우는 스스로 판단하면 되는 것입니다. 그러나 그 때 생각해야 할 것은 '모든 것이 반드시 이익(利益)이 되는 것은 아니다'라 하는 것입니다. 그러므로 이 말은 '좋은 것을 고르세요'라는 가르침입니다.

셋째, 우리의 몸은 성령의 전(殿)입니다.

신자의 몸 안에는 성령(Holy Spirit, 聖靈)이 머물고 있습니다. 자신의 몸안에 성령이 함께한다는 자기인식(自己認識)이 있다면, 건강에 해를 끼치는 행위나 습관이 좋은 것인지 아닌지 쉽게 판단할 수 있을 것입니다.

그것을 알면서도 건강을 해치는 습관에 사로잡혀 있다면 그 사람은 항상 신자로서의 자기인식의 영역에서 도전을 받아, 불안정한 상태에 놓이게 됩니다. 즉 그 사람의 셀프 이미지가 낮아진다는 것입니다.

흡연(smoking, 吸煙)의 문제 또는 생계를 어떻게 유지할 것인가? 하는 문제는 이상의 원칙을 바탕으로 각자가 하나님 앞에서 판단해야 할 일입니다.
좋은 판단을 하시기 바랍니다.

Today's Bible

모든 것이 내게 가하나 다 유익한 것이 아니요 모든 것이 내게 가하나 내가 무엇에든지 얽매이지 아니하리라 (고린도전서 6:12)

059

크리스마스(성탄절) 날짜에 대하여[59)]

Q 질문

크리스마스가 예수님의 진짜 생일이 아닙니까?

A 회답

대답을 하기 전에 먼저 오해부터 풀어봅시다. 기독교에서는 크리스마스(Christmas)를 예수 그리스도의 탄생일(誕生日)이라고 하지 않습니다. 크리스마스는 '예수 그리스도의 탄생을 기념하는 축제일'입니다. 이 점은 꼭 기억해 두시길 바랍니다. 이를 전제로 3가지로 답을 드리겠습니다.

첫째, 크리스마스의 기원은 이교적인 축제입니다.

크리스마스는 기원전 4세기에 로마에서 시작된 습관입니다만, 많은 학자들은 미트라교(Mithraism)의 동지(冬至) 축제에서 유래된 것이라 말을 합니다. 이것이 통설이지요. 아마 그럴 것입니다. 그러므로 크리스마스의 기원은 이교적(異教的)인 축제에 있는 것입니다.

둘째, 예수 그리스도의 실제 생일은 알 수 없습니다.

성경에 실제 생일이 적혀 있는 것이 아닙니다. 따라서 12월 25일이라고 단언할 수 없습니다. 동시에 12월 25일이 아니라고 단언할 수도 없습니다. 가능성은 남아 있는 것입니다.

12월 25일이 아니라는 근거로 이 계절에 목자가 들에서 양(sheep, 羊)을 돌보지 않는다 주장하는

59) Q59 クリスマスはイエス・キリストの本当の誕生日ではないと、どうして教えないのですか。
http://seishonyumon.com/movie/3374/

데, 그런 분은 아마 성지여행을 가보지 않은 분이라는 생각합니다. 12월에 베들레헴(Bethlehem) 교외의 양 치는 곳에서 양치기가 노숙을 하는 것은 충분히 있을 수 있는 일입니다.

즉 12월 25일이라고 단언할 수도 없지만, 동시에 12월 25일이 아니라고 단언할 수도 없는 것입니다. 한마디로 알 수 없습니다.

셋째, 크리스마스를 축하할 지 여부는 각자가 판단하면 됩니다.

축하를 하지 않는 사람은 명확하게 단정할 수 없기 때문에 축하하지 않는 것이 좋다고 생각하는 것입니다. 그것은 굳이 말하자면 양심의 문제로 축하하지 않는 것입니다.

축하를 하는 사람은 이교적인 습관에 기원이 되었다고 해도, 그 이교적인 습관이 없어지고 '하나님의 영광'을 위해 필요한 것이라 생각합니다. 특히 동지(冬至)는 일조 시간이 가장 짧은 시기에서, 해가 점점 길어지는 계절로 전환하는 터닝 포인트입니다. 좋은 상징적 의미를 갖고 있습니다. 그래서 크리스마스를 축하하는 사람들은 이교적인 습관이 구세주이자 메시아인 그리스도의 탄생을 축하하는 습관으로 상징적으로 변화되었다 생각하고 축하를 하는 것입니다.

크리스마스를 축하하느냐 하지 않느냐는 '그레이존'의 문제입니다. 한 사람 한 사람이 하나님 앞에서 선택하고 실행하면 됩니다.

마지막으로 '저 자신은 축하하는 것이 좋다'라고 생각합니다. 이유는 교회 밖의 사람들이 크리스마스(Christmas, 聖誕節)를 하나의 이벤트로 생각하고 있기 때문입니다. 이 시기에 하나님의 사랑과 복음을 전하며, 선교 활동을 활성화시키는 것은 하나님께서 기뻐하실 일이라고 생각하기 때문입니다.

Today's Bible

모든 것이 내게 가하나 다 유익한 것이 아니요 모든 것이 내게 가하나 내가 무엇에든지 얽매이지 아니하리라 (고린도전서 6:12)

060

크리스천에게도 악령이 씌어지는가?[60)]

Q 질문

크리스천에게 악령이 씌어질 수 있습니까? 한 여성 전도사가 자기 안에 있는 사탄을 쫓아낸다며 '사탄아 물러가라'고 외치는 것을 보았습니다. 기독인의 사탄이 함께 할 수 있는 것입니까?

A 회답

첫째, 사탄과 악령을 구별합시다.

사탄(Satan)도 악령(Evil, 惡靈)도 모두 타락한 천사(angel, 天使)입니다. 사탄은 악령의 우두머리입니다. 그리고 사탄은 유한하고 동시에 복수의 장소에 있을 수 없습니다. 그러므로 만약 정말로 사탄이 어떤 개인의 안에 들어와 있다면, 사탄은 그것에 바빠서 다른 일을 할 수 없습니다. 만일 그런 것이 있다면 그 사람은 세계의 운명을 쥐고 있는 것 같은 중요 인물입니다.

그래서 저나 여러분 같은 일반인에게 사탄이 들어 큰일을 한다는 것은 우선 생각할 수 없습니다. 질문에 있던 여성 전도사는 기본적으로 사탄과 악령의 구별이 되어있지 않습니다. 이것은 기초적인 지식입니다.

둘째, 악령에 들림과 악령의 공격을 구별합시다.

악령이 씌는 것은 안에서 악령(惡靈)의 지배를 받는 것입니다. 그러면 그 사람의 인격까지 영향을 받습니다.

60) Q60 ある女性伝道師が､あなたの中のサタンを追い出すと言って､「サタンよ､出て行け」と数回叫び ました。クリスチャンには聖霊が宿っているのに､サタンが住み つくのでしょうか。http://seishonyumon.com/movie/3386/

악령의 공격은 바깥으로부터의 영적 공격입니다. 또 죄를 지으라는 유혹 이기도 합니다. 악령은 이러한 공격을 바깥쪽에서 가합니다.

기독인의 마음에는 '성령(Holy Spirit, 聖靈)'이 들어있습니다. 예수 그리스도를 구주라고 믿을 때부터 신자에게는 성령이 내주하고 계십니다. 크리스천이 악령의 공격을 받는 경우, 그것은 외부의 공격입니다. 그러나 기독인에게는 성령이 들어있기 때문에 악령이 씌지 않습니다. 이렇게 악령에 들림과 악령의 공격을 구분하는 것은 굉장히 중요한 일입니다. 추가로 성경은 사탄(악마)에 대해 쫓아내라고 가르치고 있는 것이 아니라 '맞서라'고 하고 있습니다.

셋째, 체험과 성경의 가르침을 구별합시다.

기독인이 악령에 씌어 있는 것처럼 보이더라도 체험을 우선해서는 안됩니다. 성경의 가르침을 우선해야 합니다. 만약 그런 기독인이 있다면 생각할 수 있는 가능성은 다음 3가지입니다.

1. 정말 악령이 씌었다면, 그 사람은 처음부터 기독인이 아니다.
2. 악령의 외부 공격이 워낙 거세니 악령이 들린 것처럼 보인다.
3. 그 사람의 문제는 악령의 문제가 아니라 정신적인 문제다.

크리스천은 악령(惡靈)의 공격은 받지만, 악령에 씌지는 않는다. 이게 성경적 가르침입니다.

Today's Bible

자녀들아 너희는 하나님께 속하였고 또 그들을 이기었나니 이는 너희 안에 계신 이가 세상에 있는 자보다 크심이라(요한일서 4:4)

Q 061

성전(聖戰)에 대하여[61)]

Q 질문

구약성경에서는 하나님이 적이나 이교도와 싸워 여자와 아이에 이르기까지 죽이라는 명령합니다. 또 실제로 살인이 일어나고 있는데, 어떻게 사랑의 하나님이 그런 명령을 할 수 있습니까?

A 회답

이 질문은 납득할 수 있는 답을 찾기가 곤란합니다. 우리는 유한하고 무한하신 하나님의 뜻을 100% 알 수 없기 때문입니다. 우리가 '유한하다'는 것을 전제로, 다음 3개의 가이드라인을 드리겠습니다.

첫째, 성경의 하나님은 사랑의 하나님이며, 의(義)로우신 하나님입니다.

성경의 하나님은 정의(正義)의 하나님입니다. 주목해야 할 것은 '가나안(Canaan) 정복전쟁'은 이스라엘 백성이 건 전쟁이 아니라는 점입니다. 이는 가나안 사람들의 죄를 심판하기 위해 이스라엘 백성을 통해 건 '하나님의 전쟁'입니다.

아브라함(Abraham) 시대부터 약 400년 동안 하나님은 가나안 사람들에 대한 회개(repentance, 悔改)를 기다리고 계셨습니다. 그리고 가나안 사람들의 죄가 가득할 때, 이스라엘 백성을 이용해 그들을 심판하셨습니다.

---

61) Q61 旧約聖書では、神様が、敵や異教徒と戦い、女・子供に至るまで 一人残らず殺せという命令を出し、実際に人殺しが行われたわけ ですが、どうして愛の神がそんな事を命じるのですか。http://seishonyumon.com/movie/3405/

그러므로 가나안인 말살 명령을 이해하려면 그 이전의 맥락을 이해해야 합니다. 하나님은 사랑의 하나님이며 동시에 정의의 하나님입니다.

둘째, 성경의 하나님은 시간(時間)을 초월한 하나님입니다.

우리는 미래에 무슨 일이 일어날지 완전히 예측할 수 없습니다. 그러나 하나님은 가나안인을 그대로 방치하면 어떤 결과가 될지 알고 계셨습니다. 사실 멸종을 면한 가나안 사람들이 나중에 이스라엘인들에게 나쁜 영향을 미치게 됩니다. 그래서 하나님은 더 큰 악을 피하기 위해 잔혹하다고도 생각할 수 있는 명령을 내리기도 한 것입니다. 하나님은 시간을 초월하신 분입니다.

셋째, 성경의 하나님은 자녀들을 사랑하는 하나님입니다.

우리는 아이에 이르기까지 죽임을 당한다고 들으면 정말 불쌍하게 생각합니다. 이것은 인간의 감정으로서 당연한 것입니다. 그러나 시각을 바꾸면 다른 모습이 보이기 시작할 수 있습니다. 그 배경이 뭔지 설명을 해드리겠습니다.

성경의 여러 부분으로 종합적으로 판단해 저는 '어렸을 때 죽은 자는 하나님의 나라에 들어갈 수 있다'고 믿었습니다. 가나안 사람의 아이가 만약 그대로 어른이 되면, 그들은 우상 예배의 백성으로서 영원한 멸종에 이르게 됩니다. 죽어서도 계속될 영원한 세계가 있다고 믿는 사람에게는 '어릴 때 죽는 것이 반드시 나쁜 것은 아니다'라는 견해도 성립될 수 있습니다. 성경의 하나님은 아이들을 사랑하는 하나님이며, 아이들은 하나님의 나라로 들어가기 때문입니다.

하나님의 생각을 모두 이해하는 것은 불가능합니다. 그러나 하나님의 뜻을 이해하지 못할 때에도 '하나님의 판단은 모두 옳다'고 믿을 수는 있습니다. 언젠가 우리의 판단과 하나님의 판단이 100% 일치할 때가 오리라 믿습니다. 바로 우리의 신앙이 완성되는 때입니다. 저도 천국에 가면 하나님께 이 질문을 하고 싶습니다.

Today's Bible

이는 하늘이 땅보다 높음 같이 내 길은 너희의 길보다 높으며 내 생각은 너희의 생각보다 높음이니라 (이사야 55:9)

062

부활절을 왜 이스타라 부르는가?[62)]

Q 질문

부활절을 왜 이스타라고 부르나요? 또 토끼나 부활절 계란에 어떤 의미가 있는지 가르쳐 주십시오.

A 회답

신약성경에는 예수 그리스도가 '우리의 죄를 위하여 십자가에서 돌아가신 것, 무덤에 묻혔던 것, 3일 만에 부활하신 것'을 기록하고 있습니다. 그러나 성경의 어디를 열어도 이스타(부활절)란 말이 나오지 않습니다. 3가지로 답을 드리겠습니다.

첫 번째로 이스타(부활절)이라는 말은 게르만인의 신화에서 나온 것입니다.

게르만 문화에서는 봄의 여신 이름을 '에오스트레(Eostre)'라고 합니다. 에오스트레(Eostre)=이스터(Easter)로 변화하는 것이지만, 이 여신은 풍요의 신입니다. 에오스테레는 풍요로운 열매를 가져다주는 신이라는 것입니다. 게르만인은 춘분 무렵에 봄의 도래를 축하하는 축제를 했습니다. 이 여신을 예배했던 것입니다. 이렇듯 부활절은 성경에서 나온 것이 아닙니다.

문제는 이 용어를 사용해도 되느냐 하는 것입니다. 해피 이스타, 이스타 축하 등의 말이 다양한 곳에서 나옵니다. 이것을 사용해도 좋다고 생각하는 사람은 사용해도 되고, 사용해서는 안된다고 생각하는 사람은 사용하지 않는 것이 좋다라는 뜻입니다. 사용해도 된다고 생각하는 사람은 이 말이 이미 기독교적으로 속죄된 말이므로 문제가 없다고 느끼는 것입니다. 성경에 없는 말이

62) Q62 復活祭のことを、なぜイースターと呼ぶのですか。また、ウサギやイースターエッグに、どのような意味が ありますか。
http://seishonyumon.com/movie/3457/

니까 쓰지 않는 것이 좋다고 생각하는 사람은 그렇게 하면 됩니다. 이것은 소위 말하는 그레이존의 주제라고 생각합니다.

둘째, 토끼나 부활절 계란(Easter egg)도 성경과 무관합니다.

토끼는 다산의 동물입니다. 그래서 풍요의 신 에오스트레와 관계가 있습니다. 토끼는 에오스트레의 지상에서의 상징입니다. 그리고 부활절 계란을 운반하는 것이 이 토끼입니다. 알 또한 풍요의 상징입니다.

이 습관은 언제부터 시작되었을까요? 16~17세기에 걸쳐 가톨릭교회가 부활절을 더 즐겁게 만들고자 이런 습관을 채택했습니다. 그것이 지금에 이르고 있는 것입니다.

셋째, 성경에 없는 습관을 도입할 지 여부는 신중한 것이 좋습니다.

부활절의 중심은 예수 그리스도의 부활입니다. 그것을 이해한 후에 토끼나 부활절 계란을 하나의 즐거움으로 사용하는 것은 문제가 없다고 생각합니다. 주의할 점은 토끼와 계란이 관심의 중심이 되어 그리스도의 부활이 그늘에 가려지는 점입니다. 그리스도의 탄생 기념일인 크리스마스가 상업주의의 그늘에 가려지는 것과 같은 일이 일어나지 않도록 주의할 필요가 있습니다.

부활절(Easter, 復活節)은 그리스도의 부활을 축하하는 날입니다. 그리고 한마디 추가하면 크리스천에게는 매일이 부활절입니다. 부활절의 중심은 예수 그리스도의 부활입니다.

Today's Bible

내가 받은 것을 먼저 너희에게 전하였노니 이는 성경대로 그리스도께서 우리 죄를 위하여 죽으시고, 장사 지낸 바 되셨다가 성경대로 사흘 만에 다시 살아나사, 게바에게 보이시고 후에 열두 제자에게와 그 후에 오백여 형제에게 일시에 보이셨나니(고린도전서 15:3-6)

063

부활을 믿지 않아도 구원받을 수 있나? [63)]

Q 질문

예수님이 우리의 죄를 위해 십자가에서 죽었다는 것을 믿으면, 부활을 믿지 않아도 구원을 받을 수 있습니까?

A 회답

이것은 복음(福音)의 내용이 무엇인지를 묻는 질문입니다. 이 주제는 현재 미국 기독교계에서 큰 논쟁이 되고 있습니다. 그래서 일본에도 그 영향이 미치고 있는 것으로 생각이 됩니다. 다음과 같이 3가지로 답을 드리겠습니다.

① 성경은 무엇을 가르치는가?, ② 그것에 무엇을 더하면 안 된다, ③ 그것에서 무엇을 빼서도 안 된다 것이 이번 논리의 전개입니다.

첫째, 복음의 내용은 다음과 같습니다. (고린도전서 15:3~5)

① 그리스도는 우리의 죄(sin, 罪) 때문에 돌아가셨다.
② 죽어서 무덤에 장사(葬事) 되었다.
③ 3일 만에 부활(復活)하였다.

이것이 계시(revelation, 啓示)된 복음의 내용입니다. 누구나 이것을 받아들이고 예수그리스도를 그런 분으로 믿으면 구원을 받을 수 있습니다. 그 외의 조건은 없습니다. 이 내용은 고린도전서 15장 3~5절에 쓰여져 있습니다. 저자는 바울(Paul)입니다.

---

63) Q63 (R)人は、イエスが罪のために死んでくださったことを 信じれば、復活を信じていなくても救われるのでしょうか。
http://seishonyumon.com/movie/3514/

둘째, 사람들은 계시된 걸 그대로 받아들이기가 어려운 것 같습니다. 그래서 복음에 뭔가를 보태려 합니다. 그러나 그건 옳지 않습니다.

추가물로 예를 들어 '세례(baptism, 洗禮)'입니다. 세례를 받지 않으면 구원을 받지 못한다는 가르침은 무언가를 더하려는 것입니다.

믿음을 사람들 앞에 서서 고백해야 한다는 가르침도 마찬가지입니다. 회개해야 한다는 가르침도 있습니다. 죄인이 자발적으로 회개하는 것은 불가능합니다. 그래서 죄인인 것입니다. 이 경우 회개라는 단어의 오해도 있습니다. 회개(repentance, 悔改)란 지금까지의 이기적인 판단을 변경하여 예수가 자신의 구원자라고 생각하는 것입니다.

세례나 공개석상에서의 고백이나 회개 같은 것들을 더해서는 안 됩니다. 복음의 3요소를 그대로 받아들이면 됩니다.

셋째, 복음에서 뭔가를 빼려는 사람도 있습니다. 그러나 복음에서 뭔가를 빼서는 안 됩니다.

부활(復活)은 믿기 어려우니 복음에서 제외하고 일단 십자가와 무덤에 묻혔다는 것만 알려주면 된다는 생각이 있는데, 사람이 손을 대는 순간 그건 복음이 아니게 됩니다.

최근 미국의 논쟁을 보면, 뺄셈을 하다보면 결국 예수가 십자가에 못박혔다는 것을 몰라도 구원자가 될 수 있다는 논리가 될 수 있습니다. '예수님!' 하고 부르기만 하면 구원을 받을 수 있는 곳까지 갈 수 있습니다. 뺄셈을 계속하면 복음의 내용이 모두 지워져 감각적 세계에서 구원을 논하는 지경에 까지 이르게 됩니다.

믿는 신자는 영적으로 그리스도와 함께 죽고 그리스도와 함께 부활하게 됩니다. 예수 그리스도가 십자가에 못 박혀 죽은 후 무덤에 장사되어 3일 만에 부활하심을 믿었기 때문입니다. 복음의 3요소에 대해 덧셈을 해서도 뺄셈을 해서도 안 됩니다. 이것이 하나님이 계시하신 복음입니다. 복음의 3요소를 받아들이는 사람은 구원을 받습니다.

Today's Bible

내가 받은 것을 먼저 너희에게 전하였노니 이는 성경대로 그리스도께서 우리 죄를 위하여 죽으시고, 장사 지낸 바 되셨다가 성경대로 사흘 만에 다시 살아나사, 게바에게 보이시고 후에 열두 제자에게와 그 후에 오백여 형제에게 일시에 보이셨나니(고린도전서 15:3-6)

064

어메이징 그레이스 찬송의 배경과 의미[64)]

Q 질문

'어메이징 그레이스(Amazing Grace)'라는 가스펠을 굉장히 좋아합니다. 이 노래의 의미와 배경을 가르쳐 주십시오.

A 회답

이 찬송가(hymn, 讚頌歌)는 세계적으로 유명합니다. 작곡자는 불분명합니다. 아일랜드나 스코틀랜드 민요인 것 같다는 설이 유력합니다. 3가지로 답을 드리겠습니다.

첫째, 작사자는 영국인 존 뉴턴입니다.

존 뉴턴(John Newton)에 1725년에 태어나 1807년에 하늘나라에 갔습니다. 어머니는 독실한 기독교 신자였으나 그가 일곱 살 때 죽었습니다.
이후 아버지를 따라 뱃사람이 되었지만, 젊어서부터 '노예무역(slave trade, 奴隸貿易)'에 뛰어들어 막대한 부를 얻었습니다.

당시 서아프리카에서 아프리카인을 실어 미국과 영국의 식민지(colony, 植民地)에 노예로 운반하는 일이 있었습니다. 노예 매매는 정말 큰 이익이 되는 장사였습니다.

64) Q64 アメイジング・グレイスというゴスペルが大好きです。この歌の意味とその背景について教えてください。
http://seishonyumon.com/movie/3528/

둘째, 그가 22살 때 전환기가 왔습니다.

배가 폭풍을 만나 전복될 뻔했습니다. 바닷물이 배에 잠기기 시작했습니다.
그때 Newton은 처음으로 하나님에게 기도했습니다. 그리고 적재되어 있던 물건이 구멍을 막아 주어 침수의 힘이 약해졌습니다. 배는 기적적으로 침몰을 모면했습니다.

그 순간 어머니의 신앙이 그의 마음속에 되살아났습니다. 그로부터 7년 후, 그는 배에서 내려 영국 국교회 목사(pastor, 牧師)의 길을 걷기 시작합니다.

말년에 그는 좋은 일을 많이 하였습니다. 영국에서는 19세기초 윌리엄 윌버포스(William Wilberforce)가 '노예폐지운동'을 펼쳤습니다. 그는 기독인 리더이자 국회의원이었습니다. 윌버포스의 노예폐지 운동에 대해 존 뉴턴은 자신의 일기와 기록을 모두 제공하여 노예무역이 얼마나 비참한지 증인이 되었습니다.

세 번째로 이 찬송가는 그의 신앙고백 노래입니다.

노예무역에서 오는 '죄책감(Guilt, 罪責感)'을 그는 이 노래로 고백하고 있습니다. 그리고 '나 같은 사람이 하나님으로부터 용서받았다'하며, 하나님의 크신 사랑을 Grace(그레이스, 은총)이라 표현하였습니다. 그리고 나아가 어메이징 그레이스(Amazing Grace)로 표현해, 하나님의 놀라우신 은혜를 노래했습니다.

이 찬송가는 사실 이것을 부르는 개개인의 '신앙고백(confession of faith, 信仰告白)'을 담은 노래이기도 합니다. 노래를 부르다 보면 자기 이야기가 되어버립니다. 그래서 이 노래가 전 세계인으로부터 사랑을 받고, 친밀하게 불려지고 있습니다.

한분 한분, 하나님(God)의 크신 은혜를 경험하시길 바랍니다.

Today's Bible

너희는 그 은혜에 의하여 믿음으로 말미암아 구원을 받았으니 이것은 너희에게서 난 것이 아니요 하나님의 선물이라(에베소서 2:8)

065

믿지 않은 가족의 구원[65)]

Q 질문

사도행전 16:31은 제가 예수님을 믿으면 가족도 구원을 받는다고 가르치고 있는 것입니까? 정말인지 알고 싶습니다.

A 회답

사도행전(Acts of the Apostles, 使徒行傳) 16장 31절 내용입니다.

「이르되 주 예수를 믿으라 그리하면 너와 네 집이 구원을 받으리라 하고」 (사도행전 16:31)

이 성경 본문은 오해(誤解)를 많이 받습니다. 3가지로 답을 드리겠습니다. 성경을 어떻게 읽어야 하는가?에 대한 가이드라인이기도 합니다.

첫째, 문맥(文脈)에 주목하세요.

바울(Paul)과 실라(Silas)가 말하는 내용입니다. 이 말을 듣고 있는 사람은 빌립보(Philippi)라 하는 마을에 있던 감옥의 간수들입니다. 그는 이렇게 물었습니다.

「그들을 데리고 나가 이르되 선생들이여 내가 어떻게 하여야 구원을 받으리이까 하거늘」
(사도행전 16:30)

65) Q65 使徒16：31は、私がイエス様を信じたら家族も救われると 教えているのでしょうか。本当のところを知りたいです。
http://seishonyumon.com/movie/3575/

그에 대한 답이 조금 전의 말입니다.

둘째, 문장의 구조(構造)에 주목을 해 주십시오.

이런 경우 여러 번역의 성경을 읽고 비교하면 참고가 될 것입니다. 일본어 성경외에 영어나 다른 언어를 이해할 수 있다면 다른 언어의 성경도 읽고 비교해 보십시요. 물론 가장 좋은 것은 헬라어 원문을 알아보는 것입니다.

헬라어 원문(原文)을 직역하면 다음과 같습니다.
「주 예수를 믿으라. 그러면 당신은 구원을 받을 수 있습니다. 그리고 당신 가족도」
(사도행전 16:31)

일본어 번역과는 조금 느낌이 다릅니다. '주 예수를 믿으라. 그러면 당신은 구원을 받을 수 있습니다.' 이 '구원을 받을 수 있습니다'라는 동사는 '2인칭 단수형의 수동태'입니다. 이 말은 간수들을 향해 하는 말입니다. 그렇게 말한 뒤에 '당신의 가족도 마찬가지로 주 예수를 믿으면 구원받을 수 있어요'라고 이어지는 문장 구조입니다.

이렇게 일본어 번역(翻譯)에서는 오해하기 쉬운 부분도 원문(原文)에서는 명확히 이해할 수 있도록 되어 있습니다.

셋째, 성경의 다른 부분들이 어떻게 가르치고 있는지 확인을 해야 합니다.

왜냐하면 '성경이 성경을 해석한다'는 원칙이 있기 때문입니다. 난해한 성경 본문을 만났을 때는 성경의 다른 부분들이 어떻게 이야기하는지 참고해야 합니다.

성경의 어디를 봐도 '어떤 사람의 신앙에 의해 다른 사람이 구원을 받는다'는 교훈은 없습니다. 이 본문의 의미는 '당신이 믿으면 가족도 구원 받으니 안심하라'는 것이 아닙니다. '당신이 신앙을 통해 구원받듯이 가족도 믿으면 구원받을 것이니, 열심히 복음을 전하라'는 뜻입니다. 가족전도를 권면하는 것입니다.

이것이 사도행전(使徒行傳) 16장 31절에 대한 올바른 해석입니다.

Today's Bible

영접하는 자 곧 그 이름을 믿는 자들에게는 하나님의 자녀가 되는 권세를 주셨으니(요한복음 1:12)

066

성경적 겸손이란?[66)]

Q 질문

성경이 가르치는 겸손이란 어떤 것인가요?

A 회답

일반적으로는 겸손이란 '자신을 낮추고 상대를 인정하며 높이는 것', 또는 '겸손한 태도를 취하는 것'을 의미합니다. 그렇다면 성경이 가르치는 겸손(humility, 謙遜)이란 무엇일까요? 3가지로 답을 드리겠습니다.

첫째, 외면적인 행위보다는 마음의 자세를 의미합니다.

오만하거나 자존심이 넘치거나 자기중심적이거나 한 것과는 정반대의 마음 상태를 말합니다. 세상에는 외면적으로 겸손한 사람처럼 보여도 내면이 오만한 사람이 많습니다. 그런 사람을 하나님은 평가하지 않습니다.

하나님은 항상 우리의 마음의 중심을 보고 계십니다. 겸손은 '마음의 태도'에 대한 것이기도 합니다.

둘째, 하나님 나라에 들어가기 위해 필요한 자질입니다.

예수 그리스도께서는 '마음이 가난한 자는 복이 있다'고 하셨습니다. 마음이 가난하다는 것은 겸손한 사람을 말하는 것입니다. 그것은 자신이 하나님 앞에 자랑할 만한 것이 아무것도 없다라

66) Q66 聖書が教える謙遜とは､どういうものですか。http://seishonyumon.com/movie/3582/

고 생각하는 사람입니다.

자신은 하나님의 은혜와 용서를 믿을 수밖에 없다고 생각하는 사람을 성경은 '겸손한 사람'이라 합니다. 그리고 하나님은 그런 겸손한 사람을 높이 올려 주십니다. 하나님 앞에 겸손한 마음이 없으면 그 사람은 크리스천이 될 수 없습니다.

셋째, 겸손의 실제 예는 사도 바울입니다.

예수님도 그 실제 사례에 해당하지만, 우리는 지금 인간인 바울(Paul) 사도에 관심을 가지려 합니다.

바울은 많은 지식(知識)과 은사(spiritual gift, 恩賜)를 갖고 있으면서도, '죄인 중에 괴수(the worst of sinners)', '사도 중에 가장 작은 자'라고 자신을 표현했습니다. 이것이 겸손의 실제 사례입니다. 그는 '십자가만을 자랑으로 삼는다'고 진심으로 고백할 수 있던 사람입니다. 그리고 '자기의 의(義)'를 위해서가 아니라 '복음의 진리'를 위해 싸운 사람입니다.

겸손이라 하면 뭔가 연약한 이미지를 떠올리는 분이 계실지 모르지만, '성경적 겸손'이란 굉장히 강한 사람을 가리키는 말입니다. 바울은 자신을 사도 중 가장 작은 자라 하면서도, 다른 사람이 잘못된 행동을 하거나 잘못된 가르침을 할 때에는 철저하게 그에 맞서 진리(truth, 眞理)를 말할 줄 아는 사람이었습니다.

우리도 지도자가 성경적이지 않음을 가르쳤을 때는 자기의 의를 위해서가 아니라 진리(眞理)를 위해서 그 지도자에게 충고(忠告)를 할 필요가 있습니다. 이것은 사랑의 행위입니다.

성경적 겸손(謙遜)이란 침묵하는 것이 아니라, 진리를 위해 용기(勇氣) 있게 발언하는 것이기도 합니다.

Today's Bible

주 앞에서 낮추라 그리하면 주께서 너희를 높이시리라(야고보서 4:10)

067

예언 카페는 신뢰할 수 있는가?[67)]

Q 질문

점(divination, 占)을 좋아하는 친구가 예언 카페에 갔다고 들었습니다. 불안해하고 있습니다. 예언 카페에 대해서 자세히 가르쳐 주십시오.

A 회답

예언(prophecy, 豫言) 카페에서 하는 것은 '개인 예언'이라고 불리는 것입니다. 개인 예언이란 예언의 은사가 있는 것처럼 여겨지는 사람이 어떤 인물에게 '이것은 주님의 말씀입니다. 주님께서 이렇게 말씀하십니다'라고 전하는 것입니다.

그러므로 이번에는 '예언 카페'에 대해 말하는 것보다 본질적으로 '예언의 선물'이 어떤 것인가에 대해서 생각해 보겠습니다. 3가지로 답을 하겠습니다.

첫째, 예언의 은사란 무엇일까요?

일본어 번역 성경에서는 미리 알고 말한다는 의미의 예언(予言)이 아니고, 언어를 맡는다는 의미의 예언(預言)이 많이 사용되고 있습니다. 예언자라고 불리는 사람, 예언의 은사가 있는 사람은 '하나님의 말씀을 맡아, 그것을 사람들에게 전하는 것'을 사명으로 하는 자입니다. 물론 예언에는 장래의 일을 예고하는 것도 일부 포함되어 있었습니다만, 그것이 메인이었던 것은 아닙니다.

예언자의 역할 중심은 하나님의 말씀을 맡아 그것을 사람들에게 전하는 것입니다. 그리고 예언

67) Q67 預言カフェは信頼できるのでしょうか。http://seishonyumon.com/movie/3607/

자들이 쓴 글을 모아 만든 것이, 지금 성경으로 남아 있는 기록입니다. 예언자에게 주어진 선물이 '예언의 은사'입니다.

둘째, 지금도 예언의 은사가 존재합니까?

성경이 완성되었므로, 예언의 은사는 필요하지 않게 되었습니다. 그러므로 우리가 살고 있는 지금 시대는 '성경을 읽고 하나님의 인도하심을 구하고, 성경을 통해서 하나님의 말씀을 듣는다' 하는 것이 가장 바른 방법입니다.

성경에는 믿는 자에게는 성령의 도우심이 함께 하신다는 약속이 있으므로, 이 시대에는 예언의 은사에 의해 행동을 결정하거나 인도받을 필요가 없습니다.

셋째, 개인 예언은 성경적인 것입니까?

물론 하나님은 어떤 사람을 이용해 메시지를 전달하시는 경우가 있을 수 있습니다. 하나님은 제약을 받는 분은 아닙니다. 그러나 이 시대에 살고 있는 우리는 기본적으로 성경을 통해 하나님의 인도를 구하여야 합니다.

개인 예언을 하는 사람은 점쟁이나 유타와 같은 일을 하는 것에 지나지 않습니다. 그리고 개인 예언은 그것을 듣는 사람을 속박(束縛)할 가능성이 있습니다. 예언 카페에서의 개인 예언은 가벼운 격려 정도의 말일 수 있겠지만, 그것이 도를 넘으면 위험합니다. 즉 개인 예언에 의해서 구체적인 지시를 내리게 되면, 듣는 사람을 속박하기 시작합니다.

또 말하는 사람이 주의해야 할 점은 '주님은 이렇게 말씀하신다'고 하는 것이므로, 하나님의 이름을 모독할 가능성이 있다는 점입니다. 하나님은 그렇게 말씀하시지 않는데 '하나님께서 이렇게 말씀하신다'고 하면 그 사람은 하나님의 이름을 모독하는 것이 됩니다. 결론적으로 개인 예언은 성경이 권장하는 행위가 아닙니다.

Today's Bible

너희는 신접한 자와 박수를 믿지 말며 그들을 추종하여 스스로 더럽히지 말라 나는 너희 하나님 여호와이니라(레위기 19:31)

068

악마는 정말 있는가?[68)]

Q 질문

악마가 있다는 것이 믿기 힘든데, 정말 있습니까?

A 회답

사람들은 악마에 관한 정보를 대게 영화, 텔레비전, 소설 등에서 얻습니다. 그래서 정말 악마가 있는지 의문을 느끼는 것 같습니다. 성경은 '악마가 존재한다'고 명확하게 가르치고 있습니다. 다음 3가지로 답을 드리겠습니다.

첫째, 악마에는 여러 호칭이 있습니다.

대표적인 것을 들어봅시다.
① 사탄(적대자)…악마는 신에게 적대(敵對)를 하고 있습니다.
② 거짓의 아버지…악마는 거짓말쟁이입니다.
③ 이 세상의 신… 악마는 이 세상의 사고방식을 지배합니다.
④ 공중권세를 가진 지배자…악마는 신의 영역으로 이동할 수 있습니다.
⑤ 호소하는 자…악마는 크리스천을 신 앞에 고소합니다.

이렇듯 다양한 호칭들을 가진 악마(Devil, Satan, 惡魔)입니다.

68) Q68 悪魔は本当にいるのか。http://seishonyumon.com/movie/3656/

둘째, 악마의 원래 모습은 천사(天使)였습니다.

악마는 천사장으로 창조되었습니다. 그러나 스스로가 신이 되려고 타락을 했습니다. 그 후로 악마는 하나님에게 계속 반항하고 있습니다. 이 천사장은 타락할 때에 천사의 3분의 1을 데리고 타락했습니다. 성경에 따르면 그 타락한 천사들이 악령(惡靈)입니다. 그래서 악령의 수는 일정합니다. 악령의 수는 변하지 않습니다. 악마가 왜 하나님을 이길 수 있다고 믿었는가? 그 이야기는 다음에 또 하도록 하겠습니다.

세 번째 악마의 가장 큰 무기는 '거짓말'입니다.

이 세 번째가 악마를 이해하는 가장 중요한 포인트입니다. 앞서 '거짓의 아버지'라는 호칭이 있었듯이, 악마는 거짓말의 달인입니다. 거짓말을 무기로 인간을 속여가는 것입니다.

그럼 악마는 어떠한 거짓말을 하는 것일까요?
악마는 하나님에 대해서, 하나님의 말씀에 대해서, 인간의 본질에 대해서 거짓말을 합니다. 그 거짓말을 믿으면 악마의 지배하에 놓이게 됩니다.

이번 질문을 하신 분은 악마의 존재를 의심하시는 것 같은데, 그렇게 생각하는 것 자체가 벌써 악마의 영향을 받은 것입니다. '악마는 정말 있는 것일까? 아니. 악마는 사실 없는 것이다', 그렇게 생각하게 만드는 것이 사실 악마의 책략입니다.

그러나 악마는 전능(全能)하지 못합니다. 악마는 자신이 전능한 것처럼 보이려 합니다. 그럼 어떻게 하면 악마에게 승리(勝利)할 수 있을까요? 그 방법은 악마의 거짓말이 아니라, 하나님의 진실에 귀를 기울이는 것입니다. 하나님의 말씀인 성경의 입장에 서서, 유혹이나 공격을 받았을 때 성경에 이렇게 나와 있다라고 선언하고 그렇게 행동하는 것입니다. 이것이 승리의 비결입니다.

Today's Bible

근신하라 깨어라 너희 대적 마귀가 우는 사자 같이 두루 다니며 삼킬 자를 찾나니(베드로전서 5:8)

069

악마는 어디서 무엇을 하고 있을까?[69)]

Q 질문

지금 악마는 어디에 있는 것입니까? 또 무엇을 하고 있습니까?

A 회답

성경을 통해 악마(Devil, Satan, 惡魔)가 실제로 존재한다는 것을 확인했습니다. 이번 질문도 그 연장입니다. 3가지로 답을 드리겠습니다.

첫째, 악마는 어디 있는가?

성경을 인용해 답을 드리겠습니다. 제자인 베드로(Peter the Apostle)가 쓴 내용입니다.
「근신하라 깨어라 너희 대적 마귀가 우는 사자 같이 두루 다니며 삼킬 자를 찾나니」(베드로전서 5:8)
이 본문에서 알 수 있는 것은, 악마는 지상을 돌아다니고 있다는 것입니다. 악마는 우리가 살고 있는 지상을 돌아다니고 있습니다.

바울이 쓴 에베소서(Ephesians) 2장 2절에는 이렇게 나와 있습니다.
「때에 너희는 그 가운데서 행하여 이 세상 풍조를 따르고 공중의 권세 잡은 자를 따랐으니 곧 지금 불순종의 아들들 가운데서 역사하는 영이라」(에베소서 2:2)

악마는 '공중의 권세를 가진 지배자'로 공중에도 있는 것입니다. 내용을 종합하면 악마는 지상과 공중 사이를 돌아다니며, 악행을 저지르고 있습니다. 또 욥기(Job)를 보면 악마는 하나님이 계시

---

69) Q69 悪魔はどこで何をしているのか http://seishonyumon.com/movie/3696/

는 곳, 하나님이 계시는 공간에도 나갈 수 있습니다.

둘째, 악마는 무엇을 하고 있는가입니다.

악마가 바라는 것은 '자신이 예배를 받는 것'입니다. 예수님이 광야에서 유혹을 받을때에도 악마는 예배(禮拜)를 요구했습니다.

'이르되 만일 내게 엎드려 경배하면 이 모든 것을 네게 주리라(마태복음 4:9)',

악마의 소원은 자기가 하나님이 되는 것입니다. 또한 피조세계 최고의 작품인 인간을 최대한 괴롭히는 것입니다. 이것은 하나님의 작품을 파괴함으로써 하나님을 향한 예배를 방해하는 것입니다.

악마가 사용하는 무기는 거짓말입니다. 성경에 따르면 하나님을 믿지 않는 사람은 자동적으로 악마의 아들이라 불려지고 있습니다. 왜 악마의 아들이라고 불리는가? 하나님을 믿지 않으면 악마의 거짓말에 포섭당하기 쉽기 때문입니다. 악마가 제시하는 세계관(世界觀)에 따라 살 수 있으므로 악마의 아들이라고 불리는 것입니다.

셋째, 악마의 운명은 어떻게 될 것인가?

악마는 타는 불의 연못에 던져집니다. 요한계시록(The Revelation to John)에 기록되어 있습니다. 타는 불의 연못이란 영원히 고통이 계속되는 곳입니다. 암흑입니다. 동시에 뜨거운 불이 타고 있는 곳입니다. 그러나 신기한 것은 불이 타고 있어도 그 불은 빛을 발하지 못하는 불입니다. 그곳은 어둠의 세계로, 강렬하게 뜨거운 불이 타고 있는 장소입니다. 거기서 악마는 영원히 고통받습니다.

예수 그리스도를 믿는 사람은 그곳에 가지 않습니다. 그런 고통의 자리에 가지 않습니다. 예수 그리스도가 나의 죄로 인해 죽으셨고 장사된 지 3일만에 부활하셨다는 좋은 소식을 믿기 때문입니다.

Today's Bible

또 그들을 미혹하는 마귀가 불과 유황 못에 던져지니 거기는 그 짐승과 거짓 선지자도 있어 세세토록 밤낮 괴로움을 받으리라(요한계시록 20:10)

070

예수와 악마는 형제인가?[70)]

Q 질문

예수님과 악마는 형제라 하는 것을 들었는데 정말입니까?

A 회답

아마 몰몬교(Mormonism, 말일성도 예수그리스도 교회)의 가르침을 들으신 것 같습니다. 그래서 오늘은 몰몬교의 가르침에 대해 3가지로 답을 드리겠습니다.

첫째, 몰몬교의 교리에 따르면 예수는 아버지 하나님의 장자로 탄생했다고 합니다.

그 후 예수는 하나님이 되었습니다. 시작은 인간이었는데 끝은 하나님이 된 것입니다. 몰몬교 교리에 따르면 예수님 다음으로 태어난 둘째 아들이 사탄이라는 것입니다. 장남인 예수가 차남인 사탄보다 우위에 있었습니다.

몰몬교의 교리는 하나님, 예수, 사탄, 천사, 인간을 모두 같은 종류에 속하는 것으로 봅니다. 그래서 '예수가 첫째이고, 악마가 둘째다'라는 교리가 성립되는 것입니다.

둘째, 몰몬교가 가르쳐주는 구원의 목적은 인간이 하나님이 되는 것입니다.

몰몬교의 교리 중에 '신은 일찍이 우리와 같은 인간이었지만 신이 되었다'. 즉 인간이었던 자가 몰몬교의 계율을 실행함으로써 신(神)의 단계까지 올라갔다는 것입니다.

---

70) Q70 イエスと悪魔は兄弟か http://seishonyumon.com/movie/3732/

현재의 몰몬교도에게 이 말을 하면 대부분이 부정합니다. 들어본 적이 없다고 합니다. 저는 고교 때 1년간 미국 몰몬교도 가정에서 신세를 진 적이 있습니다. 홈스테이 체험입니다. 일본에 돌아와 대학생 때 기독교의 문헌에 대해 조사한 적이 있었습니다. 초기 문헌 중에 앞서 했던 말이 적혀 있습니다. 그들이 가르치는 구원의 목적은 우리도 신이 되고, 나의 우주를 갖는 것입니다. 이것이 몰몬교 교리(教理)입니다.

셋째, 예수와 악마가 형제라는 가르침은 컬트, 이단적 교리입니다.

성경에 예수는 삼위일체 창조주 하나님입니다. 그러나 악마는 피조물입니다. 예수님과 악마가 형제일 수 없습니다.

당신도 신처럼 될 수 있다는 가르침이 처음 누구에게서 나왔는지 생각해봅시다. 악마에게서 나왔습니다. 악마가 하와를 유혹할 때, 너희가 그것을 먹는 날에는 눈이 밝아져 하나님과 같이 되어 선악을 알게 될 것이다(창세기 3:5) 하며 유혹했습니다. 하와에게 열매를 먹으면 눈이 떠져서 하나님처럼 된다고 한 것입니다. 그러므로 몰몬교 교리의 본질은 악마로부터 나왔다고 말할 수 있습니다.

예수님은 죄인을 구원하시기 위해 하나님이지만, 사람이 되신 분입니다. 이것이 성경적 가르침입니다. 예수님이 하나님이시며 동시에 사람이심을 부정하는 것은 모두 기독교 이단입니다. 몰몬교와 여호와의 증인, 통일교회 등이 그 예입니다. 이단(異端)의 가장 큰 특징 중 하나는 '그리스도론'의 왜곡(歪曲)입니다. 예수 그리스도가 피조물로 취급된다면 그것은 성경적 신앙이라 할 수 없습니다.

Today's Bible

또한 그가 만물보다 먼저 계시고 만물이 그 안에 함께 섰느니라(골로새서 1:17)

Q071

악마가 하나님을 이길 수 있는가?[71)]

Q 질문

악마는 자신이 하나님을 이길 수 있다고 생각하는 걸까요?

A 회답

피조물인 악마가 창조주 하나님께 반항한다는 것이 참 신기한 일입니다. 악마는 하나님을 이길 수 있다고 생각하고 반항하는 것 같습니다. 이유를 생각해 보겠습니다.

첫째, 악마는 타락하기 전부터 강한 힘을 가지고 있었습니다.

성경에 따르면 천사장은 타락한 악마입니다. 신약성경 유다서(Jude) 1장 9절에는 이렇게 쓰여 있습니다.

「천사장 미가엘이 모세의 시체에 관하여 마귀와 다투어 변론할 때에 감히 비방하는 판결을 내리지 못하고 다만 말하되 주께서 너를 꾸짖으시기를 원하노라 하였거늘」(유다서 1:9)

악마는 처음부터 강한 힘을 받았기 때문에 자신이 있었던 것입니다.

둘째, 악마는 자존심 때문에 현실에 눈이 멀었습니다.

우리도 자존심이 셀 때는 현실이 보이지 않습니다. 악마가 타락한 원인은 '자존심(self-esteem, 自尊心)' 때문입니다. 악마는 자신이 신이 되려고 하여 타락한 것입니다. 악마는 지금도 인간이 자신을

71) Q71 悪魔は、神に勝てると思っているのですか。http://seishonyumon.com/movie/3739/

예배하게 되기를 바라고 있습니다. 하나님과 같이 되고 싶다는 소망을 갖고 있습니다. 악마는 자존심이 너무 강해 '하나님이 어떤 분인가?', '내가 어떤 존재인가?' 하는 현실에 눈이 멀었습니다.

세 번째로 악마는 풍부한 지성 때문에 현실에 눈이 멀었습니다

악마는 그 어떤 사람보다 지성(intellect, 知性)을 갖추고 있습니다. 무엇이든 잘 알고 똑똑하였습니다. 그리고 그 지성을 악용해서 인간을 속이고 거짓말을 하였습니다. 악마의 가장 큰 무기는 거짓말이라는 것을 여러 번 강조하였습니다.

그러나 악마가 갖고 있는 지성은 '제한적'인 것입니다. 신이 허락한 범위 안에서만 악마는 알 수 있다는 것입니다. 악마는 신의 용서된 범위 내에서만 활동할 수 있습니다.

악마는 거짓을 무기로 지상에 '죽음'을 가져왔습니다. 그리고 마지막으로 예수님이 십자가(十字架)에 못 박혔을 때 내가 이겼다고 생각했을 것입니다. 그러나 십자가의 죽음과 부활을 통해 예수님은 최후의 적인 '죽음'을 깨부수었습니다.

악마가 향하는 종착점(終着点)은 불에 타는 연못입니다. 악마는 영원한 고통의 자리에 갇히게 될 것입니다.

오늘의 결론입니다.
악마에게는 지성은 있지만, 지혜는 없습니다. 지성(知性)과 지혜(知恵)의 차이입니다. 지혜는 하나님을 두려워하는 것에서 시작합니다. 악마는 지성은 있지만, 지혜가 없습니다.

Today's Bible

죄를 짓는 자는 마귀에게 속하나니 마귀는 처음부터 범죄함이라 하나님의 아들이 나타나신 것은 마귀의 일을 멸하려 하심이라(요한일서 3:8)

072

아브라함의 자손은 지금 무엇을 하는가?[72)]

Q 질문

저는 10살 어린이입니다. 성경에 나오는 아브라함의 자손들은 지금 어떻게 지내고 있습니까? 예수님이 아브라함 자손이라면, 예수님은 결혼도 하지 않았고 자녀가 없으니 자손이 없어진 것은 아닙니까? 저도 아브라함의 자손입니까?

A 회답

10살 어린이가 이러한 질문을 하고 매우 훌륭합니다. 장래가 촉망됩니다. 아브라함(Abraham)의 자손에 대해 3가지로 답을 드리겠습니다.

첫째, 아브라함의 자손은 지금도 살아 있습니다.

유대인이 아브라함의 자손(offspring, 子孫)입니다. 또 아랍인들도 아브라함의 자손입니다. 아브라함과 혈연관계가 있는 민족을 아브라함의 자손이라고 할 수 있습니다. 육체적으로 관계가 있다는 이야기입니다.

둘째, 그중에서도 유대인들은 아브라함, 이삭, 야곱의 자손입니다.

유대인은 아브라함의 자손이지만, 아브라함의 자손인 것만으로는 유대인이라고 부를 수 없습니다. 유대인이라 부르려면 아브라함, 이삭(Isaac), 야곱(Jacob)과 혈연관계에 있는 사람이어야 합니다.

72) Q72 アブラハムの子孫は、今どうしているのですか。http://seishonyumon.com/movie/3751/

질문에서 말했듯이, 예수님은 아브라함의 자손입니다. 아브라함과 핏줄이 같습니다. 동시에 예수님은 유대인입니다. 아브라함, 이삭, 야곱과 혈연관계(血緣關係)에 있기 때문입니다.

그러나 예수님이 자녀를 두지 않으셨더라도 아브라함의 자손은 그 이외에도 많이 있으니, 아브라함의 자손이 끊어질 일은 없습니다.

셋째, 아브라함과 같은 신앙을 갖고 있는 사람을 '아브라함의 자손'이라고 말하는 경우가 있습니다.

그리고 육체적 혈연관계를 넘어 신앙적으로 아브라함의 신앙(信仰)을 따르는 사람을 아브라함의 자손이라 하는 경우도 있습니다.

이것은 기독교 신앙(信仰)과 은혜(恩惠)를 통해 구원을 받은 사람들을 말합니다.

즉 크리스천입니다. 이 사람들은 육체적으로 아브라함의 자손이 된 것이 아닙니다. 아브라함이 구원을 받은 것과 같은 신앙의 원리(原理)에 의해 구원을 받은 사람들입니다.

내용을 정리하면, 우리들은 유대인이 아닌 이방인(foreigner, 異邦人)이기 때문에 육체적으로는 아브라함의 자손이 될 수 없지만, 영적(靈的)으로 아브라함의 믿음을 따르는 자손이 될 수 있다는 뜻입니다. 이것이 오늘의 핵심 주제입니다.

Today's Bible

아브라함이 하나님을 믿으매 그것을 그에게 의로 정하셨다 함과 같으니라. 그런즉 믿음으로 말미암은 자들은 아브라함의 자손인 줄 알지어다(갈라디아서 3:6-7)

073

히브리인과 이스라엘인, 유대인의 차이[73)]

Q 질문

히브리인, 이스라엘인, 유대인의 차이점은 무엇입니까? 머리가 혼란스럽습니다. 가르쳐 주십시오.

A 회답

기본적으로 3개의 호칭은 같은 민족(Nation, 民族)을 말합니다. 그러나 조금씩 차이가 있습니다. 평소처럼 3가지로 답을 드리는데, 이번에는 ① 히브리인, ② 이스라엘인, ③ 유대인의 순서로 하겠습니다.

첫째, 히브리인입니다.

최초의 '히브리인(Hebrew)'이라고 불린 사람은 아브라함입니다. 창세기 10장 24절에 '에벨(Eber)'이라는 이름의 인물이 나오는데, 아브라함의 조상이 되는 사람입니다. 히브리인이란 호칭은 이 에벨에서 나온 이름일 것으로 많은 학자들이 생각합니다.

히브리인이란 언어의 뜻은 강 건너편에서 온 사람입니다. 이 경우 강이라고 하는 것은 '유프라테스 강(Euphrates R.)'입니다. 따라서 유프라테스 강의 동쪽에서 강을 넘어온 사람, 또는 국경을 넘어온 사람, 즉 타국인을 의미합니다.

이러한 이유로 아브라함이나 그 후손들이 자신들을 외국인에게 소개할 때는 '우리는 히브리인입니다'라는 표현을 자주 쓴 것입니다.

73) Q073 ヘブル人、イスラエル人、ユダヤ人の違い http://seishonyumon.com/movie/3774/

둘째, 이스라엘 사람입니다.

'이스라엘(Israel)'이란 이름이 처음 나온 것은 야곱(Jacob)에게 이스라엘이라는 이름을 하나님께서 주셨을 때부터입니다. 그때부터 아브라함, 이삭, 야곱과 핏줄이 이어지는 사람을 이스라엘인이라고 부르게 되었습니다.

히브리인과 이스라엘인은 결국 '같은 그룹'의 사람들을 가리키는 것입니다만, 특히 이스라엘인이라고 했을 경우는 '야곱 이후의 열두 부족의 자손들'이라고 하는 것에 강조점이 있습니다.

셋째, 유대인입니다.

본래 유대인(Jew)이라고 하면 '유다 부족의 사람', 또는 '유대 지방 출신의 사람들'을 가리키는 말입니다.

이스라엘 백성이 바벨론(Babylon)의 포로로 끌려가는 비극이 일어났는데, 그 사건 이후 이스라엘인 전체를 가리켜 '유대인'이라고 부르는 습관이 생겨났습니다. 바벨론으로부터 귀환한 이스라엘인의 대부분이 실은 유다 부족의 사람들이었습니다.

그래서 바벨론 포로(捕虜) 이후 이스라엘인을 유대인이라 부르는 것이 일반화되었습니다.

그러나 이와 같이 조금씩 차이는 있지만, 히브리인, 이스라엘인, 유대인은 모두 '하나님이 택한 백성(People of God)'을 가리키는 말입니다.

Today's Bible

그들이 히브리인이냐 나도 그러하며 그들이 이스라엘인이냐 나도 그러하며 그들이 아브라함의 후손이냐 나도 그러하며(고린도후서 11:22)

074

성경을 읽지 않고 믿을 수 있는가?[74)]

Q 질문

과거 일본에 처음 복음이 전해질 때 크리스천이라 불리던 기리스탄(キリシタン, 吉利支丹, 切支丹)은 성경을 읽지 않고도 믿었던 것 같습니다. 오늘날도 성경을 읽지 않고 신앙생활이 가능할까요?

A 회답

'믿는다'라는 말과 '구원을 받는다'라는 말을 구분하여, 3가지로 답을 드리겠습니다.

첫째, 성경을 읽지 않아도 믿을 수 있습니다.

'믿는다'는 말은 믿는 대상을 문제로 하지 않은 말입니다.
따라서 'A씨도, B씨도, C씨도 믿습니다'라고 하는 경우, 그것만으로는 같은 내용을 이해하고 믿었는지 알 수 없습니다. 사람은 자신이 믿고 싶은 것을 믿는 법입니다. 즉 성경의 내용을 잘 몰라도 논리적으로는 신앙생활(信仰生活)을 하고, 믿음을 가질 수 있습니다.

둘째, 성경을 읽지 않아도 구원을 받는 것이 가능합니다.

단, 이 경우에 '복음(Gospel, 福音)의 내용'에 대한 이해가 필요합니다.
구원을 받는다는 것은 하나님의 진노로부터 해방되는 것입니다. 하나님의 진노가 풀리고, 하나님과 화해하고 화평을 이루는 것입니다. 그것을 성경은 '구원(salvation, 救援)'이라 합니다.

74) Q74 聖書を読まずして信仰することはあり得ますか。http://seishonyumon.com/movie/3794/

그리고 이를 위해서는 다음과 같은 '복음의 3요소(要素)'를 이해하고 받아들여야 합니다.

1. 예수는 우리의 죄(罪) 때문에 죽었다.
2. 죽어서 무덤에 장사되었다.
3. 3일 만에 부활했다.

성경의 내용이 복잡(複雜)하기는 하나, 구원의 조건은 간결합니다. 위 3가지가 구원의 조건입니다. 아무리 성경에 대한 지식(知識)이 많아도 복음을 믿지 않으면 구원받지 못합니다.

이를 통해 알 수 있는 것은 '나는 믿고 있습니다, 신앙생활을 하고 있습니다'라고 말하는 사람 중에도 구원을 받지 못한 사람이 있다는 것입니다. 누가 구원을 받고, 누가 그렇지 못한지는 오직 하나님만이 아십니다.

셋째, 성경을 읽지 않으면 신앙이 성장하지 않습니다.

성경을 읽지 않아도 구원을 받는 것은 가능하지만, 성경을 읽지 않으면 신앙이 성장(growth, 成長)하지 않습니다. 크리스천으로서 생활하는데 필요한 판단력이 자라지 않습니다.

또한 하나님의 계획을 전체적으로 이해하지 못하면, 삶을 살아가기 위한 적극적인 목표나 동기가 생겨나기 어렵습니다. 그리고 그리스도를 닮은 성품(nature, 性品)과 인격(personality, 人格)이 자라기 어렵습니다.

내용을 정리하면 성경을 읽지 않는 경우, 믿을 수는 있지만, 구원을 받는데 필요한 복음의 이해가 어렵고, 신앙이 성장하기 어렵다는 것입니다.

Today's Bible

너희는 그 은혜에 의하여 믿음으로 말미암아 구원을 받았으니 이것은 너희에게서 난 것이 아니요 하나님의 선물이라 (에베소서 2:8)

Q075

기독교와 다른 종교의 차이[75)]

Q 질문

기독교와 타 종교가 결정적으로 다른 점은 무엇입니까?

A 회답

'어느 종교든 최종적으로는 목적지가 같다'고 생각하는 사람들이 있는 것 같습니다만, 그것이 바른 것이 아닙니다. 3가지로 답을 드리겠습니다.

첫째, '사람으로부터 하나님'인가, '하나님으로부터 사람'인가 하는 차이가 있습니다.

'방향성(方向性)의 차이'입니다. 일반적인 종교는 인간에서 출발해 신이나 진리의 방향으로 도달하려는 모습을 취하고 있습니다. 그러나 기독교는 '하나님이 인간에게 말을 걸어 손을 내밀어 주셨다' 것에서 부터 출발을 합니다. 하나님이 인류에게 말을 걸어 역사에 개입하시고, 또 그 계시를 기록한 것이 성경이라는 점에서 일반종교와 차이가 있습니다.

둘째로 '은혜라는 개념'이 있느냐 없느냐의 차이점이 있습니다.

이 '은혜(grace, 恩惠)'라는 개념은 기독교만의 특징입니다.

사람은 '자신의 어떤 선행이나 덕(德), 즉 행위(業)가 아니라 하나님의 일방적인 사랑'에 의해서 구원을 받습니다. 우리가 할 수 있는 것은 아무것도 없습니다. 하나님이 일방적으로 우리를 구원

75) Q75 キリスト教と他の宗教で決定的に違う点は何ですか。http://seishonyumon.com/movie/3832/

해 주셨다고 믿는 것입니다. 그것이 은혜와 은총의 개념입니다.

그리고 그 '하나님의 사랑을 받아들이는 것'이 신앙(信仰)입니다. 그러므로 기독교의 구원은 수행을 해서 얻는 것이 아니라 하나님의 사랑과 부어주신 은혜를 믿음으로 하나님과의 관계가 화평해진 것을 말합니다.

셋째, 기독교는 '예수 그리스도의 부활'이라는 역사적 사실에 토대를 두고 있습니다.

기독교는 인간이 머리로 만들어 낸 교리의 체계가 아닙니다. 예수 그리스도가 장사된지 3일만에 다시 살아나셨다는 부활(resurrection, 復活)의 확신과 역사적 구원의 토대 위에 만들어졌습니다.

'사후(死後)의 생명'과 '구원의 완성'은 모두 예수 그리스도의 부활에 의해 확증이 되었습니다.

내용을 정리하면, 기독교란 '어떤 행위나 의식의 체계가 아니고, 하나님의 사랑과 자비, 은혜를 믿음으로 얻어진 구원의 확신과 하나님과의 관계'입니다. 하나님과 화평한 관계를 갖는 것, 이것이 크리스천의 삶의 특징입니다.

당신도 믿음을 통해 하나님과 화평한 관계를 이루고, 그 사랑을 경험하시길 바랍니다.

Today's Bible

죄의 삯은 사망이요 하나님의 은사는 그리스도 예수 우리 주 안에 있는 영생이니라(로마서 6:23)

076

노숙자에 대해[76)]

Q 질문

하나님은 모든 사람의 삶을 계획하고 축복해 주신다고 들었는데, 집을 잃고 길거리에서 노숙 생활하는 분들도 하나님의 계획에 의한 것입니까?

A 회답

여러 질문에 답을 하고 있습니다만, 가끔 이 질문이 하나님을 부정하기 위해서 묻는 것인지, 또는 정말 진리를 알고 싶어서 묻는 것인지 생각해 볼 때가 있습니다. 이 질문도 진리 탐구를 목적으로 하신 것임을 바라며, 평소처럼 3가지로 말씀을 드리겠습니다.

첫째, 사람이 길거리에서 생활하는 것은 하나님의 계획이 아닙니다.

사람이 노숙자가 되는 과정에는 여러 가지 요인이 있습니다. 예를 들면 이 세상에는 '악'이 존재합니다. 또 스스로 어떻게 할 수 없는 상황에 처해진 경우도 있을 것입니다. 여러 요인이 작용해 정신을 차려 보니 불행한 상황에 빠져 있는 것을 발견하였을 수도 있습니다.

그렇다고 본인에게 책임이 없는 것은 아닙니다. 여러 선택을 해 온 결과로 거기에 도달한 것일 수도 있기 때문에, 당연히 본인에게도 책임이 있습니다. 나에게는 책임이 없다 전가를 하는 자세 및 상황에서는 적극적이고 희망적인 결과가 생기기 어렵다고 저는 생각합니다.

---

76) Q76 ホームレスについて http://seishonyumon.com/movie/3875/

둘째, 그러나 이는 하나님의 계획이라고 할 수 있지 않습니다.

하나님이 그렇게 되는 것을 허용(許容)하고 있다는 뜻으로 '하나님의 계획'이라고 말할 수 있습니다. 즉 하나님이 허락하셨으니까, 그 상황이 생겨나는 것입니다.

하나님의 마음에는 적극적인 것과 소극적인 것이 있습니다. 이 경우는 소극적인 의미에서의 마음입니다. 그러나 아무리 상황이 비참해도, 하나님이 그 사람을 버렸다는 것은 아니기 때문에, 희망이 있는 것입니다.

셋째, 그것은 축복으로 바뀔 가능성을 내포하고 있습니다.

사람은 시련 속에서 자신의 인생을 되돌아봅니다. 그리고 없어서는 안 될 것이 무엇인가 생각하기 시작합니다. 그런 의미에서 시련은 하나님이 보내 주신 초대장(invitation, 招待狀)이라 말할 수 있습니다. 고난 속에서, 시련 속에서, 스스로를 돌아보고 참된 하나님의 품으로 돌아온 사람들이 많이 있습니다.

현재 상황이 과거의 선택의 축적이라고 한다면, 지금 우리가 하는 결단이나 선택이 장래의 자신을 만들것이라 하는 것도 사실입니다. 고난 속에서 진정한 하나님을 신뢰하는 법을 배웁니다. 그것이 하나님이 소극적으로 불행한 상황을 허락하고 있는 이유입니다.

시련(試鍊)은 우리를 하나님에게 가깝게 나아가게 합니다. 희망(希望)을 갖고 하나님을 바라봅시다.

Today's Bible

내 형제들아 너희가 여러 가지 시험을 당하거든 온전히 기쁘게 여기라. 이는 너희 믿음의 시련이 인내를 만들어 내는 줄 너희가 앎이라. 인내를 온전히 이루라 이는 너희로 온전하고 구비하여 조금도 부족함이 없게 하려 함이라(야고보서 1:2-4)

077

창세기 사람들의 장수[77)]

Q 질문

창세기에는 수 백년을 산 사람들의 이름이 많습니다. 뭐라고 설명하면 좋을까요?

A 회답

성경을 읽기 시작한 사람이라면 누구나 느낄 수 있는 궁금증입니다. 가장 간단한 설명은 창세기 10장까지는 '신화(神話)'이므로 신화로 읽어야 한다는 것입니다. 하지만 이렇게 말하면 성경 전체의 구조와 메세지가 신화에 근거한 토대 없는 것이 되어버립니다. 왜냐하면, 예수 그리스도는 창세기가 '역사적 사실(歷史的事實)'이라는 전제하에 말씀을 가르치셨기 때문입니다.

창세기의 내용이 역사적 사실이라면 등장인물들이 오래 사는 것을 어떻게 설명해야 할까요? 3가지로 답을 드리겠습니다.

첫째, 현재 우리의 경험을 기준으로 판단하지 말아야 합니다.

일본인의 평균 수명이 어떻게 변화해 왔는지 생각해봅시다. 1890년대 평균 수명은 남자 42.80세, 여자 44.30세였습니다. 제가 태어난 1947년은 남자 50.06세, 여자 53.96세였습니다. 50년 인생이라고 말하던 과거에서, 2014년이 되며 남자 80.50세, 여자 86.83세로 뛰어오릅니다. 즉 120년 사이에 일본인의 평균 수명(平均壽命)이 2배로 증가한 것입니다.

생활 환경의 변화와 의학 기술의 발전이 인간의 수명에 큰 영향을 미쳤다는 것을 알 수 있습니다.

---

77) Q77 創世記の人々はなぜあんなに長寿なのですか。http://seishonyumon.com/movie/3889/

둘째, 지구환경의 변화가 평균수명에 영향을 미쳤다고 볼 수 있습니다.

성경책에는 노아 시대에 대홍수가 일어났다고 쓰여있는데, 대홍수로 인해 지구의 환경에 급변했다고 생각됩니다. 대홍수가 일어나기 전에 지구는 수증기층으로 덮여 있었으며, 그 수증기의 층이 물이 되어 지상에 내린 것이 비(rain)라고 합니다. 수증기층이 지구에 미치는 영향을 온실 효과(溫室效果)라고 합니다. 당시는 지구 전체가 온난 기후였으며, 자외선과 방사선이 지표에 도달하기 어려운 환경이었습니다.

즉 지상이 오래 살 수 있는 환경이었다는 뜻입니다. 대홍수가 일어나자 수증기층이 걷히고, 남극과 북극이 급속도로 차가워져 지구환경이 혹독해졌습니다. 그래서 성경책을 보면 대홍수 이후로 평균 수명이 급격히 짧아졌습니다. 이는 그래프로 그려보면 잘 이해할 수 있습니다.

셋째, 죄의 확대가 평균 수명에 영향을 미쳤다고 생각됩니다.

아담과 하와가 창조되었을 때 인류는 이상적(理想的)인 상태였습니다. 그러나 그들이 죄를 짓고 타락했을 때 세상에 '죽음(death, 死)'이 들어왔습니다. 이를 현재의 말로 이해하자면 유전자 정보에 어떠한 결함이 나타났다는 것입니다. 그리고 세대가 내려감에 따라 그 결함(缺陷)이 확대되어 간 것입니다. 지구환경의 변화와 함께 인간의 육체적 결함이 확대되어 수명(壽命)이 짧아진 것으로 이해할 수 있습니다.

정리해 말씀드리면 성경(Bible, 聖經)은 있는 그대로 읽어야 하는 책이라는 것입니다.

Today's Bible

그러므로 한 사람으로 말미암아 죄가 세상에 들어오고 죄로 말미암아 사망이 들어왔나니 이와 같이 모든 사람이 죄를 지었으므로 사망이 모든 사람에게 이르렀느니라(로마서 5:12)

078

예수 그리스도는 실존 인물인가?[78)]

Q 질문

예수 그리스도는 실존 인물입니까? 어떠한 증거들이 있습니까?

A 회답

이 질문은 성경을 제외하고 또 다른 역사상 증거는 있습니까? 라는 의미인 것 같습니다. 그러나 신약성경의 기록은 예수 그리스도가 죽고 수십년 이내에 만들어진 것으로, 역사자료로서 충분히 가치를 지니고 있습니다. 따라서 가장 큰 증거는 사실 '신약성경(新約聖經)'입니다.

그러면 이 설명과 함께 신약성경외 3가지 증거로 답을 드리겠습니다.

첫째, 기원 1세기 로마 역사가 타키투스의 기록입니다.

타키투스(Tacitus)는 '연대기(Annales, 年代記)'라는 역사책을 남겼는데, 이 책은 신뢰도가 높은 역사서로 평가받고 있습니다. 이 기록에는 예수 그리스도에 대해 이렇게 소개하고 있습니다.

'티베리우스 황제 시절, 폰티우스 필라투스에 의해 고통받은 크리스토스(크리스토스란 라틴어로 그리스도를 뜻합니다.)'

그리스도가 활동했던 기간을 티베리우스(Tiberius) 황제 시절, 또 폰티우스 필라투스((Pontius Pilatus))가 유대 총독이었던 시절로 규정하고 있는 것입니다.

78) Q78 イエス・キリストは実在の人物ですか。http://seishonyumon.com/movie/3895/

둘째, 기원 1세기의 유대인 역사가 요세푸스입니다.

요세푸스(Josephus)는 '고대사(古代史)'의 저자로 유명합니다. 요세푸스는 야곱에 대해 이렇게 언급하였습니다. 야곱은 예수님은 형제입니다.

'그리스도라 불린 예수의 동생 야곱'이 야곱이 실존 인물이라면 그의 형 예수 그리스도 역시 실존(實存)했다고 할 수 있습니다.

셋째로 더 강력한 증거가 있습니다. 바빌로니아 탈무드입니다.

'탈무드(Talmud)'는 유대교의 경전(經典)입니다. '바빌로니아'라고 붙여져 있으니 이는 바빌로니아에서 편찬된 경전입니다. 유대교는 예수가 메시아(구세주)인 것을 부정하고 있습니다. 그 유대교 경전인 바빌로니아 탈무드 속에 이러한 문장이 나옵니다.

'예수는 유월절(過越節) 축제 때 십자가에 못 박혔다'. '이는 예수가 마술을 부려 유대인들이 배교(背教)하도록 이끈 죄 때문이었다'.

유대교 경전이 다음과 같은 것을 인정한 것입니다.

① 예수의 역사성, ② 예수의 초자연적인 능력(그들은 이를 마술이라고 부르지만, 그 자체는 부정하지 않는 셈임), ③ 유월절 축제 때의 십자가에 의한 죽음.

예수의 역사성에 대해서는 매우 많은 증거(證據)가 있습니다. 그리고 그 중 가장 권위있는 증거는 신약성경(New Testament, 新約聖書)입니다.

Today's Bible

모든 성경은 하나님의 감동으로 된 것으로 교훈과 책망과 바르게 태초부터 있는 생명의 말씀에 관하여는 우리가 들은 바요 눈으로 본 바요 자세히 보고 우리의 손으로 만진 바라. 이 생명이 나타내신 바 된지라 이 영원한 생명을 우리가 보았고 증언하여 너희에게 전하노니 이는 아버지와 함께 계시다가 우리에게 나타내신 바 된 이시니라(요한일서 1:12)

079

성경의 외경(아포크리파)[79)]

Q 질문

성경에 외경(外經)이란 무엇입니까? 이를 어떻게 해석하면 좋을까요?

A 회답

전문적인 질문입니다. 가톨릭(Catholic) 성경에는 개신교(protestantism, 改新教) 성경에 포함되지 않은 것이 몇 개 있습니다. 이를 '외경(外經), 아포크리파(Apocrypha)'라 부릅니다. 아포크리파에는 '숨겨졌다'라는 의미가 있습니다. 3가지로 답을 드리겠습니다.

첫째, 유대인이 아포크리파를 정전(正經)으로 인정한 적은 한번도 없습니다.

아포크리파는 책의 대부분이 구약성경과 신약성경 시대 중간기에 쓰여졌습니다. 이 중간기를 전문적으로는 '중간시대(中間時代)'라고 합니다. 아포크리파의 내용을 보면 그 안에 역사적 기록으로서의 오류가 포함되어 있습니다. 내용이 모순되는 부분을 볼 수 있습니다. 오류가 포함된 책이기 때문에 유대인들은 그것을 하나님의 말씀인 정경(正經)으로 인정한 적이 한 번도 없습니다.

둘째, 초대 교회도 아포크리파를 정경(正經)으로 인정하지 않았습니다.

논의는 있었던 것 같지만 아포크리파를 정경(正經)으로 인정한 사람은 거의 없었습니다. 신약성경을 읽으면 구약성경에 대한 인용이 수 백번 나오지만, 아포크리파의 인용은 한번도 없습니다. 구약성경은 하나님의 말씀이지만 아포크리파는 그렇지 않다는 평가가 신약성경 저자들 사이에

79) Q79 聖書外典 (アポクリファ) とはなんですか。http://seishonyumon.com/movie/3923/

있는 것입니다.

세 번째로 가톨릭교회가 아포크리파를 성경에 포함시킨 것은 1500년대가 되어서입니다.

개신교 '종교개혁(Reformation, 宗教改革)'에 대항하기 위해 트리엔트 공의회에서 성경에 포함을 했습니다. 아포크리파를 정경에 포함시킨 이유는 무엇일까요? 그것은 성경이 가르치지 않는 습관과 교리를 정당화하기 위해서입니다. 성경(聖經)이 가르치고 있지 않은 교리의 예시를 몇 가지 들어보겠습니다.

(1) 죽은 사람(死者)을 위한 기도 : 이것은 죽은 이를 위해 집전 기도를 하여 사후 세계를 조금이라도 편안하게 하려는 것입니다.
(2) 성인과 마리아의 주관을 바라는 것 : 이것은 '마리아님, 부탁드립니다' 라며 아버지 하나님 앞에서 마리아가 주관하기를 바라는 것입니다.
(3) 천사예배 : 성경에서는 예배를 받으시는 분은 하나님뿐 입니다.
(4) 면죄부(免罪符)의 가르침 : 종교개혁의 역사를 배운 분들은 아시겠지만, 면죄부를 사면 연옥(煉獄)에 있는 영혼의 죗값을 치를 수 있다는 가르침입니다. 참고로 지금은 이 가르침이 없습니다.

아포크리파가 정경에 추가된 것은 위와 같이 본래 성경이 가르치지 않는 교리를 정당화하기 위해서였습니다.

결론적으로, 아포크리파는 성경(聖經)이 아닙니다. 물론 역사적 자료로서의 가치는 있습니다. 그 시대의 사람들이 무엇을 어떻게 생각하고 역사적 사건을 이해했는가? 하는 것을 안다는 의미에서의 가치입니다. 역사 자료로만 이용해야 하는 것이 외경(外經, Apocrypha)입니다.

Today's Bible

모든 성경은 하나님의 감동으로 된 것으로 교훈과 책망과 바르게 함과 의로 교육하기에 유익하니. 이는 하나님의 사람으로 온전하게 하며 모든 선한 일을 행할 능력을 갖추게 하려 함이라(디모데후서 3:16-17)

080

희생양이 왜 필요한가?[80)]

Q 질문

희생양은 왜 필요합니까? 하나님이 전능하시다면, 희생 같은 것 없이도 사람을 구원할 수 있는 것 아닙니까?

A 회답

하나님은 전능하시지만 '무엇이든 할 수 있다'라는 의미의 전능(全能)은 아닙니다. 만약 그렇다고 하면 하나님은 예측할 수 없는 두려운 존재가 될 것입니다. 성경의 하나님은 혼란(混亂)의 하나님이 아니라 사랑(愛)과 질서(秩序)의 하나님입니다. 3가지로 답을 드리겠습니다.

첫째, 하나님의 전능성(全能性)에는 몇 가지 제약이 있습니다. 이를 열거해 보겠습니다.

(1) 하나님은 불합리한 일을 당하지 않습니다.
하나님은 스스로도 움직일 수 없을 만큼 거대한 돌을 만들 수 있는가라는 질문을 받습니다. 할 수 있다고 대답하면, 하나님은 그 돌을 움직일 수 없으니까 전능하지 않다는 반론이 돌아옵니다. 할 수 없다고 대답하면 그럼 하나님은 전능하지 못한 것이 된다고 반박을 합니다. 이 질문은 어떤 대답도 좋지 않고, 사실은 질문을 하는 것 자체가 어리석습니다.

(2) 하나님은 정의에 어긋나는 일을 하지 않으십니다.
하나님은 부정(negation, 不定)을 행하지 않는 의로운 분이기 때문에 신뢰할 수 있는 것입니다.

80) Q80 いけにえはなぜ必要なのか. http://seishonyumon.com/movie/3931/

(3) 하나님은 사랑에 반대되는 일은 하지 않으십니다.
사랑의 동기 이외로는 행하시지 않기 때문에 하나님을 신뢰할 수 있습니다. 하나님의 전능성에는 제약(制約)이 있음을 이해합시다.

둘째, 희생양이 필요한 것은 하나님의 정의가 그것을 요구하기 때문입니다.

죄에 대한 심판이 없는 것은 정의(justice, 正義)에 어긋나는 일입니다. 하나님이 창조한 이 세상은 도덕적, 윤리적 질서가 지배하는 세상입니다.

구약성경 레위기(Leviticus) 17장 11절에 이런 내용이 있습니다. '육체의 생명은 피에 있음이라 내가 이 피를 너희에게 주어 제단이 뿌려 너희의 생명을 위하여 속죄하게 하였나니 생명이 피에 있으므로 피가 죄를 속하느니라'(레 17:11)

레위기에는 희생양(산제물)에 대한 규정이 많습니다. 그 중에서 특히 중요한 것이 바로 이 구절입니다. 육체의 생명은 피(血)속에 있기 때문에, 죄를 지은 사람의 생명을 속죄하기 위해서는 피를 흘릴 필요가 있다라는 것입니다. 하나님은 죄를 위해 희생의 피를 준비해 주셨습니다.

셋째, 예수 그리스도가 궁극적으로 희생양이 된 것은 하나님의 사랑의 표현입니다.

동물의 피는 인간의 죄를 일시적으로 덮어줄 뿐입니다. 죄 없는 예수 그리스도의 피 보혈(precious blood, 寶血)만이 우리의 죄를 해결할 수 있습니다. 그래서 하나님은 외아들을 희생시키시고, 예수 그리스도의 십자가를 통해 우리를 향한 자신의 사랑을 분명히 나타내신 것입니다.

사람은 하나님이 준비하신 방법으로만 구원을 받을 수 있습니다. 인간이 생각한 논리로는 구원받을 수 없습니다. 하나님이 준비하신 예수 그리스도의 십자가 보혈과 부활에 대한 믿음을 통해 구원을 받을 수 있습니다.

Today's Bible

사랑은 여기 있으니 우리가 하나님을 사랑한 것이 아니요 하나님이 우리를 사랑하사 우리 죄를 속하기 위하여 화목 제물로 그 아들을 보내셨음이라(요한일서 4:10)

Q 081

일본은 기독교가 왜 널리 퍼지지 않는가?[81)]

Q 질문

왜 일본에서는 기독교가 널리 전파되지 않는 것입니까?

A 회답

일본의 기독교(Christianity, 基督教) 인구는 가톨릭과 개신교 모두 합해 1% 이하로 알려져 있습니다. 제가 처음 기독인이 되었을 때의 수치와 크게 바뀌지 않았습니다. 이 질문은 3분 만에 대답하기에는 너무 복잡합니다. 따라서 현황을 단순화하여, 중요하다고 생각되는 점만 3가지로 답을 드리겠습니다.

첫째로 일본인에게는 유일신이라는 신(神)의 개념이 없습니다.

이것이 가장 큰 이유입니다. 일본인의 세계관은 범신론적(汎神論的) 세계관입니다. '자연의 모든 곳을 통해 신을 볼 수 있다'는 세계관(世界觀)입니다. 다신교적(多神教的) 세계관으로도 이해할 수 있습니다.

일본인의 종교는 혼합 종교적(混合宗教的)입니다. 영어로는 싱클레티즘(syncretism) 이라고도 합니다. 여러 종교의 가르침이 있지만, 좋은 부분을 모두 모아 자신 나름대로 받아들이면 되지 않을까? 하는 종교관이 일본인의 정신의 근본적인 곳에 있는 것입니다.

그러나 성경에 나오는 기독교의 하나님은 '유일신', '천지창조의 신'입니다. 이것이 일본인의

81) Q81 なぜ日本ではキリスト教が広まらないのですか。http://seishonyumon.com/movie/3937/

종교심과 감성에 잘 어울리지 않는 것입니다.

그렇게 생각해 보면 기독교 신앙의 시작은 '유일한 신이 계시는 것이 아닌가'라고 자문자답하는 데 있다는 것을 알 수 있습니다. 자신이 품어온 신의 개념을 의심하는 것에서 부터 신앙생활이 시작됩니다.

둘째, 일본인은 공동체 안에서 고립되는 것을 두려워합니다.

아마 도쿠가와(徳川) 시대의 '크리스천 금지령(キリシタン禁令)'과 '5인조 제도'의 영향이 지금도 남아 있는 것 같습니다. 약 250년간 지속된 막부체제(幕藩体制) 시대의 영향으로 일본인의 마음에는 이웃 사람의 눈치를 살피는 기질이 정착되었습니다. 시대의 부정적 유산(遺産)을 이어가고 있는 것입니다.

일본 문화는 옳다고 생각해도 공동체 안에서 그것을 주장하기 매우 어려운 문화입니다. 정론(正論)보다 이웃과의 조화(調和)에 더 큰 가치를 찾는 문화입니다. 따라서 성경을 읽고 이게 옳다고 생각되어도 'I going my way, 나는 내 길을 간다'라 좀처럼 말을 꺼내기가 어렵습니다.

셋째로 성경에 따르면 '이 세상의 신'이 일본인의 눈을 가리고 있습니다.

'이 세상의 신(神)'이란 악마 또는 사탄을 말합니다. 일본인은 매우 우수한 민족이라 생각하지만, 영적(靈的) 부분에 대해서는 눈이 어두워져 있습니다. 많은 일본인이 이 사실을 모르고 있습니다. 악마가 '우리 눈을 가리고 있다'라는 것을 깨닫으면 사탄의 계략을 쉽게 해결할 수 있습니다. 그러나 현재 상황을 보면 대부분의 일본인(Japanese, 日本人)은 그것을 깨닫지 못합니다. 눈치를 채지 못함은 물론 눈을 가리고 있습니다.

일본의 기독교가 널리 전파, 부흥되지 못한 이유 중 하나는 사탄의 계략(計略)입니다. 악마와 사탄이 움직이고 있다는 것을 많은 크리스천들이 깨닫고 기도를 통해 그것을 막아야 할 것입니다.

Today's Bible

그 중에 이 세상의 신이 믿지 아니하는 자들의 마음을 혼미하게 하여 그리스도의 영광의 복음의 광채가 비치지 못하게 함이니 그리스도는 하나님의 형상이니라(고린도후서 4:4)

082

자비에르 이전의 일본인의 운명[82)]

Q 질문

프란시스코 자비에르(Francisco Xavier)가 일본에 기독교를 전파한 것 보다 앞서 죽은 조상들은 모두 지옥에 갔습니까?

A 회답

'복음을 들을 기회가 없이 죽은 사람은 어떻게 되는가?'라는 질문과 본질적으로 같은 내용입니다. 3가지로 답을 드리겠습니다.

첫째, 모든 사람에게 하나님에 관한 정보가 주어져 있습니다.

사람들은 복음(福音)의 메시지를 구체적으로 듣지 못했지만, 하나님에 대한 정보(information, 情報)를 어느 정도 알았습니다. 하나님은 자연(自然)을 통해서도 자신을 계시하셨습니다. 자연을 보고 있으면 하나님이 계신다는 것을 알 수 있습니다. 또 양심(良心)을 통해 자신을 계시(啓示)하셨습니다. 이것이 성경의 주장입니다. 즉 모든 사람에게는 하나님에 관한 어떤 정보(情報)가 주어져 있었습니다.

둘째, 그러나 사람은 하나님의 계시를 무시하고 하나님으로부터 등을 돌렸습니다.

그 결과 사람들은 자신이 만들어 낸 신들을 예배하게 되었습니다. 이것을 우상숭배(idolatry, 偶像崇拜)라고 합니다. 따라서 그 책임은 신에게 있는 것이 아니라 사람에게 있는 것입니다. 이것은

82) Q82 ザビエル以前に死んだ日本人の運命は http://seishonyumon.com/movie/3951/

성경에 있는 구원(salvation, 救援)의 개념을 이해하기 위해 필요한 매우 중요한 내용입니다. 사람들이 자신에게 주어진 정보를 무시하고 제멋대로의 길을 간 것입니다.

셋째, 그 사람에게 주어지는 계시의 양(量)이 심판의 기준이 됩니다.

예수 그리스도의 복음(福音)을 들어보지 않은 사람은 복음을 믿지 않았기 때문에 심판(審判)을 받는 것이 아닙니다. 주어져 있던 정보량(情報量)을 바탕으로 심판을 받는 것입니다.

만약 자비에르(Xavier) 이전의 조상들이 신실하게 하나님을 찾았다면 어떻게 되었을까요? 하나님은 반드시 그 사람들에게 자신을 보여주셨을 것입니다. 그리고 사람들을 신에 대한 의식 및 그 다음 단계로 인도하셨을 것입니다. 다음 단계란 천사를 통한 계시, 꿈을 통한 계시, 또는 선교사나 이미 신자가 된 사람을 통한 정보의 전달 등을 말합니다. 하나님은 신실하게 그를 찾는 사람들에게 자신을 계시하십니다.

선교사님들의 보고 내용 중에 다음과 같은 이야기를 종종 듣습니다. 나도 모르지만 저 마을에 가 선교를 해야겠다는 마음에 들어 가보니, 선교사(missionary, 宣教師)가 오기를 기다리며 몇 년째 기도하는 사람이 있었다는 것입니다.

우리는 이미 죽은 사람이 어떻게 되었는지에 대해서는 신중하게 말해야 합니다. 단정지어 말해서는 안 됩니다. 왜냐하면 죽기 직전 그 사람의 상태는 하나님과 그 사람밖에 모르기 때문입니다.

다만 지금 살아 있는 우리는 '예수 그리스도를 믿으면 죄사함을 받고 영원한 생명이 얻을 수 있다'는 복음의 내용을 계속 전해야 할 것입니다.

Today's Bible

창세로부터 그의 보이지 아니하는 것들 곧 그의 영원하신 능력과 신성이 그가 만드신 만물에 분명히 보여 알려졌나니 그러므로 그들이 핑계하지 못할지니라(로마서 1:20)

083

잠언에 나오는 모순의 이해[83)]

Q 질문

잠언 26장 4절에는 '미련한 자의 어리석은 것을 따라 대답하지 말라 두렵건대 너도 그와 같을까 하노라'라고 쓰여 있습니다. 그런데 26장 5절에는 '미련한 자에게는 그의 어리석음을 따라 대답하라 두렵건대 그가 스스로 지혜롭게 여길까 하노라'라고 되어있습니다. 모순처럼 느껴지는데 어떻게 이해를 하면 좋을까요?

A 회답

한쪽은 '대답하지 말라'고 하고 다른 한쪽은 '대답하라' 하고 있는데, 어떻게 해야 하냐는 것이군요. 이것은 모순(contradiction, 矛盾)이 아닙니다. 잠언(proverbs, 箴言) 26장 4~5절은 한 묶음입니다. 따라서 '하나의 가르침'으로 이해를 하여야 합니다. 3가지로 답을 드리겠습니다.

첫째, 잠언 26장 4절은 사람들이 어리석은 것을 따라 대답해서는 안된다고 말하고 있습니다.

우리는 일상생활을 하다 보면 반박할 가치가 없는 전혀 어리석은 말을 듣습니다. 그에 대해 진지하게 대답을 하다 보면 나 역시 그 어리석음의 수준으로 떨어지고 맙니다. 그럴 때 최선의 방법이 뭐냐 하면 '무시(無視)'하는 것입니다. 그것은 어리석음에 따라 대답하지 말라는 뜻입니다.

둘째, 잠언 26장 5절은 어리석음을 따라 대답하라고 말하고 있습니다.

이는 무시하는 것이 아니라 때로는 그 어리석음을 질책(叱責)할 필요가 있다는 것입니다. 상대의

83) Q83 箴言にある矛盾した言葉をどう理解したらよいか。http://seishonyumon.com/movie/3967/

잘못된 논리를 바르게 지적하는 것입니다. 그 질책을 통해 어리석은 자들은 스스로의 어리석음을 배울 수 있다고 잠언(箴言)은 가르치고 있습니다.

세 번째, 어느 쪽을 택할지 판단하기 위해서는 지혜가 필요합니다.

케이스 바이 케이스(case-by-case)란 바로 이것입니다. 침묵(silence, 沈默)해야 하는지, 말해야 하는지, 그 판단은 그럼 어디에서 오는 것일까요?

잠언 전체의 가르침은 '하나님을 경외(fea, 敬畏)하는 것이 지식의 근본(잠언 1:7)'이라는 것입니다.

판단이 어려울 때는 잠시 내려놓고, 조용히 하나님을 바라보며 '주여! 지혜(wisdom, 智慧)를 주소서' 하나님을 경외하는 마음으로 기도합시다.

이때 마음속에 브레이크가 걸리는지 용기(勇氣)가 생기는지 그것이 판단을 하는 갈림길입니다. 우리는 크리스천으로서 체험을 통해 그 감각을 쌓아 올려갈 필요가 있습니다.

어느 쪽이든 성경을 가르치기 위해서는 지혜(智慧)가 필요합니다.

Today's Bible

여호와를 경외하는 것이 지식의 근본이거늘 미련한 자는 지혜와 훈계를 멸시하느니라(잠언1:7)

084

지도자 없이 성찬식이 가능한가?[84)]

Q 질문

성찬식은 목사나 장로가 주례를 해야 가능합니까? 아니면 신도들만으로도 가능합니까? 또 혼자서 성찬식을 하는 것이 허용됩니까?

A 회답

성찬식(eucharist, 聖餐式)은 예수 그리스도 십자가의 죽음을 기념하기 위해 하는 것입니다. 3가지 답을 드리겠습니다.

첫째, 기본은 교회의 예배에서 영적 지도자의 인도로 행하는 것입니다.

성찬식은 본래의 의미를 이해하고 행하여 합니다. 무질서하게 행하여져서는 안됩니다. 성찬식은 세심한 주의를 기울여서 할 필요가 있습니다.

초대교회 당시에는 사도(apostle, 使徒)나 장로(elder, 長老)들이 성찬식을 인도하였음을 성경을 통해 알 수 있습니다. 이것이 가장 좋은 기본적인 방법입니다.

둘째, 성경은 교회 밖의 장소에서 성찬식을 하는 것을 금하지 않습니다.

초대교회(early church, 初代教會)를 생각해보면 그때는 교회라 해도 가정내 교회밖에 없었습니다. 즉 건물로서의 교회가 없었기 때문에 성찬식은 모두 집에서 이루어졌습니다. 성경에서 '교회

84) Q84 聖餐式は、指導者がいないとできないのですか。http://seishonyumon.com/movie/3979/

(church, 教會)'란 예수 그리스도를 믿는 사람들의 모임을 말합니다.

그리고 이 처럼 생각하면 지금 시대도 '형식'보다는 '실질'이 중요하다고 할 수 있습니다. 그리스도가 십자가에 못 박혀 죽어 우리의 죄를 면하게 하셨음을 기념하는 것이 성찬식의 목적이므로, 그것을 이해하고 그 정신에 따라 경건한 마음으로 행한다면 성찬식은 축복(祝福)이 됩니다.

이때 목사(pastor, 牧師)와 장로(elder, 長老)의 참석이 필요한가? 저의 개인적인 견해로는 성경에 '만인제사(priesthood of all believers, 萬人祭司)'라는 개념이 있으므로, 성찬식의 의미를 영적으로 충분히 이해하는 사람이 있고 또 본래의 취지에 따라 진행된다면 이를 성경이 금하고 있다고는 생각하지 않습니다. 오히려 신실한 성찬식은 축복을 받는 방법이라고 믿습니다.

세 번째로 성경은 혼자만의 성찬식을 가정하지 않습니다.

성찬식은 당시에는 애찬(a love feast, 愛餐)이라고 불렸습니다. 신도들이 한곳에 모여 서로 좋은 것을 나누기 위해 모임이 이루어지고 있는 것입니다.

혼자서 성찬식을 해도 되는가? 라고 질문하시는 분은 분명히 혼자서 할 수 밖에 없는 상황에 있는 것 같습니다. 사실은 그러한 상황 자체가 문제라는 것을 알아야 합니다. 그리고 하나님의 나라 가족으로서 안심하고 자신이 참여할 수 있는 공동체(共同體)를 찾을 수 있었음 좋겠습니다. 신앙생활을 하며 다른 신자들과의 코이노니아(koinonia), 즉 교제 또한 매우 중요할 수가 있기 때문입니다.

성찬식은 은혜의 성례전(sacrament, 聖禮典)입니다. 우리에게 은혜를 기념하도록 하나님께서 허락하신 것입니다. 따라서 율법적이기보다는 그 의미를 생각하고 은혜를 구하며 질서 있게 하는 것이 바람직합니다.

Today's Bible

사람이 자기를 살피고 그 후에야 이 떡을 먹고 이 잔을 마실지니(고린도전서 11:28)

085

조상들의 구원[85)]

Q 질문

내가 구원을 받으면, 조상도 구원을 받는 것입니까? 해결하면 좋을까요? 가르쳐 주십시오.

A 회답

중요한 문제입니다. 신중히 생각을 하며, 3가지로 답을 드리겠습니다.

첫째, 내가 구원을 받고 있다는 사실 때문에 다른 사람이 구원을 받는 것은 아닙니다.

구원(salvation, 救援)은 한 사람 한 사람이 각자 받아야하는 것입니다. 구원을 받는 유일한 방법은 오직 믿음(Sola fide), 오직 은혜(Sola gratia)입니다. 그리고 믿음은 다음 복음의 3요소에 해당하는 내용을 믿어야 합니다. 그리고 이를 믿고 신뢰하는 사람만이 구원을 받을 수 있습니다.

1. 예수 그리스도께서 나의 죄를 위하여 죽으신 것을 믿습니다.
2. 죽어서 무덤에 장사된 것을 믿습니다.
3. 그리고 3일 만에 부활하셔서 지금도 살아 계신 것을 믿습니다.

둘째, 이미 죽은 사람에 대해서는 하나님께 맡겨야 합니다.

그 이유는 우리가 할 수 있는 것이 아무것도 없기 때문입니다. 사람이 죽어서 하나님 앞에 섰을 때 '어떤 기준으로 심판을 받을까?'를 생각해 봅시다. 사람은 자신에게 주어져 있는 복음의 빛의

85) Q85 先祖の救いについてどう考えればいいですか。http://seishonyumon.com/movie/4017/

양에 따라 심판을 받게 됩니다. 하나님에 대한 정보를 얼마나 알고 있는가? 하는 것이 핵심입니다.

옛날 사람들은 복음(십자가의 죽음, 장사, 부활)에 대한 정보를 몰랐습니다. 따라서 복음을 믿지 않아 심판받았다고 하기에는 어려울 것 같습니다. 그들은 자연과 양심을 통해, 하나님에 대한 정보(情報)를 얻을 수 있었습니다. 따라서 그 정보들에 진지하게 응답을 했다면, 하나님은 반드시 그 사람을 다음 단계로 이끌어서 결국 구원하셨을 것입니다.

우리는 하나님의 판단을 신뢰(信賴)해야 합니다. 하나님은 모든 사람을 '사랑과 의(義)의 원칙'으로 대하고 있습니다. 그래서 우리도 하나님의 판단에 만족해하는 것입니다.

셋째, 세상 속에 살아가는 우리의 판단이난 생각으로 영원한 세계를 판단해서는 안됩니다.

'내가 천국(heaven, 天國)에 가더라도 가족과 친지가 지옥(hell, 地獄) 에서 고통받는 생각을 하면 천국생활이 즐겁겠는가?' 하는 말을 자주 듣습니다. 그러나 이것은 큰 오해에서 비롯된 발언입니다.

하나님은 우리의 눈물(tears)을 닦아주십니다. 이는 그런 슬픔마저 없어진다는 것입니다. 우리의 판단과 하나님의 판단이 완전히 들어맞는 것입니다. 조상들에 대한 기억조차도 하나님의 손에 있다는 것이므로 기억할 필요가 없습니다. 지금의 판단이나 생각을 바탕으로 영원한 세계를 판단해서는 안 됩니다.

돌아가신 분의 일은 하나님께 맡깁시다. 그리고 아직 살아계신 분들께 열심히 '하나님의 사랑(God's love)'을 전하도록 하십시다.

Today's Bible

그가 낙원으로 이끌려 가서 말로 표현할 수 없는 말을 들었으니 사람이 가히 이르지 못할 말이로다 (고린도후서 12:4)

086

세리 마태는 누구를 위해 일했나?[86)]

Q 질문

세리에 대한 설명을 흔히 '로마의 앞잡이'라 부릅니다만, 헤롯왕의 영지인 가버나움에서 세금징수(稅金徵收)를 하고 있던 마태는 누구를 위해서 일을 한 것입니까? 로마를 위해서입니까? 헤롯을 위해서입니까?

A 회답

매우 전문적인 내용의 질문입니다. 예수님께서 마태(Matthew)를 부르신 것은 마태복음 9장 9절에 나오는 내용입니다. 세리에 대한 일반적인 설명을 포함해, 3가지로 답을 드리겠습니다.

첫째, 신약성경에서 세리는 평판이 나쁜 인물로 묘사되어 있습니다.

사람은 누구든지 억압적인 지배자에게 세금을 내고 싶지 않아 합니다. 유대인들을 통치하던 것은 당시 로마제국입니다. 유대인의 눈으로 볼 때 그것은 억압적 지배 자체였습니다.

로마제국은 유대인의 분노를 돌리기 위해 세금징수를 하청(subcontract, 下請)으로 주었습니다. 그리고 하청을 받은 것이 세리(tax collector, 稅吏)입니다. 세리는 세금으로 거둔 돈과 로마에 지불하는 돈의 차액으로 막대한 이익을 얻었습니다. 그래서 사람들은 매국노(賣國奴)로 간주하고, 평판이 나빴습니다.

86) Q86 取税人マタイは誰のために働いていたのですか。http://seishonyumon.com/movie/4058/

둘째, 마태의 직업은 세리였습니다.

그는 통행세를 징수하는 세리 징세인(徵稅人)으로 일반세금 징세인보다 더 악질이었던 것 같습니다. 통행세(通行稅)는 사람들의 눈을 얼마든지 더 속일 수가 있었을 것이기 때문입니다. 예수님은 그런 일에 종사하던 마태를 불러 제자(disciple, 弟子)로 삼으셨습니다. 마태는 이 사실이 감격스러웠습니다. 그는 복음서에서 과거 자신이 했던 일들을 숨김없이 증언했습니다.

세 번째로 마태는 궁극적으로 로마제국을 위해서 일하고 있었습니다.

헤롯왕(Herodes)의 아들이었던 헤로데 안티파스(Herod Antipas)가 당시 갈릴리(Galilee) 지역의 군주였습니다. 군주는 왕보다 한 단계 아래인 통치자입니다. 왕이든 군주이든 모두 로마제국의 허가를 받아야 그 지위에 오를 수 있습니다.

왕이나 군주의 역할은 로마에 세금을 납부하는 것입니다. 그래서 로마는 헤로데 안티파스를 군주로 임명해 세금을 모으게 하고, 헤로데 안티파스는 세금 징수의 일을 세리에게 맡겼습니다. 그리고 세리는 그것을 다시 청부(請負)하여 일정한 보수를 받고 나누어 줌으로 돈을 벌었던 것입니다. 지금 상황으로 보면 하청에 또 하청을 주는 재하청 관계가 된 것입니다.

이렇게 보면 세리 마태(Matthew)는 헤로데 안티파스를 통해 로마를 섬기고 있었던 것이 질문의 정답이 될 것 같습니다. 그리고 마태의 예가 주는 교훈(教訓)은 예수님은 그 어떤 사람도 귀하게 쓰실 수 있다는 점입니다.

나 같은 죄인도 구원하여 주시고, 귀하게 쓰시기를 원하시는 예수 그리스도이심을 기억하여 주시기 바랍니다.

Today's Bible

예수께서 그 곳을 떠나 지나가시다가 마태라 하는 사람이 세관에 앉아 있는 것을 보시고 이르시되 나를 따르라 하시니 일어나 따르니라 (마태복음 9:9)

087

구원의 조건은 복음의 3요소[87)]

Q 질문

누가복음 23장에 예수님이 함께 십자가에 못 박힌 죄인게 '내가 진실로 네게 이르노니 오늘 네가 나와 함께 낙원에 있으리라' 하신 내용이 나옵니다. 구원을 받은 것입니까? 구원에 조건의 단언한 복음의 3요소가 무엇인지 궁금합니다.

A 회답

매우 중요한 질문입니다. 사람은 무엇을 믿어야 구원받는가? 3가지로 답을 드리겠습니다.

첫째, 성경이 가르쳐주는 구원의 원칙은 다음과 같습니다.

1. 믿음의 대상은 오직 하나님입니다. 언제나 하나님을 믿고 신뢰하여야 합니다.
2. 구원의 기초는 예수 그리스도의 십자가입니다. 구약의 사람도, 신약의 사람도 구원의 기초는 예수 그리스도입니다. 하나님은 그 아들인 예수를 십자가에 못 박을 것을 정하고, 때가 되어 실행에 옮기셨습니다.
3. 구원의 방법은 오직 신앙과 은혜에 달려있습니다.

이상의 3가지 원칙은 시대가 바뀌어도 변하지 않습니다. 신앙의 대상은 하나님, 구원의 기초는 예수그리스도의 십자가, 구원의 방법은 믿음과 은혜입니다. 단 한 가지 시대와 함께 변화하는 것이 있습니다. 그것이 바로 다음의 4번째 원칙입니다.

---

87) Q87 救いの条件は､｢福音の三要素｣だけでしょうか。http://seishonyumon.com/movie/4076/

신앙의 내용은 시대에 따라서 다릅니다. 얼마나 많은 정보가 주어지고 있는가? 어떤 내용을 믿으면 구원받는가? 하는 것이 시대와 함께 변화할 수 있습니다. 계시(啓示)에 대한 정보의 양이 변화하기 때문입니다.

둘째, 누가복음 23장 43절에 나오는 죄인은 구원을 받았습니다.

그는 믿음과 은혜를 통해 구원받았습니다. 다만 그가 갖고 있던 믿음의 내용은 지금의 우리의 것과 다릅니다. '예수는 구약성경에 예언되던 메시아 즉 구세주이다'라 믿은 것이 그의 신앙 내용입니다. 그가 알 수 있는 것은 거기까지입니다. 복음의 3요소는 아직 계시되지 않아 믿을 수가 없었습니다. 그 죄인은 예수를 메시아라 믿음으로 구원을 받았습니다.

셋째, '복음의 3요소'는 오늘날 교회 시대 성도들에게 적용되는 것입니다.

이 시대의 우리에게는 구원의 조건으로 복음(Gospel, 福音)의 3요소가 필요합니다. 복음의 3요소는 고린도전서(1Corinthians) 15장 3-5절에 기록된 내용입니다. 또 하베스트 타임 미니스트리에 사용하는 '복음의 3요소' 소책자 내용이기도 합니다. 여기에는 이런 해설이 적혀 있습니다.

1. 예수 그리스도는 우리의 죄(sin, 罪) 때문에 돌아가셨습니다.
2. 죽어서 무덤에 장사(funeral, 葬事)되었습니다.
3. 3일 만에 다시 부활(the Resurrection, 復活)하였습니다.

이것을 마음으로 받아들이고 예수 그리스도를 믿는 사람은 누구나 구원을 받습니다. 한 명이라도 많은 분이 복음을 알고, 구원을 자신의 것으로 받아들일 수 있기를 진심으로 기도합니다.

Today's Bible

내가 받은 것을 먼저 너희에게 전하였노니 이는 성경대로 그리스도께서 우리 죄를 위하여 죽으시고, 장사 지낸 바 되셨다가 성경대로 사흘 만에 다시 살아나사, 게바에게 보이시고 후에 열두 제자에게와 그 후에 오백여 형제에게 일시에 보이셨나니(고린도전서 15:3-6)

088

안식일이 일요일인가?[88)]

Q 질문

안식일(the Sabbath, 安息日)을 일요일로 바꾸어도 된다는 기록이 있습니까? 성경에 따르면 유대교와 같은 토요일이 안식일로 맞을 것 같은데, 어떻게 설명하면 좋을지 궁금합니다.

A 회답

이는 구약성경의 율법(commandments, 律法)과 명령(command, 命令)을 오늘날 우리에게 어떻게 적용해야 하는가의 문제입니다. 3가지로 답을 드리겠습니다.

첫 번째 안식일 규정은 모세의 율법에 포함되어 있습니다.

하나님은 애굽인 이집트에서 탈출한 이스라엘 백성들을 위해 모세의 율법(the Law of Moses, 律法)을 주셨습니다. 모세의 율법은 앞으로 자유의 백성으로 어떻게 살아야 할 것인가?를 제시하는 하나님의 가이드라인입니다.

안식일 규정은 십계명(Ten Commandments, 十誡命)중 제4계명입니다. 십계명은 모세의 율법에서 분리해서는 안 됩니다. 십계명 자체가 모세의 율법의 일부입니다. 안식일 규정에 따라 이스라엘 백성들은 토요일에 일(勞動)하는 것을 금지했습니다. 이는 이스라엘 백성들에게 더 이상 노예(奴隸)가 아니라 자유(自由)의 백성이 되었음을 알려주기 위해서였습니다. 정기적으로 일을 쉬는 것은 자유로운 백성만이 누릴 수 있는 특권입니다.

88) Q88 安息日は日曜日に変わったのでしょうか。http://seishonyumon.com/movie/4093/

둘째, 예수 그리스도가 십자가에서 죽었을 때 모세에 의한 율법의 요구는 충족되었습니다.

예수 그리스도께서 율법의 명령을 완전하게 실행해 주셨다는 것입니다. 예수님은 십자가 위에서 '테텔레스타이(tetelestai), 다 이루었다'고 하셨습니다. 이것은 완성하였다, 모든 대가가 치러졌다는 것을 의미합니다.

그러므로 오늘날의 신자는 모세의 율법에 속박(束縛)당하지 않습니다. 안식일의 규정에 의해서도 속박되지 않는다는 것입니다. 심지어 안식일이 일요일로 바뀐 것도 아닙니다. 안식일은 어디까지나 토요일입니다. 그러나 그 규정이 지금의 신자에게는 적용되지 않게 되었다는 것뿐입니다.

세 번째로 신약시대 신자들은 그리스도의 율법 아래 놓여 있습니다.

그리스도의 율법이란 성령(Holy Spirit, 聖靈)에 의해 마음 안에 쓰여진 율법입니다. 구체적으로 말하면, 사도(使徒)들의 활동 이후 각종 서신(書信)에서 가르치고 있는 내용이 그리스도의 율법입니다.

그리스도의 율법에 따르면 예배의 요일은 지정하지 않았습니다. 무슨 요일에 모여도 좋다는 뜻입니다. 정기적으로 모여서 예배(禮拜)를 드리는 것이 중요한 것으로 기록을 하고 있습니다. 적어도 일주일에 한번 이상씩 모여 예배를 드리라는 뜻으로 보입니다.

이러한 점에서 예배는 일요일에 드려도 좋고, 그 이외의 날도 좋다는 것입니다. 강조점은 '정기적(regularly, 定期的)으로' 드리라는 것입니다. 그것이 바로 오늘날 신자들에게 적용되어야 할 그리스도의 율법입니다.

Today's Bible

모이기를 폐하는 어떤 사람들의 습관과 같이 하지 말고 오직 권하여 그 날이 가까움을 볼수록 더욱 그리하자 (히브리서 10:25)

089

신자가 된 후의 죄 용서[89)]

Q 질문

신자가 된 후에 잘 모르고 지은 죄(罪)를 회개하고 기도하면 용서받을 수 있습니까?

A 회답

이것은 크리스천이 막 되신 분들에게 중요한 질문입니다. 잘 이해해 두지 않으면 기독교 신앙생활이 힘들어 질 수 있습니다. 3가지로 답을 드리겠습니다.

첫째로 예수 그리스도를 믿었을 때 과거, 현재, 미래의 죄는 모두 용서받았습니다. 그리고 그 상태는 영원히 계속됩니다.

성경이 약속한 '죄의 용서'라는 것은 종말론적(apocalyptic, 終末論的)인 것입니다. 죽어서 하나님 앞에 섰을 때 우리가 지상 일생 동안 지은 죄는 모두 용서(容恕)받을 수 있다는 것입니다. 당연히 기독인이 된 후에 짓는 죄도 모두 용서받습니다. 이게 대원칙(大原則)입니다.

둘째, 기독인이 된 이후의 죄는 그것을 고백함으로써 용서됩니다.

요한일서1(1John) 1장에 그 약속(約束)이 다음과 같이 쓰여있습니다.
「만일 우리가 우리 죄를 자백하면 그는 미쁘시고 의로우사 우리 죄를 사하시며 우리를 모든 불의에서 깨끗하게 하실 것이요」(요한1서 1:9)

---

89) Q89 信者になってから犯す罪は赦されるのでしょうか。http://seishonyumon.com/movie/4098/

이 편지는 신자들을 위해 쓰여진 것입니다. 크리스천은 죄를 지을 때마다 예수를 다시 믿음으로써 용서되는 것이 아니라, 하나님께 죄를 고백(告白)함으로써 용서되는 것입니다. 이것이 하나님과의 관계를 회복(回復)하는 가장 큰 비결입니다.

세 번째로 무지 중에 범한 죄도 용서받습니다.

이는 무지(無知)중에 범한 것이기 때문에 그 때는 깨닫지 못했던 것입니다. 그러나 그것이 죄인 줄 알 때가 오는 법입니다. 그 깨달음은 성경을 통해, 성령의 인도로 주어진 것입니다. 영적 깨달음이 주어진 것은 그가 영적으로 성장(成長)했다는 것입니다.

그러므로 성경을 배울 때는 '발견한 진리를 실행(實行)에 옮긴다'는 마음가짐으로 임해야 합니다. 무지해서 저지른 죄는 깨달은 단계에서 고백하면 됩니다

내용을 복습해 보겠습니다.
1. 예수 그리스도를 믿었을 때 과거, 현재, 미래의 죄는 모두 용서되었습니다.
2. 기독인이 되고 나서 범하는 죄는 그것을 고백함으로써 용서됩니다.
3. 무지 중에 저지른 죄도, 깨달은 단계에서 고백하면 됩니다.

저 자신의 경험입니다. 기독인이 된 직후에 어느 쪽인가 하면 주저주저하며 살았던 기억이 있습니다. '실패하면 어쩌나? 죄를 지으면 어쩌나?' 하는 걱정이 앞섰던 적이 있었습니다. 그런데 기독인들은 죄를 짓는 것이 두려워 소극적으로 사는 것보다 적극적으로 사는 것이 좋다고 생각합니다. 만약 그것이 잘못된 것이라면, 하나님께서 그것을 보여주시기 때문에 안심하고 긍정적으로 살아도 됩니다.

모든 일을 하나님의 영광을 나타내기 위해서 살아 가십시다.

Today's Bible

만일 우리가 우리 죄를 자백하면 그는 미쁘시고 의로우사 우리 죄를 사하시며 우리를 모든 불의에서 깨끗하게 하실 것이요 (요한일서 1:9)

Q090

크리스천이 된 이후의 행동[90)]

Q 질문

크리스천이 되기 전에는 아무것을 하지 않아도 하나님께서 사랑하신다고 들었는데, 크리스천이 되자마자 '이것을 해라, 그건 안된다'라는 말을 들어 혼란스럽습니다. 어떻게 좋습니까?

A 회답

이것은 모든 크리스천이 하기 쉬운 오해(誤解)에 대한 질문입니다. 중요한 내용이기 때문에 신중하게 답변을 하겠습니다. 3가지로 드리겠습니다.

첫째, 아무것을 하지 않아도 그대로 하나님이 사랑해주신다는 것은 사실입니다.

하나님은 죄인이 멸망하는 것을 원치 않고, 모든 사람을 사랑하십니다. '아무것도 하지 않아도 된다'는 말은 사람은 행위를 통해 자신을 구원할 수 없다는 것을 보여줍니다. 즉 자력구제(自力救濟)는 불가능하다는 것입니다.

그러나 그것이 하나님이 죄를 허용하고 있다는 것은 아닙니다. 하나님은 우리를 대신해서 그 아들이신 예수 그리스도를 십자가에 못 박게 하셨습니다. 하나님께 용서를 받는 방법은 행위가 아니라 믿음입니다. 믿습니다는 말밖에 할 수 없습니다. 이게 제1의 핵심 포인트입니다.

둘째, 하나님이 우리의 성장을 기대하는 것도 사실입니다.

예수 그리스도를 믿은 사람에게는 사실 변화가 일어나고 있는 것입니다. 근본적인 변화입니다.

---

90) Q90 クリスチャンになると、行いが必要になるのですか。http://seishonyumon.com/movie/4106/

사람이 영적(靈的)으로 새롭게 태어나는 것입니다. 이것을 성경에서는 거듭남(Born again, 重生)이라고 합니다.

또한 새로 태어난 사람의 마음에 '성령'이 함께 하시도록 하셨습니다. 그 사람은 영적으로 어린아이와 같은 걸음을 시작한 것이지만, 하나님은 그 영적 어린이가 성장(growth, 成長)해 나가기를 기대하고 계십니다. 그럼 어떻게 성장해 나가면 좋은 것일까요? 그것을 가르쳐 주고 있는 것이 신약성경 중에서 특히 서신서(epistle, 書信書) 부분입니다. 즉 우리가 기독인으로서 어떻게 행동하면 좋을까? 하는 것이 기록되어 있습니다.

배운 것을 실천에 옮길 수 있도록 성령께서 힘(power)을 주십니다. 성령의 힘에 의지하지 않고, 스스로 어떻게든 하려고 하는 사람을 육적(肉的)인 기독인이라고 합니다. 성령을 의지하고 나아가는 사람은 영적(靈的)인 기독인입니다.

셋째로 답답하게 느끼는 것은 율법주의에 빠져 있기 때문입니다.

성경에 있지 않은 것을 명령하는 것은 율법주의(legalism, 律法主義)입니다. 자력으로 행동을 하려하는 것도 율법주의입니다. 자력으로 노력하자, 성장하자고 하는 크리스천을 저는 로마서 7장 크리스천이라고 부릅니다. 성령의 힘에 의지해서 성장하는 크리스천은 로마서 8장 크리스천입니다. 둘 사이에는 큰 차이가 있습니다.

이 주제는 3분 안에 설명할 수 없으므로, 메시지 스테이션에 있는 '로마서 강해 메시지', 7-8장을 참고해 주시기 바랍니다.
(http://www/harvesttime.tn/massage-station/audio/romans/)

기독인은 성령(Holy Spirit, 聖靈)에 의지해 성장하고, 거룩한 삶을 살아갈 수 있습니다.

Today's Bible

육신의 생각은 사망이요 영의 생각은 생명과 평안이니라(로마서 8:6)

091

삼위일체란 무엇인가?[91)]

Q 질문

성경을 모르는 친구가 삼위일체에 대해 질문을 했는데 제대로 설명을 하지 못했습니다. 어떻게 설명하면 좋을지 부탁드립니다.

A 회답

삼위일체의 개념은 인간의 이해를 뛰어넘는 것입니다. 말로 설명하기가 굉장히 어렵습니다만, 저의 생각을 3가지로 정리해 답을 드리겠습니다.

첫째, 성경에는 삼위일체라는 말이 없습니다.

그러나 삼위일체라는 말이 나오지 않는다고 그 개념 자체를 부정하는 것은 잘못된 것입니다. 삼위일체(Trinity, 三位一體)란 무엇인가? 정의(定義)를 생각해 보겠습니다.

하나님은 유일(唯一)하신 분이시지만 성부(聖父)와 성자(聖子)와 성령(聖靈)이라는 3개의 위격(位格)을 갖고 계십니다. 하나님은 한분이시지만, 3가지 위격을 소유하셨습니다. 위격(位格)이란 말이 어려우면 인격과 같은 것이라고 생각하면 됩니다. 삼위일체의 구조개혁이라 하는 말을 자주 듣습니다만, 이것은 말도 안 되는 사용법으로, 구조개혁에 인격이 있는가?라 하는 이야기가 되어버립니다. 크리스천은 이런 무례한 용어의 사용법에 대해 화를 내야 한다고 생각합니다. 이건 하나님에 대한 모독입니다.

3가지 위격이란 아버지(父)과 아들(子), 성령(聖霊), 각각 독립된 존재를 말합니다.

91) Q91 三位一体について、どのように説明したらよいですか。http://seishonyumon.com/movie/4125/

둘째, 성경은 삼위일체라는 하나님의 개념을 계시하고 있습니다.

용어에는 없지만, 개념은 계시되어 있습니다. 하나님이 유일하시다는 것과 유일신 안에 3가지 품격이 존재한다는 것입니다. 아버지 하나님은 신으로서의 성질을 갖고 계십니다. 아들 하나님도 신으로서 성질을 갖고 계십니다. 성령 하나님도 신으로서 성질을 갖고 계십니다. 이것을 받아들이면 즉 하나님의 유일성과 '3품격 모두 하나님이심'을 인정한다면 성경의 하나님이 삼위일체의 하나님이심을 믿지 않을 수 없습니다.

삼위일체를 둘러싼 논의의 본질은 지적으로 이해했느냐?가 아니라, 계시(啓示)된 하나님의 말씀에 어떠한 태도를 취하느냐? 하는 것입니다. 인간이 하나님을 이해할 수 있다면 하나님은 인간의 두뇌의 범위 안에 들어가게 됩니다. 그렇게 생각하면, 인간은 이해할 수 없기 때문에 믿는다라고 하는 논리도 성립되는 것입니다.

세 번째 삼위일체를 보여주는 예시로 들 수 있는 건 다 틀렸습니다.

예를 들어 '얼음, 물, 증기'의 관계입니다. 전부 H2O입니다. 또한 남성을 거론하며 그는 아들이고 남편이고 아버지이다. 한 남성이 어떨 때는 아들, 어떨 때는 남편, 어떨 때는 아버지이므로 삼위일체라는 것입니다.

그러나 이것은 모두 이단적(異端的)입니다. '하나님은 유일하지만, 어떨 때는 아버지, 어떤 때는 아들, 어떨 때는 성령으로 나타난다'는 해설은 성경적 삼위일체와는 거리가 멉니다. 만약 자연계에 존재하는 것을 이용하여 삼위일체를 설명할 수 있다면, 하나님은 피조 세계에 속하게 됩니다. 삼위일체는 인간의 말로 설명할 수 없는 초 논리적 진리입니다.

삼위일체(Trinity, 三位一體)는 이해하는 것이 아니라 성경에 계시된 진리로 그대로 믿는 것입니다.

Today's Bible

하나님이 이르시되 우리의 형상을 따라 우리의 모양대로 우리가 사람을 만들고 그들로 바다의 물고기와 하늘의 새와 가축과 온 땅과 땅에 기는 모든 것을 다스리게 하자 하시고 (창세기 1:26)

092

천국은 어디에 있는가?[92)]

Q 질문

친구가 '천국이 어디에 있냐?'고 물었습니다. 하늘을 가르킬 수도 없고, 하나님이 계신 곳이라 했는데... 어떻게 설명하면 좋을지 부탁드립니다.

A 회답

천국(Heaven, the kingdom of God, 天國)은 하나님이 계신 곳, 훌륭한 대답입니다. 성경적입니다. 3가지로 나누어 좀 더 자세히 설명하도록 하겠습니다.

첫째, 천국은 '제3의 하늘', '파라다이스' 등으로 불립니다.

바울(Paul) 사도는 '나는 산 채로 거기에 올려졌다'고 쓰고 있습니다.
고린도후서(2 Corinthians) 12장 1-4절에 나오는 기록으로 인용해 보겠습니다.

1. 무익하나마 내가 부득불 자랑하노니 주의 환상과 계시를 말하리라.
2. 내가 그리스도 안에 있는 한 사람을 아노니 그는 십사 년 전에 셋째 하늘에 이끌려 간 자라(그가 몸 안에 있었는지 몸 밖에 있었는지 나는 모르거니와 하나님은 아시느니라).
3. 내가 이런 사람을 아노니(그가 몸 안에 있었는지 몸 밖에 있었는지 나는 모르거니와 하나님은 아시느니라)
4. 그가 낙원으로 이끌려 가서 말로 표현할 수 없는 말을 들었으니 사람이 가히 이르지 못할 말이로다」(고린도후서 12:1-4)

92) Q92 天国はどこにあるのですか。http://seishonyumon.com/movie/4135/

바울의 이 증언으로 천국이 실제로 존재하는 곳이라는 것을 알 수 있습니다. 하지만 지도를 보는 것처럼 천국의 존재 장소를 볼 수 없습니다. 구글맵에 쳐도 안 나옵니다.

둘째, 천국은 다차원적인 곳에 존재합니다.

하늘을 가리키며 '저기에 천국이 있다'라고 말하지 못하는 이유는 우주공간 어딘가에 천국이 있다고 생각하지 않기 때문입니다. 질문받은 분은 그것을 감각적으로 알고 계시는 것입니다. 천국은 '어딘가에 있다'라고 말할 수 있는 게 아닙니다. 하나님이 계신 천국이라는 것은 우리가 아는 시간이나 공간을 초월한 '다차원 세계'입니다.

세 번째로, 천국의 위치를 샅샅이 뒤지는 것보다 거기에 들어갈 방법을 생각하는 것이 중요합니다.

성경은 천국이 어디에 있는가?를 별로 설명하지 않습니다. 어떻게 하면 천국에 들어갈 수 있을까?라는 것이 성경의 중심적인 메시지이기 때문입니다. 천국은 '하나님 나라가 임하는 곳(the kingdom of God)'이고 '지옥'은 '하나님과 분리된 곳'입니다. 천국(天國)이 실존하는 장소라면 지옥(地獄)도 실제로 존재하는 곳입니다. 천국에 들어갈 수 있다면, 그곳에는 영원한 기쁨이 기다리고 있습니다.

성경은 '하나님은 사랑이시니'라고 가르치고 있습니다. 그리고 '예수 그리스도를 통해서 하나님이 준비하신 영원한 나라에 갈 수 있다'라고 약속을 하고 있습니다. 그러므로 천국이 어디 있는지를 논하는 것보다, 천국에 갈 수 있는 특권(特權)이 주어져 있는 것을 확인하는 것이 더 중요하다 생각합니다.

Today's Bible

예수께서 이르시되 내가 진실로 네게 이르노니 오늘 네가 나와 함께 낙원에 있으리라 하시니라
(누가복음 23:43)

093

예수님의 죽음과 나와의 관계[93)]

Q 질문

2000년전에 있었던 예수 그리스도의 십자가의 죽음이 어떻게 저와 관련이 있는 것입니까?

A 회답

좋은 질문입니다. 이에 대한 답은 성경의 논리에 따라 도출할 필요가 있습니다. 로마서(Romans) 5장 17절을 읽고, 답을 드리도록 하겠습니다.

「한 사람의 범죄로 말미암아 사망이 그 한 사람을 통하여 왕 노릇 하였은즉 더욱 은혜와 의의 선물을 넘치게 받는 자들은 한 분 예수 그리스도를 통하여 생명 안에서 왕 노릇 하리로다」(로마 5:17)

이 성경 본문을 바탕으로, 3가지로 답을 드리겠습니다.

첫째, 우리는 탄생 때부터 인류조상 아담의 영향을 받았습니다.

이것이 성경의 첫 번째 논리입니다. 아담(Adam)의 불순종으로 이 세계에 '죄와 사망'이 들어왔습니다. 이게 '한 사람의 죄로 말미암아 사망이 그 한 사람을 통하여 왕 노릇 하였은 즉'라는 말의 의미입니다. 아담이 하나님께 불순종(不順從)하였기에 죽음이 이 세계로 들어온 것입니다.

죽음(death, 死)이란 무엇일까? 죽음에는 두 종류가 있습니다.

1. 먼저 '육체(肉體)의 죽음'입니다. 영과 육체가 분리되었을 때에 육체가 죽습니다. 죽음의 기본

93) Q93 二千年前のキリストの死がどうして自分と関係あるのですか。http://seishonyumon.com/movie/4157/

개념은 분리라는 것입니다.

2. 다음은 '영적(靈的) 죽음' 입니다. 이것은 '하나님으로부터의 분리' 입니다.

아담의 경우 하나님에게 반항했을 때 영적 죽음이 찾아왔습니다. 그리고 다음으로 육체적 죽음이 찾아왔습니다. 우리의 경우는 다음 순서로 죽음과 부활을 경험합니다. ① 우리는 영적으로 이미 죽은 상태로 탄생합니다. ② 그리스도를 믿었을 때 영적으로 부활합니다. ③ 인생의 끝에 육체의 죽음을 경험하게 됩니다. ④ 곧 육체의 부활을 경험하게 됩니다.

둘째, 그리스도께서 아담의 불순종을 회복하시기 위해 오셨습니다.

'한 분 예수 그리스도'라는 말이 있는 것은 그 때문입니다. 성경은 그리스도를 '마지막 아담'이라고 부릅니다. 예수 그리스도께서는 십자가 위에서 거룩한 보혈의 피를 흘리시고 우리를 위해 죄값을 치르셨습니다. 그리고 3일만에 부활하셨습니다. 죽음을 이기시고, 부활하신 것입니다. 최초의 아담은 죽음을 가져왔지만, 최후의 아담인 예수 그리스도께서는 생명(生命)을 가져오신 것입니다.

세 번째로 예수를 믿는다는 것은 최초의 아담과 떨어져, 최후의 아담과 연결되는 것입니다.

믿는 사람에게는 그리스도의 생명이 주어집니다. 먼저 영적으로 거듭나게 됩니다. 하나님과의 관계가 회복되는 것입니다. 그 다음 육체의 죽음 뒤에 영원한 생명으로 부활하게 됩니다. 이 축복은 예수 그리스도를 구주로 믿는 사람에게만 주어지는 것입니다. 예수 그리스도의 십자가의 죽음이 가져다준 축복은 2000년전이나 지금이나 시간의 제약을 받지 않습니다. 이것이 성경의 답입니다.

Today's Bible

그러므로 우리가 믿음으로 의롭다 하심을 받았으니 우리 주 예수 그리스도로 말미암아 하나님과 화평을 누리자. 또한 그로 말미암아 우리가 믿음으로 서 있는 이 은혜에 들어감을 얻었으며 하나님의 영광을 바라고 즐거워하느니라(로마서 5:1~2)

094

살인범과 피해자의 구원[94)]

Q 질문

살인범(殺人犯)이지만 복음을 믿고 구원을 받았습니다. 그러나 기독인이 아닌 피해자는 지옥(地獄)으로 떨어집니다. 어떻게 해석하면 좋을까요?

A 회답

무슨 뜻인지 알겠습니다. 그런데 질문의 논리가 바뀌어 있어 보입니다. 문제를 정리하면서 3가지로 답을 드리겠습니다.

첫째, 죄를 지은 사람은 심각한 결과에 직면하게 됩니다.

살인범은 법적(法的)으로 재판을 받습니다. 형을 선고받을 것입니다. 제일 무거운 형벌은 사형(死刑)입니다. 도덕적(道德的)인 죄도 결과는 마찬가지입니다. 인간관계가 무너지고, 그 사람에 대한 사회적 평가가 바닥으로 떨어질 것입니다. 또 잘못을 하였으면 누구든 그에 대한 법적 도덕적 책임을 져야 합니다. 이것이 첫 번째 생각입니다.

둘째, 하나님은 어떤 죄라도 용서하실 수 있습니다.

그러나 우리 머릿속에는 작은 죄는 용서받을 수 있지만, 큰 죄는 그렇지 않을 것이라는 생각이 있습니다. 거짓말을 하거나 물건을 훔친 것은 용서받을 수 있지만, 살인같은 범죄는 용서받지 못할 것이라 생각합니다.

---

94) Q94 殺人犯と被害者の救いについて、どう考えたらいいでしょうか。http://seishonyumon.com/movie/4209/

그러나 이런 생각은 예수 그리스도의 십자가의 능력(能力)을 과소평가하는 것입니다. 예수님께서 십자가 위에서 죽으신 것은 어떤 죄도 용서할 수 있는 힘을 갖고 있습니다. 누구든지 예수 그리스도를 주라 시인하고 믿으면 그 순간 과거, 현재, 미래의 모든 죄가 용서(容恕)됩니다. 살인범이라도 믿는다면 그 죄는 용서됩니다. 단 자신이 저지른 죄의 결과에 대한 사회적 책임은 져야 하겠지요.

만약 살인범의 죄가 용서되지 않는다면 나의 죄도 정말 용서받을 수 있을까? 사람에게 불안한 마음이 들 것입니다. 그러나 어떤 죄라도 용서받기에 나의 죄도 용서받을 수 있다는 확신이 생기는 것입니다.

셋째, 살해당한 사람은 살해당했기 때문에, 지옥으로 떨어지는 것이 아닙니다.

하나님은 살인에 대해 마음 아파하고 계시지만, 그 사람의 인생이 거기서 끝났다는 것은 현실입니다. 사람은 지상 생애(生涯)를 마쳤다면 반드시 하나님의 심판 앞에 섭니다. 하나님이 사람을 심판(審判)하는 기준은 그가 살해(殺害) 당했는지의 여부가 아니라, 살아 있는 동안 부여된 하나님에 관한 복음의 정보에 어떻게 응답했는지의 여부입니다.

심판의 내용은 한사람 한사람 다 다릅니다. 복음에 대한 정보가 많이 알려진 사람에게는 더 많은 것이 요구됩니다. 복음을 분명히 듣고도 거부한 사람은 더 엄격한 심판을 받습니다. 그러나 복음을 한 번도 들어보지 못한 사람도 자연계의 계시(啓示)나 자신의 양심(良心)을 통해 하나님께 응답할 기회가 있었을 것이므로 심판을 받습니다.

단 마지막으로 희망적인 이야기를 드리면, 죽기 직전에 '아, 내가 이제 죽는구나. 예수님 도와주세요, 당신을 믿습니다' 하고 외칠 경우 죽기 1초 전이라도 그 사람은 구원을 받을 수 있다는 것입니다. 다음 2개를 마음속 기억해 주시기 바랍니다.

1. 하나님은 모든 죄를 용서할 수 있는 분입니다.
2. 사람은 이 땅에서 어떠한 일생을 살았는지, 하나님 앞에서 설명을 해야만 합니다.

Today's Bible

죄의 삯은 사망이요 하나님의 은사는 그리스도 예수 우리 주 안에 있는 영생이니라(로마서 6:23)

095

결혼전 성관계가 안되는 이유[95)]

Q 질문

결혼을 하기 전 성관계(sexual relations, 性關係)를 하면 안되나요? 친구가 물어보는데 설명이 어렵습니다.

A 회답

인간은 날마다 무언가 선택을 하면서 살아갑니다. 하나님을 믿지 않는 사람들의 선택 기준은 '내가 어떻게 느끼는가?'입니다. 자기 자신이 하나님이 되어있습니다. 그에 비해 크리스천은 '하나님이 어떻게 느끼시는가?'를 기준으로 선택을 합니다. 기독인들에게 중요한 것은 하나님은 혼전 성관계(婚前性關係)에 불쾌감을 느끼신다는 것입니다. 주제에 대해 3가지로 답을 드리겠습니다.

첫째, 결혼에 관한 하나님의 의도에 대해서 생각해보겠습니다.

결혼(marriage, 結婚) 제도는 하나님이 만드신 것입니다. 하나님은 법적으로 결혼이라는 제도를 만들어 그 안에서 남녀가 성관계를 가질 수 있도록 하셨습니다. 성관계는 서로 사랑하며 희생할 수 있는 남녀관계 사이에서 즐길 수 있는 것입니다. 결혼이라는 제도를 벗어난 남녀의 성관계는 모두 하나님의 생각과 반대되는 것입니다.

둘째, 성관계의 중요성을 생각해 볼 필요가 있습니다.

인간관계에는 다양한 레벨이 있습니다만, 남녀의 성관계만큼 친밀한 것은 없습니다. 성경은 '이

---

95) Q95 婚前交渉はなぜいけないのですか。http://seishonyumon.com/movie/4987/

러므로 남자가 부모를 떠나 그의 아내와 합하여 둘이 한 몸을 이룰지로다 (창세기 2:24)'라고 기록하고 있습니다. '한 몸이 된다'는 것은 결혼한 남녀만이 경험하는 축복(祝福)입니다.

그것이 하나님의 생각입니다. 혼전행위는 '우리는 사랑하고 있고 머지않아 결혼할 것이다. 그래서 결혼을 기다리지 않고 관계를 해도 문제가 없을 것이다'라 생각합니다. 만약 그런 식으로 주장하는 남성이 있다면 그는 성도덕이 서서히 무너져 머지않아 간음할 가능성이 큽니다.

그러나 '결혼할 때까지 인내하고 기다리겠다'고 말하는 남성이 있다면 그는 미래의 아내에게 '당신은 그만큼 소중하고 가치있는 여성이다'라는 메시지를 보내는 것입니다. 그리고 이러한 인내는 보다 견고한 신뢰관계를 형성할 수 있습니다. 신뢰로 이루어진 부부의 성적관계는 더 큰 기쁨을 줄 것입니다.

셋째, 하나님의 용서에 대해서 생각해보겠습니다.

기독인이 되기 전에 성적(性的)인 죄를 범한 사람은 어떻게 해야 합니까? 그 사람이 하나님에게 다가가면 다음의 일들이 벌어질 것입니다. ① 성령(聖靈)께서 그 사람의 죄를 책망하고, 그 사람은 자기가 죄를 지었음을 인정할 수 밖에 없게 됩니다. 그러나 ② 예수 그리스도의 십자가로 용서받을 수 없는 죄는 없습니다. 자신의 죄를 고백하고 회개하며 그리스도를 믿으며 그 죄는 용서됩니다. 그리고 ③ 그 사람은 새롭게 변화되어 정결한 삶을 살게 될 것입니다.

성경에는 「그런즉 누구든지 그리스도 안에 있으면 새로운 피조물이라 이전 것은 지나갔으니 보라 새 것이 되었도다」 (고린도후서 5:17), 고 기록하고 있습니다. 하나님께서 옳다고 생각하시는 길을 택해서 가는 사람과 또 그 가정은 복이 있습니다.

Today's Bible

그런즉 누구든지 그리스도 안에 있으면 새로운 피조물이라 이전 것은 지나갔으니 보라 새 것이 되었도다 (고린도후서 5:17)

096

점에 대해서[96)]

Q 질문

성경에서는 '점(divination, 占)'이 금지되어 있습니다. 이유를 알고 싶습니다. 오늘날 현대인들은 어떻게 해야 할까, 가끔 TV로 별점을 보는데 그것도 안되는 것입니까?

A 회답

성경은 모든 형태의 점(占)을 명확히 금지하고 있습니다. 3가지로 답을 드리겠습니다.
신명기(Deuteronomy, 申命記) 18장에는 이렇게 기록되어 있습니다.
「그의 아들이나 딸을 불 가운데로 지나게 하는 자나 점쟁이나 길흉을 말하는 자나 요술하는 자나 무당이나, 진언자나 신접자나 박수나 초혼자를 너희 가운데에 용납하지 말라」 (신명기 18:10-11)

첫째, 점은 초자연적 존재가 있다는 것을 전제로 이루어지는 것입니다.

물론 초자연적(超自然的)인 힘에 의존하지 않고도 점쟁이는 의뢰인에 관한 방대한 정보를 수집할 수 있습니다. 인터넷 시대에 특정인에 대한 정보를 수집하는 것은 그리 어려운 일이 아닙니다. 또한 상대를 관찰하는 것만으로 직관적으로 얻을 수 있는 정보도 있습니다.

그러나 인위적인 방법으로는 알 수 없는 정보를 점쟁이가 가지고 있는 경우, 그 정보원이 초자연적 존재임을 부정할 수 없습니다.

96) Q96 占いについて http://seishonyumon.com/movie/49

둘째, 초자연적 존재는 악마나 악령들입니다.

악마(惡魔)는 타락한 천사이며, 악령들은 그 악마를 섬기는 타락한 천사들입니다. 하나님에게 대적(enemy, 對敵)하는 영적 존재입니다.

점을 치는 사람은 악마와 접촉할 수 있는 가능성을 열어둔 것입니다. 이것은 매우 위험(danger, 危險)한 일입니다. 악마는 빛의 천사로 가장하며 우리에게 다가옵니다. 처음에는 도움을 주고 격려하는 것처럼 보이게 하면서 사람의 영혼을 빼앗아 갑니다. 결국 마지막은 점의 노예(slave, 奴隸)가 되도록 합니다.

셋째, 점을 치는 것에 의한 악마의 속박은 시간과 함께 발전합니다.

일상생활 속에서 다양한 형태의 점을 만나는 일이 있습니다.
TV나 잡지를 통해 보고 듣는 운세 정보에 대해서는 그것을 진심으로 받아들이지 않는 한 그다지 신경을 쓸 필요는 없을 것입니다. 그러나 처음에는 무해한 것으로 보여도 점차 깊이에 빠져 가는 것이 점(占)이기 때문에 방심해서는 안 됩니다.

성경이 가르쳐 주는 '축복받은 삶의 비결'은 단순합니다. 성경을 읽고, 배우고 묵상하며 하나님의 지혜를 구하는 것입니다.

점(占)을 치는 것은 악마(惡魔)와의 교류에 마음을 여는 매우 위험한 행동입니다.

Today's Bible

또 마술을 행하던 많은 사람이 그 책을 모아 가지고 와서 모든 사람 앞에서 불사르니 그 책 값을 계산한 즉 은 오만이나 되더라(사도행전 19:19)

097

구원의 투구란?[97]

Q 질문

성경에 나오는 영적전투(靈的戰鬪)에 필요한 5가지는 알겠습니다. 그런데 구원의 투구는 머리에 그림이 그려지지 않습니다. 저는 크리스천이지만, 아직 세례를 받지는 않았습니다.

A 회답

신약성경 에베소서(Ephesians) 6장 10절 이후에 나오는 내용입니다.
사도 바울(Paul)은 영적 전투에 필요한 하나님의 무기(arms, 武器)'로 다음 6개를 이야기했습니다. 질문에서는 5번째 '구원의 투구'를 이해할 수 없다고 하셨습니다. 3가지로 답을 드리겠습니다.

① 허리에는 진리의 허리띠
② 가슴에는 의의 호심경
③ 발에는 평안의 복음
④ 믿음의 방패
⑤ 구원의 투구
⑥ 성령의 검 곧 하나님의 말씀

첫째, 여섯 개의 무기는 영적 싸움에서 승리하는 법을 가르쳐주기 위한 비유적 언어입니다.

바울은 당시 로마 병사들이 착용하던 무기를 예로 들어 영적 전투에서 승리하는 효과적인 방법을 설명하였습니다. 이것은 비유적인 표현(比喩的表現)이므로 하나 하나의 무기를 정의하고 그 역할

97) Q97 救いの兜とは何ですか。http://seishonyumon.com/movie/4886/

을 논하더라도 큰 의미는 없습니다.

둘째, 6개의 무기 대부분이 방어적인 것입니다.

6번째 성령의 검(sword of the Spirit) 곧 하나님의 말씀만이 예외로 공격적 무기입니다. 자세히 보면 6가지가 모두 하나님의 말씀과 관련되어 있습니다. 6가지 무기의 근원은 하나님의 말씀인 것입니다. 요약하면, 영적 싸움에서 승리하는 비결은 하나님의 말씀에 의지한 믿음이라는 것입니다.

셋째, '구원의 투구'는 특히 격렬한 싸움을 상정하여 사용하는 말입니다.

당시 상식은 철제 투구는 머리에 쓰면 무겁고 덥기 때문에 굉장히 불편합니다. 그러므로 군인들은 보통 투구를 쓰지 않습니다. 치열한 싸움에 직면했을 때만 투구를 씁니다.

투구는 안전(安全)이나 안심(安心)을 상징합니다. 크리스천에게는 구원의 확신은 투구와 같아서 우리 영혼에게 평안을 가져다 줍니다.

마지막으로 복음의 3요소를 받아들여, 예수 그리스도를 구주를 믿고 시인하면 이미 구원을 받은 것입니다. 그리고 성경의 말씀에 따라 그리스도께 순종(obedience, 順從)하기를 원한다면 다음 2가지를 꼭 하실 것을 권면합니다.

1. 세례(baptism, 洗禮)를 받는다.
2. 신자의 그룹에 참가해 정기적으로 예배(service, 禮拜)를 드린다.

Today's Bible

우리는 낮에 속하였으니 정신을 차리고 믿음과 사랑의 호심경을 붙이고 구원의 소망의 투구를 쓰자 (데살로니가전서 5:8)

098

맹세, 서원에 대하여[98)]

Q 질문

저와 남편은 병의 치유를 위해 기도 중입니다. 그리고 기도가 응답되면 어머니와 병든 여동생을 보살펴야겠다 서원하려 합니다. 맹세와 서원에 대해 성경은 무엇이라 하는지 알고 싶습니다.

A 회답

매우 간절한 상황이군요. 구약성경에는 서원(vow, 誓願)에 관한 내용이 30개 정도 있습니다. 이스라엘 사람에게 있어 하나님께 서원을 하고 지키지 않는 것은 중대한 결과를 초래하는 죄입니다. 신약성경에서 예수님은 '절대 맹세해서는 안된다 (마태복음 5:33~37)' 하시며 새로운 가르침을 주셨습니다. 서원과 맹세(oath, 盟誓)에 대하여 3가지로 답을 드리겠습니다.

첫째, 모든 맹세가 금지된 것은 아닙니다.

예를 들면, 약속을 맺는 것, 계약을 맺는 것, 결혼을 맹세하는 것은 사회생활을 하는데 필요불가결한 일입니다. 계약이 없는 사회가 있다면 그것은 평화와 안전을 기약할 수 없는 무정부주의 사회입니다.

예수님이 금지(禁止)한 것은 성급한 맹세와 가벼운 맹세, 하나님을 향해 맹세하는 오만한 맹세입니다.

98) Q98 誓いについて http://seishonyumon.com/movie/4896/

둘째, 인간에게는 맹세를 지킬 수 있을지 어떨지 알 수 없으므로 맹세를 해서는 안 됩니다.

죄인인 우리는 종종 잘못된 판단을 내립니다. 해야 할 것인 줄 알면서도 실행에 옮길 힘이 없는 경우가 많습니다. 맹세할 때에 굳은 결심을 했다고 해서, 반드시 그것을 실행할 수 있다고는 할 수 없습니다.

더욱이 우리는 내일의 일을 알 수 없습니다. 그걸 아시는 분은 하나님뿐입니다. 그러므로 하나님 앞에 겸손(謙遜)해질 필요가 있습니다.

셋째, 하나님은 최선을 행하시기 때문에, 처음부터 서원(誓願)을 할 필요가 없습니다.

로마서(Romans) 8장 28절은 이렇게 기록하고 있습니다.

「우리가 알거니와 하나님을 사랑하는 자 곧 그의 뜻대로 부르심을 입은 자들에게는 모든 것이 합력하여 선을 이루느니라」(로마서 8:28)

우리가 할 일은 서원을 하는 것이 아니라, 하나님을 사랑하고 하나님을 믿는 것입니다.

또 예수님은「오직 너희 말은 옳다 옳다, 아니라 아니라 하라 이에서 지나는 것은 악으로부터 나느니라」(마태복음 5:37)', 하셨습니다. 그 이상의 것을 입으로 말을 하면 사탄의 덫에 걸릴 우려가 있다는 것입니다.

과거에 어떻게 하기로 하고 맹세(盟誓)를 한 후, 그것을 실천에 옮기지 못했던 사람이 있다면 그것을 하나님에게 고백하고 회개해 보시기 바랍니다. 하나님은 그 잘못을 용서하시고, 또 새로운 하나님과의 관계로 회복해 주실 것입니다.

그리고 하나님의 사랑을 믿고 의지하고 있다면 서원(誓願)을 할 필요가 없습니다.

Today's Bible

오직 너희 말은 옳다 옳다, 아니라 아니라 하라 이에서 지나는 것은 악으로부터 나느니라(마태복음 5:37)

099

보험에 가입에 대하여[99)]

Q 질문

보험(insurance, 保險)에 가입하거나 장래를 위해 저축(saving, 貯蓄)하는 것은 하나님의 말씀에 위배되는 것입니까?

A 회답

스스로 바람직한 신앙이 무엇인지 묻는 진지한 질문이라 생각합니다. 물음에 어떻게 대답하든 거기에는 성경적 근거가 있어야 되겠습니다. 3가지로 말씀드리겠습니다.

첫째, 해석학(解釋學)의 원칙에 대해서 확인해 봅시다.

성경에는 보험에 가입해야 하는지 아닌지에 대한 구체적인 가르침은 없습니다. 그런 경우는 성경 전체의 말씀을 통해 판단할 필요가 있습니다.

어떤 사람은 보험에 가입하는 것을 신앙이 부족하든지 탐욕적이기 때문이라고 비판을 합니다. 그러나 그것은 그 사람의 판단입니다. 또 어떤 사람은 보험은 미래에 대한 대비 또는 가족에 대한 사랑이라고 주장을 합니다. 양쪽의 판단은 전혀 다릅니다. 그러나 중요한 것은 자신의 생각을 말하는 것은 좋지만, 상대를 비판해서는 안된다는 것입니다.

둘째, 장래의 대비라고 하는 시점에서 생각해봅시다.

성경은 미래에 대비하는 것을 금지하고 있지 않습니다. 창세기에 애굽의 총리를 지낸 요셉은

99) Q99 保険に加入することは罪ですか。http://seishonyumon.com/movie/4979/

장래에 대한 계획을 세워 애굽를 잘 살게 하고, 자신의 부모형제 가족을 구했습니다.

예수님도 달란트의 비유를 들어, 주인의 재산을 지혜롭게 잘 운용하여 이익을 남긴 종을 칭찬하셨습니다.

보험에 가입하는 것이 미래의 위기(危機)를 대비한 것이고 현명히 자산을 운용(運用)하는 것이라면 죄가 아닙니다. 그러나 그것이 탐욕(selfish gain, 貪慾)에서 나온 것이라면 문제가 될 수 있습니다.

셋째, 권위에의 복종이라는 시점에서 생각을 해보도록 하겠습니다.

신자도 이 세상의 제도와 법적 권위에 따르도록 요구를 받습니다. 많은 나라에는 국가가 정해 준 공적보험(公的保險)제도가 있습니다. 자동차보험(自動車保險), 건강보험(健康保險), 요양보험(療養保險) 등이 그것입니다. 신자는 사회적 제도의 룰과 권위에 따라야 하는 관점에서 공적보험에 가입하지 않으면 안 됩니다.

또 하나님의 명령에 따르는 관점에서 가족을 사랑하고 지키는 것은 신자로서 당연한 일이자 의무입니다. 그런 의미에서 동기(動機)가 잘못된 것이 아니라면 보험가입은 오히려 권장되어야 할 것입니다.

그리고 최종적으로는 이러한 경제활동이 '하나님께서 기뻐하시는 일인가'하는 자문자답(自問自答)을 해 볼 필요가 있습니다. 하나님의 말씀에 따르지 않는 불신앙(不信仰)은 모두 죄입니다

보험가입에 관해서는 각자가 신앙을 통해 판단해야 할 것입니다.

Today's Bible

의심하고 먹는 자는 정죄되었나니 이는 믿음을 따라 하지 아니하였기 때문이라 믿음을 따라 하지 아니하는 것은 다 죄니라(로마서 14:23)

100

모세가 어떻게 천지창조를 썼나?[100)]

Q 질문

모세는 창세기 처음에 나오는 천지창조(天地創造)는 보지 않았을 텐데 어떻게 썼습니까? 자료가 있었습니까?

A 회답

구약성경의 첫 5권을 '모세의 오경(Five Books of Moses, 五經)'이라 부릅니다. 5서(Five Books)라 불리지만, 원래는 하나의 책입니다. 그리고 모세가 그 저자라 하는 점에도 이견이 없고, 이는 예수님께서도 인정을 하셨습니다(마태복음 19:7). 따라서 천지창조(天地創造) 이야기를 모세가 썼다는 것은 올바른 이해입니다. 이를 전제로 3가지로 답을 드리겠습니다.

첫째, 그 자신의 체험이 있었습니다.

모세의 생애는 120년인데 그것을 40년씩 3개로 구분할 수 있습니다.
① 첫 40년간 그는 당시 최고봉 문명국인 애굽에서 학문을 했습니다.
② 다음 40년은 미디안 광야에서 양치기 생활을 체험하였습니다.
③ 마지막 40년은 출애굽의 지도자로 하나님께서 사용하였습니다.

모세 오경속에는 그 자신이 체험에 근거한 기록들이 많이 나옵니다.

100) Q100 なぜ、モーセは創造物語を書けたのですか。http://seishonyumon.com/movie/4997/

둘째, 조상들이 남긴 자료가 있었습니다.

히브리(Hebrew) 사람들은 기록을 잘하는 백성들이었습니다. 그들은 각 세대에 일어난 일들을 기록(記錄)으로 남겼습니다. 어떤 것은 구전(口傳)으로 기록이 남아 있었습니다. 모세는 선조들로부터 전해져 온 자료들을 편집자의 눈으로 조사하고 검토하고 활용했습니다.

특히 히브리인의 상세한 족보에 대해 그렇게 하였습니다.

셋째, 하나님의 계시가 있었습니다.

계시(revelation, 啓示)란 숨겨진 것을 나타내는 것입니다.

인간이 알 수 없는 진리를 하나님이 나타내시는 경우가 계시입니다. 천지창조 이야기는 인간에게는 알 수 없는 진리입니다. 모세가 그것을 기록할 수 있었던 것은 하나님으로부터의 계시가 있었기 때문입니다.

계시를 논할 때는 영감(inspiration)이라는 개념에 유의할 필요가 있습니다. 하나님은 인간을 통해 성경을 쓰게 하셨습니다. 이 경우 인간을 타이프 라이터와 같이 기계적으로만 사용한 것이 아니라, 40여명의 각 저자의 인성과 특징, 성격, 화법 등을 살려 각 책을 쓰게 했습니다.

이 경우 인간인 저자(author, 著者)가 실수하는 일이 없도록, 하나님의 보호와 인도가 있었던 것입니다. 그 보호와 인도하심을 영감(靈感)이라 합니다. 그러한 의미에서 성경의 진정한 저자는 하나님입니다.

모세는 하나님의 계시를 통해 자신이 보지 못한 것까지 기록하여 성경을 쓸 수 있었습니다.

Today's Bible

모든 성경은 하나님의 감동으로 된 것으로 교훈과 책망과 바르게 함과 의로 교육하기에 유익하니
(디모데후서 3:16)

101

부모님을 공경해야 합니까(1)[101)]

Q 질문

성경은 부모를 공경하라고 하고 있지만, 어려서 학대를 받고 자란 사람은 이것이 부담이 됩니다. 선량한 아버지와 어머니만 공경하라면 좋겠는데 그러한 형용사가 붙어있지 않습니다.

A 회답

어려운 주제입니다. 2회에 걸쳐 답을 드리겠습니다. 첫번째는 영적인 측면, 두 번째는 구체적인 측면에서의 답입니다. 2회 꼭 연속으로 읽어주시기 바랍니다.

첫째, 자신이 상처를 입고 있다 라는 것을 부끄러워하지 않고, 솔직하게 인정하세요.

부모로부터 받는 학대(虐待)에는 다양한 종류의 형태가 있습니다. 대표적인 것들을 열거해 보겠습니다.

1. 폭력(暴力)에 의한 육체적 학대 : 이 중에는 성적 학대도 포함됩니다. 이런 종류의 학대는 외면으로 나타나는 것이므로 바로 알 수 있습니다. 폭력으로 인한 학대를 받은 사람들은 무서움과 두려움의 감정을 마음에 담고 있습니다.
2. 말(言語)에 의한 학대 : 이 또한 심각한 학대입니다. '너는 바보다, 더러워, 살 가치가 없어' 등의 말을 일상적으로 들으며 자란 사람은 건전한 셀프이미지를 갖기가 어렵습니다. 아이들은 부모의 말을 그대로 받아들이기 때문입니다.
3. 무시(無視)에 의한 학대 : 의식주는 충분해도, 그 이상으로 중요한 부모로부터의 사랑이나 인정을

101) Q101 両親を敬うべきですか(1) http://seishonyumon.com/movie/4909/

받지 못하고 자라는 아이가 있습니다. 이것은 무시에 의한 학대입니다.

어떤 형태든 부모로부터 받은 학대로 인한 상처는 영원히 마음에 남습니다. 그런 상처들이 있다는 걸 부끄러워할 필요는 없습니다. 오히려 그것을 솔직하게 인정하는 곳에서부터 치유(治癒)의 과정이 시작됩니다.

둘째, 자신이 상처받고 있다는 것을 하나님께 솔직하게 말씀드립시다.

하나님에 대해서는 본심을 숨기거나 연기를 할 필요가 없습니다. 하나님은 우리의 모든 것을 알고 계십니다. 내가 나를 아는 것 이상으로 하나님은 나를 알고 계십니다. 그러므로 자신이 안고 있는 문제나 아픔을 그대로 정직하게 하나님에게 이야기하면 됩니다.

부모님을 공경할 수 없다면 그것도 솔직히 고백합시다. 하나님은 불가능을 가능하게 해주시는 분입니다.

셋째, '부모 바꿈'을 실행하세요.

부모 바꿈이란 이 땅의 아버지를 하늘의 아버지(아버지 되시는 하나님)로 바꾸는 것을 말합니다. 지상의 아버지에게는 많은 결함이 있습니다. 그래서 학대라는 비극이 일어나는 것입니다. 그러나 하늘의 아버지는 완전한 분입니다.

성경에 '하나님은 고아의 아버지시며 과부의 재판장이시라 (시편 68:5)' 하였습니다. 부모 바꿈은 예수 그리스도를 믿는 신앙을 통해서 가능합니다. 우리는 예수 그리스도를 통해서 아버지 하나님에게 다가갑니다. 아버지 하나님의 사랑은 무한하시며, 영원히 변하는 일이 없습니다. 부모 바꿈의 과정은 시간이 걸리지만, 아버지 하나님과 화평을 이룬 사람은 확실히 해방과 충족을 체험하게 됩니다.

예수 그리스도를 믿는 사람들의 마음에 성령께서 일하시기 때문입니다.

Today's Bible

그의 거룩한 처소에 계신 하나님은 고아의 아버지시며 과부의 재판장이시라(시편 68:5)

102

부모님을 공경해야 합니까 (2)[102)]

Q 질문

아동학대(兒童虐待)를 겪은 아이도 부모를 공경해야 합니까?

A 회답

성경은 부모를 공경하라고 하고 있지만, 어려서 학대를 받고 자란 사람은 이것이 부담이 됩니다. 선량한 아버지와 어머니만 공경하라면 좋겠는데 그러한 형용사가 붙어있지 않습니다.

첫째, 부모님과의 사이에 구체적인 경계선을 그어놓으세요.

부모를 공경(honor, 恭敬)한다는 것은 언제까지나 부모의 권위에 복종하는 것이 아닙니다. 악습관이 일상화되어 있는 가정에서는 그것이 다음세대에 계승되어 간다고 하는 악순환(惡循環)이 있습니다. 어딘가에서 악순환을 끊어야 합니다. 부모로부터 홀로 설 수 있는 나이가 되면 독립된 삶을 꿈꾼다는 것은 훌륭한 일입니다. 적당한 거리를 둔 곳이기 때문에, 부모님을 공경할 수 있습니다.

경계선(境界線)은 더 이상 부모에게 개입(介入)받지 않는 선입니다. 자신의 자녀들, 부모가 보기에 손자에게 위험이 미칠 것 같은 경우에도 마찬가지로 적절한 경계선을 설정해야 합니다. 이는 내 자식을 지키기 위한 지혜입니다.

둘째, 부모님이 해주셨던 좋은 일을 떠올리려 노력하세요.

절대 용서하지 않겠다고 생각하는 것은 죄(罪)입니다. 그러나 상처받은 사람은 부모를 쉽게 용서

102) Q102 両親を敬うべきですか(2) http://seishonyumon.com/movie/4913/

할 수 있는 게 아닙니다. 어떻게 하면 좋을까요?

아무리 적다고 해도 부모다운 일을 해줬던 추억은 있을 것입니다. 의식적으로 적극적인 기억을 되살려, 부모님에게 감사합시다. 만약 가능하다면 감사(感謝)하다는 말을 통해 상대에게 마음을 전하시기 바랍니다.

셋째, 부모님의 구원을 위해서 기도하기 시작합니다.

부모님을 용서(容恕)하라고 해도 당장 그것이 되는 것은 아닙니다. 용서하는 길은 부모님의 구원을 위해 기도하는 것이라고 저는 생각합니다. 기도(prayer, 祈禱)란 상대방의 최선을 바라는 것입니다. 그것을 반복하면, 증오의 마음은 서서히 사라질 것입니다. 상대를 미워하면서 축복을 빌 수는 없기 때문입니다.

만약 당신이 예수 그리스도를 믿는다면, 부모님을 위해 기도할 수 있을 것입니다. 기독인들은 자신이 어느 정도의 죄를 용서받았는지 알고 있기 때문입니다.

감사의 말을 하거나 부모의 구원을 위해 기도하는 것은 네 부모를 공경하라는 명령을 실행하는 것입니다. 그런 당신의 태도를 보고 부모님이 회개에 이끌릴 가능성은 매우 높습니다. 부모를 공경함으로써, 사실 당신은 하늘의 아버지에게 영광(榮光)을 돌리고 있는 것입니다.

Today's Bible

그런즉 누구든지 그리스도 안에 있으면 새로운 피조물이라 이전 것은 지나갔으니 보라 새 것이 되었도다 (고린도후서 5:17)

103

'복음적'이라는 말의 의미[103)]

Q 질문

복음주의적인 교회, 성경을 복음주의적으로 보면 이라는 말을 메시지 속에서 쓰시는데 복음주의적이란 무슨 뜻입니까?

A 회답

좋은 질문 감사합니다.

'복음주의적(Evangelish, 福音主義的) 교회'는 복음파라고도 불립니다. 복음파(evalgelicals, 福音派)는 개신교 교회 안의 한 교파입니다. 그 특징은 다음 3가지로 요약할 수 있습니다.

첫째, 복음파는 성경을 중시합니다.

구체적으로 성경은 틀림없는 하나님의 계시서라고 믿습니다. 그래서 교회의 전통과 구전의 가르침 등을 배제하고 성경만이 '신앙과 기독교 생활의 최종 권위'라고 주장합니다.

이는 '오직 성경(sola scriptura)'이라 하는 종교개혁(宗教改革)의 원칙과도 합치합니다. 보통 성경해석에 있어서 문맥을 중시하고, 글의 뜻을 그대로의 해석하고, 역사적 및 문법적인 해석을 합니다.

둘째, 복음파는 삼위일체 하나님의 존재와 그리스도가 하나님임을 믿고 있습니다.

삼위일체(Trinity, 三位一體) 하나님의 두번째 위격이며 '하나님의 아들(聖子)'인 그리스도가 인류를

103) Q103「福音的」という言葉の意味について http://seishonyumon.com/movie/4939/

구원하기 위해 인간의 모습으로 이 땅에 오셨습니다. 그리고 성령의 인도하심에 따라 동정녀 마리아(Maria)로부터 예수 그리스도가 탄생하셨습니다.

따라서 예수는 죄가 없으시며, 사람과 같이 인성을 갖게 되었습니다. 예수님은 인류의 죄를 구원하시기 위해, 죄가 없음에도 자신의 목숨을 바치셨습니다. 이것이 십자가(cross, 十字架)의 죽음입니다.

셋째, 복음파는 영적 환생, 거듭남을 강조합니다.

교회가 사람을 구원하는 것은 아닙니다. 또 선행을 쌓는다고 해서 사람이 구원받는 것도 아닙니다. 사람들은 예수 그리스도(Jesus Christ)를 구세주로 믿는 신앙에 의해 구원을 받습니다. 이것 외에는 그 어떤 구원의 방법도 없습니다.

그러므로 성경이 가르치는 구원은 각 개인이 자신의 의지로 믿는 것에 따라 주어지는 '개인적인 구원'입니다. 예수를 믿으면 그 사람의 마음에 큰 변화가 일어납니다. 이를 '거듭남, 중생(born again, 重生)'이라고 합니다. 이 체험이 없는 사람은 아직 기독인이 된 것이 아닙니다.

Today's Bible

모든 성경은 하나님의 감동으로 된 것으로 교훈과 책망과 바르게 함과 의로 교육하기에 유익하니 (디모데후서 3:16)

104

교회에 가야 하는 이유[104)]

Q 질문

저는 예수 그리스도를 믿지만, 교회에 가는 것은 어렵습니다. 혼자 성경만 읽으면 안됩니까?

A 회답

성경에서 교회는 건물을 말하는 것이 아니고, 예수 그리스도를 믿은 사람들의 모임입니다. 성경은 모든 신자들이 교회에 속하도록 하고 있습니다. 성경에 독불장군형의 기독교 신자는 나오지 않습니다. 교회에 가야 하는 이유, 3가지로 답을 드리겠습니다.

첫째, 초대 교회의 모델이 있기 때문입니다.

사도행전(the Acts of Apostles, 使徒行傳)을 보면, 초기 신자들은 정기적으로 모여 다음과 같은 활동을 했습니다.

1. 사도들의 가르침을 귀 담아 들었습니다.
2. 신자들 간의 교류를 통해 서로를 격려하였습니다.
3. 함께 하나님에게 기도하였습니다.
4. 빵을 나누고 성찬식을 하였습니다.

초대교회 성도들의 활동은 우리가 본받아야 할 모습입니다.

---

104) Q104 教会に行くべき理由は何ですか。http://seishonyumon.com/movie/4947/

둘째, 신자들이 하나님의 가족의 일원이 되었기 때문입니다.

신자 개개인이 아버지 되신 하나님을 공동의 '하늘 아버지'로 하는 '하나님의 가족'입니다. 예수 그리스도는 말하자면 맏형입니다.

교회에서는 서로를 '형제, 자매'라고 부르는데, 그것은 각자가 하나님 가족의 일원이기 때문입니다. 서로가 가족이라면 서로 사랑하고, 격려하고, 훈계하는 것은, 당연한 일입니다. 거기에는 지상의 가족 관계보다 더한 기쁨이 있습니다.

셋째, 신자는 그리스도의 '몸'의 일부로 여겨졌기 때문입니다.

교회를 비유적으로 표현하면 그것은 '그리스도의 몸'입니다. 하나님은 교회를 완성하기 위해 짓고 계십니다. 신자 개개인이 그 몸의 일부로 각기 다른 선물이 주어져 있습니다.

눈 역할을 하는 사람이 있는가 하면 귀 역할을 하는 사람이 있습니다. 즉 손의 역할, 발의 역할, 입의 역할 이렇게 해서 각각 그 역할이 다릅니다. 제게 주어진 선물을 발휘하기 위해서는 교회에 모일 필요가 있습니다. 혼자서 성경을 읽는다고 해도 선물의 발휘로 이어지지는 않습니다.

우리는 교회(church, 教會)라 하는 공동체 안에서, 하나님을 예배하는 기쁨, 사랑하는 기쁨, 섬기는 기쁨을 체험할 수 있습니다. 그것이 영적 성장(靈的成長)을 가져옵니다.

교회 출석은 해도 되고 안 해도 되는 것이 아니라, 꼭 하여야 하나님의 명령(command, 命令) 입니다.

Today's Bible

그들이 사도의 가르침을 받아 서로 교제하고 떡을 떼며 오로지 기도하기를 힘쓰니라(사도행전 2:42)

105

일요일에 일하는 것은 죄인가?[105)]

Q 질문

상사로부터 흥미가 있는, 해보고 싶은 부서로 이동해도 좋다는 권유를 받았습니다. 새로운 도전이고 좋은 기회라고 생각합니다만, 일 때문에 교회에 갈 수 없게 됩니다. 일요일에 일하는 것은 죄일까요?

A 회답

중대한 인생의 기로에 서 계신 것 같습니다. 구체적으로 어떻게 해야 할지는 본인이 결단을 내려야 합니다. 일요일에 일하는 것이 죄일까요? 라는 부분에 대해 3가지로 답을 드리겠습니다.

첫째, 구약성경 시대, 안식일은 토요일입니다.

지금도 토요일에 예배를 드려야 한다고 주장하는 분이 있습니다만, 그것은 잘못된 것입니다. 토요일을 안식일(the Sabbath, 安息日)로 하라는 명령은 모세의 율법의 일부입니다.

예수 그리스도가 십자가에 못 박힌 이후로는 모세의 율법은 무효가 되어 은혜의 시대에 들어갔습니다. 따라서 신약시대에 사는 우리가 모세의 율법에 얽매일 이유는 아무것도 없습니다. 더 말하면 안식일 명령은 이 날 일을 쉬라는 것이지 이 날 예배를 하라는 것이 아닙니다. 모세의 율법에 따르면 예배는 1년에 3번의 순례제의 때에, 예루살렘에서 드리는 것입니다.

둘째, 안식일은 지금도 토요일이지 일요일에 옮겨간 적은 없습니다.

안식일은 지금도 한주의 7일째입니다. 일요일은 지금도 주의 시작인 날입니다. 은혜의 시대에

105) Q105 日曜日に働くことは罪でしょうか。http://seishonyumon.com/movie/5007/

안식일을 지키는 것이 의무가 아니게 되었습니다. 사도의 일 중에 안식일이라는 말이 아홉 번 나오는데, 모두 유대교 회당의 예배에 관한 곳이지 교회에서의 예배가 아닙니다.

셋째, 일요일에 신자들이 모이는 습관은 기원 1세기에 이미 성립했습니다.

그것은 일요일에 예수님이 부활했기 때문이고, 일요일에 교회가 탄생했기 때문입니다. 그러나 유대인 신자들은 유대인의 습관을 지켜, 안식일에도 신전이나 회당에 모였습니다. 주일 예배는 초대교회(early church, 初代教會)에서부터 시작된 습관이지만, 그것은 명령이 아닙니다.

신약성경의 가르침은 정기적으로 모이라는 것입니다. 정기적으로라고 하니까, 적어도 일주일에 한 번은 모여서 예배를 드리는 것입니다 (히브리서 10:25).

이상과 같은 내용을 정리하면, 신약성경은 요일과 시간을 지정하지 않고 정기적으로 모이는 것을 명하고 있는 것이 됩니다. 따라서 일요일이 아닌 날에도 예배를 드릴 수 있는 방안을 강구하는 것이, 현대 사회를 살아가는 신도들에 대한 격려가 된다고 생각합니다.

신약성경(New Testament, 新約聖經),은 정기적으로 모여서 예배(禮拜)할 것만을 명합니다.

Today's Bible

모이기를 폐하는 어떤 사람들의 습관과 같이 하지 말고 오직 권하여 그 날이 가까움을 볼수록 더욱 그리하자 (히브리서 10:25)

106

어떻게 교회를 선택하나요?[106)]

Q 질문

교회(church, 教會)에 가고 싶지만, 조금 마음이 불안합니다. 좋은 교회를 선택할 수 있는 방법을 가르쳐 주시길 바랍니다.

A 회답

우선 말씀드리고 싶은 것은 지상에는 이상적인 교회가 존재하지 않는다는 것입니다. 교회는 성장 도상에 있는 신자들의 모임이기 때문입니다. 그런 다음에 제가 생각하는 교회 선택 방식을 ① 부정적인 요소 ② 긍정적인 요소 ③ 기타적인 요소로 나누어 말씀드리겠습니다.

첫째, 부정적인 요소입니다.

이런 교회는 피하라는 뜻입니다.

1. '하나님은 우리가 성공하고 풍요로워지기를 원하신다'라고 가르치는 교회는 피해야 합니다. 이런 가르침을 번영(繁榮)의 신학이라고 합니다.
2. 이 교회가 제일이라고 가르치는 교회도 피하는 것이 좋습니다. 이단 컬트화(cult, 異端)된 교회일 가능성이 있기 때문입니다.
3. 공포심에 호소하는 메시지를 말하는 교회도 위험합니다.

106) Q106 どのようにして教会を選べばよいですか。http://seishonyumon.com/movie/4974/

둘째, 긍정적인 요소입니다.

1. 예수 그리스도 복음을 전하는 교회는 좋은 교회입니다. 사람은 죄인이고 구원이 필요하다. 오직 예수 그리스도만이 구세주시다. 이런 말들이 항상 나오고 있다는 것입니다.
2. 성경을 틀림없는 하나님의 말씀으로 믿는 교회는 좋은 교회입니다.
3. '예수 그리스도는 하나님이 사람이 되신 분이다'라고 가르치고 있는 것도 좋은 교회의 요소입니다.
4. 신도들 간에 사랑과 자유로운 교류가 있는 것도 중요합니다. 이것은 첫인상에서 주로 알 수 있습니다.

셋째, 기타 적인 요소입니다.

스스로는 좀처럼 판단할 수 없는 신학적 주제에 대해서는, 어떻게 판단하면 좋을까요? 신앙의 기초는 단시간에 이해할 수 있겠지만 성령론, 종말론 등의 배움에는 시간이 걸립니다. 그런 경우는 자신이 결정한 교회에 잠시 다니면서 상황을 지켜보는 것이 좋다고 생각합니다.

그 교회는 복음을 전하는가? 지역사회에 봉사하고 있는가? 구도자를 기꺼이 받아들이는가? 찬미의 스타일이 내게 맞는가? 그런 관찰을 계속하시면서 성경을 배우시면 좋을 것 같습니다.

나름대로 신학적 주제에 대한 확신을 갖기 시작했다면, 그 교회의 멤버가 되어야 할지, 다른 교회를 찾아야 할지 방향성이 보일 것입니다.

교회는 건물의 크기와 회원의 수에 의해서가 아니라, 기도(prayer, 祈禱) 로 하나님의 마음을 찾아서 선택해야 합니다.

복음(the gospel, 福音)을 전하는 교회가 좋은 교회입니다.

Today's Bible

교회는 그의 몸이니 만물 안에서 만물을 충만하게 하시는 이의 충만함이니라(에베소서 1:23)

대학교회 일본어채플 (2019)

역자 후기

1. 대학 채플과 신앙

재직하는 대학의 교목실을 도와
일본어채플을 만들고, 봉사로 섬긴 지 15년이 되어간다.

목요일 오후 1시, 캠퍼스 가운데에 있는 대학교회에서,
매학기 약 250명의 학생들과 일본어채플을 함께 해 왔다.
연구년으로 해외에 나가 있던 1년을 제외, 15년 동안 계속해 왔으니
결국은 7,500여명의 학생들과 함께 한 셈이다.

일본어로 찬양을 하고, 성경을 읽고 또 일본어가 가능한 목사님을
초청해 메시지를 들었다. 학생들도 찬양팀을 만들어 섬기고, 또 기도를 도왔다. 가끔 한번씩 학생들의 간증을 들을 때면 마음이 뭉클하다.

역자는 모태신앙이 아니다.
대학 1학년 때 처음으로 기독동아리 CCC(대학생선교회)
순원이 되어, 복음을 알게 되었다.
'하나님 보여 주세요'.
시골에서 자라 교회의 환경과는 너무나 동떨어진 비신자였음에도
하나님은 음성을 들려 주셨다.

교회 본당과 같은 곳 2층, 하얀 빛의 형상으로 나타나셔서
나의 이름을 불러 주셨다.
'선복아, 선복아 나를 믿으라'. '나를 따라 오너라'.
하나님의 얼굴을 확인하고 싶었다.
그러나 나오는 것은 눈물 뿐, 감히 얼굴을 들어 바라볼 수 없었다.

30년도 훨씬 더 지난 일이지만, 잊혀지지 않는다.

대학 재학중 군 생활을 마치고 한동안 아르바이트를 하였다.
비싼 고급 술집에서 하였다. 급여는 없고 손님들이 주는 팁이 월급이었다. 그럼에도 한달 수입은 한학기 등록금을 낼 정도로 많은 돈이었다.

그때만 해도 나는 내가 기독교수가 될 줄 꿈에도 몰랐다.
대학을 마치고
하나님은 별로 열심히 공부 하지도 않은 나를 일본으로 보내셨다.
새로운 환경을 주셨다.

가난한 사비 유학생으로 새벽 신문배달도 하고, 힘든 시기였지만
다시 공부할 수 있는 환경을 주셨다.
석사, 박사, 좋은 스승을 만나게 하시고, 대학때 전공을 살려 회계학 공부를 계속하게 하셨다.

그러던 중 믿음이 좋은 아내를 만나게 하셨다.
아내는 나의 신앙적 멘토가 되었다. 가정을 가지며, 주일예배를 철저히
드리는 습관을 갖게 되었고, 어느 사이 조금씩 교회의 일꾼이 되어 갔다.

「두려워 말라, 내가 너와 함께 함이니라」
이사야 41장 10절의 말씀이다.
어려운 시절, 아내는 성경 본문을 화장실 앞에 붙여 놓았고,
나는 볼 때마다 나름 은혜를 받았다.
하나님은 그 후 일본 문부성 국비 장학금도 받게 하시고,
딸 아이에 이어 아들도 주시고, 학위과정을 마칠 수 있게 하셨다.

1998년에 한국에 귀국, 고향에서 잠시 시간강사를 했다.
외환위기가 발생,
IMF에서 구제금융을 받을 정도로 국가적인 위기 상황이었다.
'하나님, 아내와 아이들을 위해서라도 취업을 하게 주세요!'
그해 말 송구영신 예배를 드리며, 간절히 기도했다. 이후 바로 지금의 대학으로 취업이 결정되었고, 결국 뜻하지 않게 부산사람이 되었다.

지금은 하늘나라에 계시지만,
대학의 설립자이신 故 장성만 목사님을 처음 뵙는 날,
목사님께서 이런 말씀을 하셨다.
'어떻게 그렇게 예수를 잘 믿으세요? 앞으로도 열심히 예수 믿으세요'.

목사님은 많은 일들을 하셨지만, 하나님을 사랑하는 분이셨다.
2007년 부산교계는 강한 연합의 바람의 불었다.
플랭크린 그래함 집회를 포함, 크고 작은 여러 집회들이 열렸다.

그 물결 속에 부산기독교수연합회(BCPN)가 탄생되었다.
부산성시화운동본부 사무국장을 하시던
최상림 목사님을 서면 롯데호텔 커피숍에서 만나고,
그러한 것이 계기가 되어 BCPN 초대총무가 되고, 회장에 이어
전국대학교수선교연합회장이 되고, 기독교수의 길을 걷게 되었다.

너무나 빠르고 젊은 나이에 기독교수연합회의 임원이 되었다.
2008년 제23회 전국대학교수선교대회를 근무하는 동서대학교에서 개최하게 되었다. 부산의 기독교수님들과 기도하며 1년을 준비했다.
모두가 선한 마음으로 섬겼다.
대학도 다르고, 전공도 다르고, 교회도 다르고, 그러나 신기하게 결집이 이루어지고, 하나님의 은혜로 하나가 될 수 있었다.
성령의 임재를 느낄 수 있었다.
2016년 부산에서는 2번째로, 제31회 전국대학교수선교대회가 거점 국립대학인 부산대학교에서 열렸다. 개인적으로는 BCPN회장으로 대회를 섬길 수 있었다. 그 이후, 32회부터 국립대학에서 연속 선교대회가 열렸다.

하나님께서 부어주시는 은혜란 이런 것인가?
기독교수연합회 활동을 하며,
특별히 욕심을 부림도 없이 그냥 열심히 섬겼던 같다.
개인적인 역량으로 보면 부족한 것이 너무나 많고, 특별히 리더십이
있는 것도 아니다. 그럼에도 하나님은 쓰시기를 원하시는가?

2018년, 하나님께서는 섬기는 화명중앙교회의 장로로 세워 주셨다.

솔직히는 공동의회 선출과정에서 한번 떨어지고, 2년후 두번째 투표를 통해 피택이 되었다. 처음에는 인간적인 마음으로 기도를 했다. 기독교수연합회 등 여러 가지 일로 봉사할 기회가 많아지는 데, 하나님 장로가 되게 해 주세요. 밖에서 열심히 한들, 정작 섬기는 교회에서 인정받지 못하는 기독교수라면 부끄럽지 않겠습니까? 그러나 하나님은 기도를 들어 주시지 않으셨다. 2년 후 당신의 때에 맞추어 응답을 해 주셨다. 돌아보면 제 스스로 준비가 되어 있지 못한 것을, 하나님께서는 이미 알고 계셨던 것이다.

그리고 부산을 위해 봉사하게 하기를 원하셨는지
부산성시화운동본부 감사, 21세기포럼 재무이사로 세워 주셨다,
또 올해 2021년에는 한국세계선교협의회(KWMA) 부회계로 세워 주셨다.
규모가 작은 교회나 선교단체 등의 회계관리를 도울 수 있는 매뉴얼을
만들어 좀더 보급할 수 있음 좋겠다. 2015년과 2019년, 한국기독신문에 '교회회계'와 '성경적 회계윤리'를 주제로 각각 1년 동안 칼럼을 썼지만, 부족했던 것 같다.

2019년, 전국대학교수선교연합회(KUPM) 회장으로서 제34회 전국대학교수선교대회를 충남대학교 백마홀에서 은혜가운데 섬겼다. 특별히 한국세계선교협의회(KWMA)와 교수선교사 파송을 위한 MOU를 체결하였다. 10만 이상의 외국인 학생이 국내대학에 유학, 캠퍼스 자체가 중요한 선교가 된 것이다. 지금 내가 있는 이곳이 선교지이다! 교수들이 목동 제자교회에서 훈련을 받고 제1기생으로 16명이 교수선교사로 임명되었다. 부족한 저도 1호로 임명을 받았다. 2020년은 21명이 교수선교사로 임명을 받았다.

에벤에셀, 우리 하나님은 어떠한 상황 가운데도 함께 하시는 임마누엘의 하나님이시다.

2020년 연초부터 코로나19로 기독교수들의 사역이 많이 위축을 받았다.

전북대에서 2박3일 예정이던 제35회 교수선교대회가 유튜브 온라인 생방송 형태로 전환되어 진행되었다. 어려운 환경 가운데도 하나님의 향한 예배와 기독교수들의 행전이 멈출수 없음을 경험하였다. 축소된 가운데도 하나님께서는 은혜를 부어 주셨다. 그리고 8월, 개인적으로도 KUPM 회장의 임기를 무사히 마칠 수 있었다.

바쁜 나날들의 연속,
교수로서 연구 활동을 많이 못했다.

기독교수의 정체성, 아이덴티티는 무엇일까? 바보 교수일까?

2020년은 '학문과신앙'이란 교양과목을 대학안에 만들어 13명의 동료 기독교수들과 릴레이 특강 수업을 한지 3년이 되는 해이다. 6학기가 지난 셈이다. 처음으로 설문조사를 하여 보았다. 모든 것이 잘하였다 할 수 없겠지만, 교수들이 봉사로 헌신하며 수업을 섬기는 모습이 학생들 눈에도 좋아 보인 것 같다. 재학하는 동서대학교는 1965년 '성경과 보습'을 들고 미국선교사와 협력하여 기도하는 가운데 그 기반 위에 세워진 미션스쿨 기독대학이다.

부족한 연구 활동, 하나님께서는 조금 늦은 감은 있지만, 당신의 일을 위해 하시고 싶은 일이 많으신 것 같다. 교회 회계와 경영, 경제, 또 일본을 기독세계관의 관점에서 융합, 논문을 쓸 수 있는 지혜를 부어주시기 시작하셨다. 로고스경영학회와 기독학문연구회 등을 통해, 이러한 내용을 함께 나눌 수 있는 장(場)을 보이게 하셨다. 이 번역 또한 이러한 큰 흐름의 틀에서 진행해 주시는 것 같다. 학문과 신앙을 통해 하나님 나라를 새롭게 확장시켜 가는 비전을 부여, 주시도록 기도하고 있다.

최근 약 2년 사이에 성경적 회계윤리, 교회의 회계감사와 내부통제제도, 종교인 과세소득의 실무 적용, 코로나19의 경제적 영향과 신앙적 교훈, 한일 거시경제 비교와 선교적 함의, 일본의 크리스천 CEO와 경영 연구, 교회와 선교단체를 위한 복식부기 엑셀 회계 등 신앙과 전공을 융합한 논문들을 발표하였다. 논문형식이나 학술적 가치만 보면 부족한 부분이 많아 보인다. 그러나 그럼에도 실무의 관점에서 보면 하나님 나라의 확장에 상당 부분 유익할 것으로 기대된다. 계속해서 의미를 부여 기독교수로서 소명을 갖고 기도하며 나아갔으면 한다.

물론 그렇다고 앞으로의 계획, 미래 일에 대해 다 아는 것은 아니다.

내일 일은 모른다. 하나님이 아브라함에게 '갈대아 우르에서 하란으로 떠나라' 말씀하실 때 아브라함이 순종하였던 것처럼, 순종할 수 있는 믿음이 되면 좋겠다. 당대의 지식인이요 히브리인 중에 히브리인이었던 바울 사도가 '그 자랑할 것이 십자가밖에 없다'고 고백하였듯이, 그리스도 십자가의 사랑이 삶의 중심이 되었음 좋겠다 고백할 수 있기를 바랄 뿐이다.

하나님은 신실하신 분이다. 능력 많으신 분이시다. 또한 믿고 신뢰하며 나아갈 때 필요한 것들을 공급해 주시는 분이시기 때문이다.

2. 일본의 기독교에 대한 이해

역자는 일본선교를 위해 한국 교회에 기대하는 바가 크다.

일본을 복음화 할 수 있는 나라 중 아시아에서는 한국이 유일하다란 생각이 들기 때문이다. 역자는 대학원 시절, 약 8년을 일본 도쿄 인근에서 생활하였다. 지금도 학회와 기독교 신앙 관련 등으로 한번씩 교류를 하고 있다.

일본에 기독교 복음이 확산되지 못한 이유가 무엇일까?

앞으로는 어떻게 될 것인가?

일본은 특별히 우리나라와 지정학적으로 밀접히 인접해 있어 역사적으로, 문화적으로, 경제적으로 이해관계를 갖고 있는 나라이다. 불행한 과거까지도 안고 있는 나라이다. 그런 의미에서도 역자는 일본을 경험해 본 사람으로서, 또 미래의 양국 관계를 위해서 일본선교는 중요하다는 생각을 한다.

이하, 본서는 책의 마무리 내용을 겸해서 위 신앙 간증과 번역(翻譯)에 이어 역자가 최근 일본선교와 관련해, 생각한 것들을 간략히 추가 기술하고자 한다.

2-1 일본 기독교의 역사

어느 나라이든 선교를 하기 위해서는 그 나라에 대해 아는 것이 중요하다. 일본은 1549년 예수회 소속 포르투칼 선교사인 프란시스코 자비에르(1506~1552)가 규슈에 처음 들어와 복음을 전파하였다. 1568년에 오다 노부나가(織田信長)가 그리스도교를 공인하여 초기 순조롭게 복음이 전해졌다. 1613년에 도쿠가와 이에야스(徳川家康)가 금교령을 발표하기까지 인구 1천5백만 중 80만명(5.3%)이 신앙생활을 할 정도로 부흥하였다.[107)]

그러나 그 후 박해가 심해지고 1587년 선교사 추방령이 발표되고 기독교를 탄압하기 시작, 1596년에는 상 필리페호 사건으로 나가사키에서 26명의 성인이 순교하였다. 1613년에는 토쿠가와(徳川) 막부가 기독교 금지를 결의하고 80만명의 신자들에게 비극이 초래되었다. 1622년에 55명이 나가사키에서 처형당하고 20~30만명이 순교했다.

'금교령'의 탄압에 신자들이 단결하여 1637년에는 규슈에서 '시마바라(島原)의 난'이 일어났다. 아마쿠사시로(天草四郎)라 하는 16세의 소년을 중심으로 농민과 사무라이 3만7천명의 신자가 모

107) 이선복(2020), 한일의 거시경제 변화와 선교적 함의 고찰, 『신앙과 학문』. 25(2). 183-210.
https://www.kci.go.kr/kciportal/landing/article.kci?arti_id=ART002599413

여 1년 이상 12만명의 토쿠가와 막부군대와 싸워 전원 순교하였다. 1639년 토쿠가와 막부는 네덜란드를 제외한 모든 나라와 국교를 단절, 쇄국령을 내리고 300년간 기독교를 박해하였다(고노이 五野井, 1990; 사와, 1995:39-73; 이선복, 2007).[108)]

기독교의 탄압 방법에는 다음과 같은 것이 구체적으로 사용되었다.

첫째, 종문개역(宗門改役)이다. 1640년 막부가 종문개역을 설치, 비밀리에 크리스천들을 단속하는데 절에 소속한 자들의 신앙을 조사하여 여행, 혼인, 이사, 취직등을 할 때 이 증명서가 필요하도록 하였다. 둘째, 테라우케(寺請)제도이다. 이는 일본에 거주하는 모든 사람이 종교에 관계없이 반드시 어딘가의 절에 소속, 그 절에서 기독교인이 아니라는 증명을 받도록 하였다. 셋째, 후미에(踏絵)다. 이는 매년 한번 마리아나 예수의 그림을 놓고 밟으면 살려주고, 밟지 않으면 크리스천으로 판단 적발해 내는 제도로서, 이로 인해 많은 신자가 순교를 당했다. 다섯째, 오인조 제도이다. 농민들을 다섯가옥이 한 조가 되게 조직, 세금이나 범죄등의 감시와 크리스천 적발을 목적으로 300년간이나 지속되었다. 여섯째, 기리시단 유족조사이다. 토쿠가와 막부는 만약 기독교인이 적발되면 본인뿐만 아니라 친족까지 남자는 7대, 여자는 4대까지를 격리시켜 특별 감시하에 두었다. 무라하치부(村八分)라고 해 장례식과 화재 이외에는 다른 사람들과도 교류하지 못하게 하였다.

이와 같이 상상하기 힘든 박해로 인하여 일본인의 성격이나 체질이 왜곡 형성됨으로서 기독교가 공인된 지 120년이 지난 지금까지도 일본 기독교가 부흥하지 못하는 커다란 요인이 되었다.

일본에 개신교 프로테스탄트(Protestant)가 들어온 것은 1859년으로 미국 감독교회(성공회), 개혁교회(칼뱅파), 장로교회(칼뱅파) 선교사가 나가사키와 가나가와에 상륙하고 외국인 거류지를 중심으로 복음을 전하였다. 그리고 1872년 요코하마에 개신교 최초의 일본기독성공회가 설립되었다.

메이지 정부는 초기 기독교 금지하는 정책을 하며, 1868년에 기리시탄 사교 출입금지(支丹邪宗門禁制) 팻말을 내걸었으나 국제적 여론에 밀려 1873년에 철거하였다. 기독교가 공인된 것은 아니지만, 실질적 포교가 묵인된 것이다. 루터파는 1892년 미국계 복음루터교회를 조직하였다. 칼뱅파는 개신교에서는 가장 빨리 전도를 시작하여 일본기독공회를 설립, 1877년에 일본장로공회와 연합하여 일본기독일치교회를 설립하고 1890년에 일본기독교회로 명칭을 변경했다. 회중파는 미국 보드 선교사에 의해서 선교가 진행되다 1878년 간사이(関西) 9공회가 일본기독전도회사를 설립하고, 1886년에 일본조합기독교회가 결성되었다. 침례파는 미국의 고블과 브라운이 전도

108) 이선복(2007). 일본어를 이용한 대학채플의 개설가능성과 도입성과. 일본문화연구, 21.149-165.

를 시작하고, 1873년 요코하마에 제일침례교회를 설립하였다. 감리교회는 1873년에 미국 감리감독교회와 캐나다 감리교선교교회가 전도를 시작하였으며, 1907년에 일본감리교회가 결성되었다(일본종교연감, 2019: 19-22).

즉 1854년 일·미 화친조약으로 300년의 쇄국정책이 끝나며, 개신교를 중심으로 기독교가 일본에 다시 들어오게 된 것이다. 그러나 일본은 '메이지유신'(明治維新) 이후 근대화 과정에서도 '신도'를 국교화하고 신앙의 자유는 허용하되 이것이 국가의 안녕질서 유지에 벗어날 수 없으며, 특히 천황의 신성을 모독할 수 없다는 단서조항을 명기하여 조건적 자유임을 분명히 하였다.

'우치무라(內村鑑三)의 불경사건'이 그 예다. 일본적 기독교를 주장하던 우치무라가 도쿄제일고등학교에 재직하던 1891년 1월 9일 천황이 서명한 '교육칙어'의 봉배식에서 최경례로 경의를 표하지 않았다는 이유로 세인의 혹독한 비난을 면치 못하고 결국은 직장도 잃고 '기독교 불경한(不敬漢)'의 이름을 얻고 고통에 처하는 사건이 일어났다. 이 사건은 근대 일본사회속에서 기독교가 존재해 나갈 수 있을 것인가를 묻는 중요한 사태로 발전하였다. '그들 앞에서 하나님을 부정할 수는 없다' 결심했을 때 차례가 왔다. 그는 단위로 올라가 칙어(勅語) 앞으로 가서 그대로 한 바퀴 돈 뒤 돌아 내려왔다. 단상(壇上)에 섰을 때 머리를 숙인 것처럼 보이기도 했으나 그것은 보통의 경우 행하는 경례(敬禮)가 아니었고, 최경례(最敬禮)는 더더욱 아니었다. 이러한 그의 행동은 한 개인의 행위를 넘어 기독교 자체의 천황제 국가에 대한 반역적 행위로 간주되어 천황제와 기독교가 공존할 수 있을 것인가 하는 문제로까지 비화되었다.

〈표 1〉 일본 기독교 신자의 추이

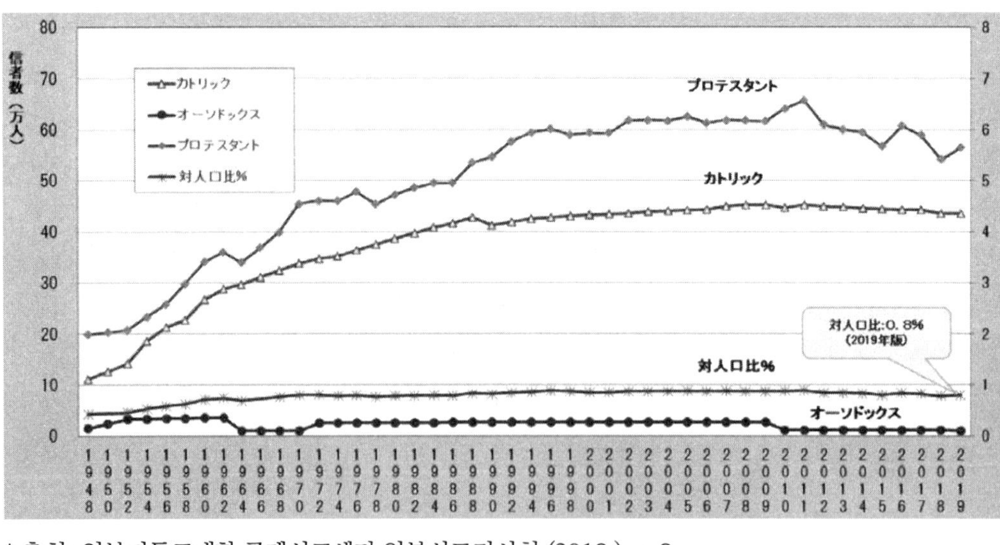

* 출처: 일본기독교대학 국제선교센터 일본선교리서치 (2019.), p.9

일본 기독교 및 개신교 신자 수는 현재 많지 않다〈표 1〉.

1948년에 약20만명에서 2011년에 65만명으로 증가하여 부흥하는 듯한 성장세를 보였으나, 2018년 현재 다시 55만명 수준으로 감소하였다. 기독교 신자수의 비율이 총인구의 1% 미만이며, 개신교로 한정할 경우 0.4% 수준을 보이고 있다.

일찍이 서구 문물 도입과 함께 기독교가 전래되어 순조로운 출발을 보였지만, 그 세가 많아지는 것에 위협을 느낀 도쿠가와 막부가 금교령을 내리고, 탄압을 하며 전도가 꽃을 피우지 못했다. 특히 박해 수단으로 종문개역, 5인조 제도를 만들어 이웃이 서로를 감시하고, 또 기독교인을 색출하기 위해 성화(聖畫)를 밟도록 했던 후미에(踏み絵) 사건은 아픈 기독교 역사로서 남아 있음을 부인하지 않을 수 없다. 우치무라의 불경사건 또한 기독교가 확산되지 못한 요인으로 작용했다.

즉 메이지 시대 이후 근대화 과정을 통해, 미국 교회를 중심으로 개신교 의 전도가 왕성히 이루어졌음에도 불구하고, 천황제를 포함해 강한 내셔널리즘을 넘는 데는 한계가 있었던 같다. 즉 유일신을 기초로 하는 기독교 사상이 일본 특유의 사회적 구조와 환경적 문화에 부딪혀, 확대되지 못함을 읽을 수 있다. 그러나 희망이 없는 것은 아니다. 일본은 기독교 관련 많은 신앙의 유산들을 갖고 있기 때문이다.

2-2 일본의 기독교 단체와 신자수, 교단 현황

2018년말 현재 일본의 종교단체, 신자 및 교세 현황은 〈표 2〉와 같다. 종교 단체수는 215,570개로 신도계 40.6%, 불교계 39.1% 기독교계 4.0%. 기타계 16.3%의 분포이다. 기독교 단체의 수

〈표 2〉 일본의 종교법인 수

(2018.12.31)

	종교단체 (종교법인을 포함)					
	신사	사원	교회	포교소	기타	합계
신도계	80,983	14	5,026	847	627	87,497
불교계	26	76,872	1,932	1,749	3,742	84,321
기독교계	-	3	7,102	724	756	8,585
기타그룹	65	41	17,040	16,877	1,144	35,167
합계	81,074	76,930	31,100	20,551	6,269	215,570

* 출처: 일본 문화청, 종교연감 (2019.), p.34

가 8,626개로 타종교에 비하여 현저히 낮다. 종교생활을 영위하는 신자 수는 1억8133만 명으로 신도 48.1%, 불교 46.5%, 기타 4.3%, 기독교 1.1%순이다(문화청 종교연감, 2019). 기독교 신자 수가 1,921,484명으로 1%로 낮은 수준에 머물러 있고, 또 가톨릭을 제외할 할 경우 개신교 복음화율은 0.4%(교회수 7,427개, 교역자 9,432명, 신자수 555,167명)로 더욱 낮아진다〈표 3, 4〉.

〈표 3〉 일본의 신자 수

(2018.12.31)

	교사			신자	비율(%)
	남자(외국인수)	여자(외국인수)	합계(외국인수)		
신도계	45,596 (30)	26,102 (39)	71,142 (54)	87,219,808	48.1
불교계	165,912 (374)	189,582 (211)	355,886 (591)	84,336,539	46.5
기독교계	26,959(2,259)	4,660 (824)	31,619 (3,324)	1,921,484	1.1
기타그룹	77,113 (158)	123,735 (164)	200,848 (288)	7,851,545	4.3
합계	315,579(2,821)	344,079 (1,248)	659,658 (4,069)	181,329,376	100.0

* 출처: 일본 문화청, 종교연감 (2019.), p.34

〈표 4〉 일본의 기독교 교세 수

(2017.12.31)

	교회수	교사수	신자수	비고
가톨릭	969	1,403	433,813	교사수는 성직자만 포함
정교회	69	40	9,816	
개신교	7,427	9,432	555,167	외국인 선교사 포함
합계	8,465	10,875	998,796	

* 출처: 일본기독교대학 국제선교센터 일본선교리서치 (2019.), p.8

일본 개신교 교회의 교세는 에큐메니칼계 교회가 2,204개(21.2%)로 가장 많고, 초교파 선교단체 11.7%, 침례계 10.8%, 성결계 8.6%, 개혁장로계 7.9%의 순을 보이며 단위조합 및 무교파 무교회도 17.5%로 높은 비율을 차지하고 있다. 그리고 2017년도 현재 전년대비 교회 회원수의 증감을 보면 에큐메니칼계 교회 - 2,695명, 일본 루터교단 - 548명, 침례계 - 898명, 초교파 선교단체 - 810명, 단위교회(독립계) -1,486명으로 전반적인 감소 현상을 보이는 가운데, 개혁 장로교만이 235명 증가하였다.

즉 개혁 장로교를 제외하고 최근 일본교회의 회원 및 예배자 수가 급감, 성도의 교회이탈 현상이 눈에 띄고, 특히 말씀을 중심으로 하는 복음주의 교단 이외 교회에서 더욱 감소가 두드러진 특징을 보이고 있다〈표 5〉.

〈표 5〉 일본 개신교 교회의 교세

(2017.12.31)

	교회수	비율(%)	신자수	비율(%)	예배자수	비율(%)
에큐매니컬 계열	2,024	25.3	216,513	36.4	58,278	21.2
루터교 계열	279	3.5	32,768	5.5	7,149	2.6
개혁장로교 계열	545	6.8	40,913	6.9	21,576	7.9
침례교 계열	891	11.1	56,532	9.5	29,579	10.8
초교파선교 계열	866	10.8	44,530	7.5	32,084	11.7
성결교 계열	863	10.8	57,411	9.7	23,593	8.6
오순절 계열	872	10.9	50,054	8.4	38,135	13.9
기타 계열	541	6.8	23,672	4.0	15,440	5.6
단위교회,무교파,무교회	1,122	14.0	71,692	12.1	48,526	17.7
Total	8,003	100.0	594,085	100.0	274,360	100,0

* 출처: 일본기독교대학 국제선교센터 일본선교리서치 (2019.), p.11

2-3 일본 개신교 교회의 분포와 현황

일본 '크리스천 정보북 2018'의 조사에 의하면 2017년 일본 전국 개신교 교회 수는 7,896개(전년대비 14개 감소)로 1교회당 평균 회원수는 62.4명(0.2%감소), 평균 예배자수는 39.2명(0.2%감소)이다. 한국에서 볼 수 있는 대형교회는 거의 없고, 작은 형태의 교회가 많다. 교회가 증가한 지역은 홋카이도 2개, 중국·시코쿠 2개 2지역이고, 감소한 곳은 관동 12개, 중부 3개, 규슈·오키나와 2개, 긴키 1개 지역에서 각각 감소했다.

현(県)별로 지역평균 교회 회원 수를 보면 도쿄 110.3명. 가나가와현 87.9명, 오사카부 80.5명 등 대도시 중심부가 많고, 후쿠시마현 31.0명, 이와테현 31.1명, 아오모리현 31.5명으로 시골로 갈수록 인원이 감소한다.

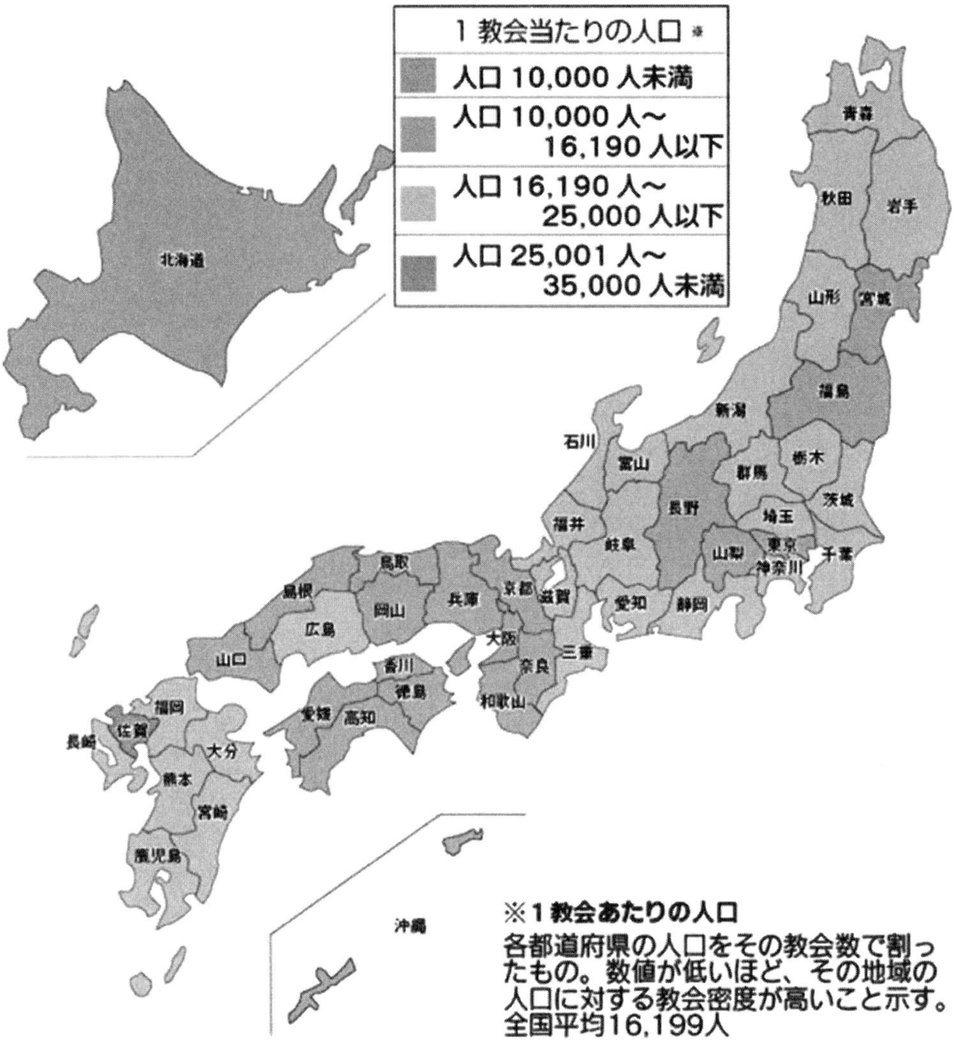

* 출처: https://クリスチャン新聞.com/?p=18159 (2017.12.5. 기사)

평균 예배자수는 도쿄도가 64.5명으로 가장 많고, 시마네현이 16.0명으로 가장 적다. 즉 운영 자체도 어려운 미자립교회가 많은 상황이며, 또 이러한 교회의 영세성이 목회자의 부재에 따른 무목(無牧)교회 증가로 연결됨을 알 수 있다(크리스천신문, 2018). 즉 일본교회를 돕거나 지원을 할 경우 그에 대한 상황인식이 필요하다.

2-4 일본교회의 예배와 신학

일본의 선교를 위해서는 교회의 예배 흐름에 대한 온전한 이해가 필요하다. 교단 교파별로 차이는 있겠지만 대체적으로 일본 교회는 절제적이고 조용한 편이다. 한국과 같이 새벽기도가 활발하지 않으며, 큰소리로 아멘을 외치거나 통성기도를 하는 것이 일반화되어 있지 않다. 예배 찬양대의 음률은 고도로 절제된 화음 속에서 이루어지고, 강단 설교는 예화가 적고 성서적 관점의 강해가 많다(고우토 後藤, 2011; 일본복음선교회, 2020).

이는 일본인 특유의 문화 영향으로 볼 수 있다. 타인에 대해 배려를 하고, 폐(메이와쿠, 迷惑)를 끼치는 것을 실례로 여기는 문화가 초등교육 시절부터 가르쳐지고, 이것이 예배에도 영향을 미친 것으로 해석할 수 있다.

설교는 예화보다는 성경 중심의 강해설교가 많다. 논자에 따라서는 구약성서보다 신약성서 중심의 설교가 많음을 지적하는 경우도 있다. 일본은 기독교 복음화율이 낮음에 불구하고 많은 신학적 유산들을 갖고 있다.

메이지 시대 복음이 전해진 이후, 에비나다 단조가 1901년에 자유와 자연, 체험주의에 기초해 기록교론을 전개한 것을 시작으로, 우에무라 마사히사는 1884년에 『진리일반』을 써서 유물론과 진화 사상을 비판하고 기독교의 변증을 했다.

하다노 시츠이지는 1907년에 『기독교의 구원』, 다카구라 도쿠다로는 1937년에 『복음적 기독교』, 구마노 요시다카는 1933년 『종말론과 역사철학』에 이어 『기독교 개론』(1947), 『기독교의 본질』(1949), 『교의학 I』(1954)을 저술하였다. 또 기다모리 기쇼는 1946년에 『신의 아픔 신학』을 저술하여 영어와 독일어로 번역되고, 또 우리나라에 잘 알려진 우치무라 간조 같은 기독교 사상가를 배출하기도 하였다(사와, 1995:166-176).

또한 엔도 슈사쿠, 미우라 아야코와 같이 기독교 사상을 바탕으로 한 문학작품을 신앙의 유산으로 갖고 있다. 엔도 슈사쿠(遠藤周作)는 일본의 대표적 소설가로 17세기 일본의 가톨릭 탄압을 소재 삼은 『침묵(沈黙)』을 발표하였다. 또 미우라 아야코(三浦綾子)는 결핵 투병 중 기독교 세례를 받게 된 후 집필 활동에 전념해 대표작 『빙점(氷点)』을 비롯해 많은 작품을 발표했다.

3. 일본의 크리스천 CEO

일본은 복음화율이 낮음에도 불구하고 믿음이 신실한 크리스천이 많다. 특히 일본의 기독교는 일반 서민층보다는 지식인, 증산층, 소위 엘리트 계층의 중심으로 뿌리내린 경향이 있다. 사회적으로 지위가 높은 정치가나 기업을 경영하는 CEO 중에도 크리스천이 많이 눈에 띈다.

〈표 6〉 일본의 크리스천 CEO 10명의 특징 비교

분류	이름	출신/학교	교회와 신앙, 사회공헌	기업, URL
1	이부카 마사루 井深大	1908.4.11- 1997.12.19 도치기출신 와세다(早稲田) 대학 이공학부	1. 개혁장로교 후지미쵸(富士見町)교회 2. 와세다대 시절 은사 야마모토의 전도로 기독교입문, 세례를 받음 3. 장애 인이 일할 수 있는 썬 인더스트리, 사회복지법인 희망의 집 지원 소니진흥재단, 보이스카웃 일본연맹 이사장	㈜소니 창업자 〈전자제조업〉 www.sony.co.jp/ SonyInfo/csr/vision/
2	오구라 마사오 小倉昌男	1924.12.13- 2005.6.30 도쿄출신 도쿄(東京) 대학경제학부	1. 구세군, 아자부 카톨릭교회 2. 매일아침 7시 예배당에 나와 새벽기도, 오늘도 나쁜 일은 결코하지 않습니다. 3. 건설성 자문위원, 카톨릭장애인 야마토 복지재단	㈜야마토운수회장 〈운수물류업〉 www.kuronekoyamato. co.jp/ytc/corporate/
3	하시모토 도오루 橋本徹	1934.11.19-현존 오카야마현 동경(東京) 대학법학부	1. 다카하시(高梁)기독교회 2. 국회 중의원 출석, 맨하턴 기도 간증, 기독교에 기초 도덕 재무장운동인 이니셔티브 오브 체인지 회장 3. 국제기독교대학(ICU)이사장	일본정책투자은행 사장, 〈금융업〉 www.dbj.jp/ir/financial/ disclosure.html
4	이케다 모리오 池田守男	1936.12.25- 2013.5.20 카가와현 도쿄(東京)신학대학 신학부	1. 일본기독교단 긴자(銀座)교회 회원, 18세 세례, 도쿄신학대학 진학 2. 국론이 양분된 60년대 목희의 길을 포기, 시세이도에 입사 3. 퇴임후 기독교 학교인 동양영일여학원 이사장이 되어 성직자의 꿈을 이룸	시세이도 사장 〈화장품제조〉 corp.shiseido.com/jp/
5	모리 타이키치로 森泰吉郎	1904.3.1- 1993.1.30 도쿄도동경(東京) 상과대학 (히토츠바시대학)	1. 청년때 레이난자카(霊南坂)교회에서 세례 2. 요코하마시립대 교수로 빌딩 임대업을 시작 자산규모 1조엔 성공, 늘 검소한 삶 3. 소천후 유산 30억엔을 게이오대학에 기부	모리빌딩 창업자 〈건물임대업〉 www.mori.co.jp
6	가나야마 요시오 金山良雄	1933.8.12 -현존 오사카, 메이지(明治) 학원대	1. 오사카 탄생, 재일한국인 2. 스포츠용품 무라사키스포츠 설립, 우에노모리교회 개척, 장로 3. JTJ 선교신학교 설립, 혜광학원, 평택대 이사장, 국제기도온협회 도쿄지부장	무라사키스포츠 회장 〈스포츠용품 판매업〉 www.murasaki.co.jp/ company#NaN

분류	이름	출신/학교	교회와 신앙, 사회공헌	기업, URL
7	마츠모토 노조무 松本望	1905.5.2- 1988.7.15 효고현, 고베 관서학원 중퇴	1. 목사 아버지 가정에서 출생, 신실한 신앙 2. 성경적 가치에 따라 복음전기제작소 설립, 복음은 예수님의 좋은 소식, 소리를 통해 사회공헌, 파이오니아로 확장 발전 3. 묘비, 우리의 국적은 하늘에 있다	파이오니아 창업자 〈음향기기제조업〉 jpn.pioneer/ja/
8	모리나가 다이치로 森永太一郎	1865.8.8- 1937.1.24 사가현 학력모름	1. 미국 오클랜드 노부부의 전도로 세례 2. 전도자의 꿈을 실패, 인종차별속 제과기술을 배워 마시멜로 카라멜 제품으로 성공 3. 리어카에 예수께서 우리를 구원하시기 위애 오셨음을 간판에 달고 전도, 관동대지진때는 제과를 이재민들에 무료지급	모리나가 제과 창업자 森永製菓 創業者 www.morinaga.co.jp
9	이이이지마 노부히로 飯島 延浩	1941.7.28-현존 치바현, 히토츠바시(一橋) 대학 경제학부	1. 일본홀리네스 교단 미타카 교회 출석 2. 아버지와 숙부의 경영의견 대립을 계기로 3명 동시세례, 무사시노 공장에 화재발생 자신들이 사업에만 전념 하나님께서 징계를 주심 회개, 미타카 토지300평을 교회기부 개척기여. 성경공부도 지도도 열심 3. 이이지마기념 식품과학진흥재단, 국제개발 구원재단, 국제NGO단체 월드·비전 일본지부 등 참여 봉사	야마자키 제빵 사장 〈식품제조업〉 山崎製パン www.yamazakipan.co.jp
10	고바야시 토미지로 小林富次郎	1852.2.4- 1910.12.13 사이타마현 학력모릉	1. 36세 고베 다몬(多聞)교회에서 세례, 2. 주판을 갖은 열정적 기독교인. 홍수로 원료와 기계가 소실 자살하려 했으나 히12:11에 힘입어 용기 얻음, 에비나목사가 추천한 치약제조를 힌트로 사자표 치약을 개발 성공함 3. 오카야마 고아원등 자선사업, 장례식 필름 역사자료 국가 중요문화재로 지정	라이온 창업자 〈의료약품제조업〉 www.lion.co.jp/ja/

* 출처: 이선복(2020.11), "성경적 가치관에 따른 일본 CEO 경영 연구", 한일경상논집, vol.89,pp. 187-209

2020년, 역자는 일본의 크리스천 CEO 중, 총 10명을 조사해 볼 기회가 있었다. 이들은 일본을 대표하는 기업(企業)의 리더로, 주로 창업세대에 해당한다. 이들의 신앙을 소개하면 다음과 같다.[109]

3-1 이부카 마사루(井深大) : 소니 창업자

그는 세계적인 기업 ㈜소니의 창업자이다. 와세다대학 재학시절 은사인 야마모토 다다오키(山本忠興)의 전도를 받아 일본기독교회 후지미초(富士見町)교회에 나가게 되었고, 세례를 받아 기

109) 이선복(2020.11), "성경적 가치관에 따른 일본 CEO 경영 연구", 한일경상논집, vol.89,pp. 187-209 (23 pages), A Study on CEO Management in Japan According to Biblical Values

독교인이 되었다. 그는 재학 중 시바우라 전기(현 토시바)의 입사시험에 실패하였으나, 졸업 후 1945년 도쿄 니혼바시에 도쿄통신연구소를 설립하였다. 특히 독자적인 기술개발에 도전해 트랜지스터 라디오 생산에 성공하고, 트리니트론 브라운관 방식의 TV 개발로 기술을 보여주는 소니로 급부상, 일본의 전자산업을 이끌며 세계적 기업으로 우뚝 섰다. 이부카는 기술의 소니를 경영하며 사회사업에도 참여해 1969년에 유아개발협회, 1972년에 소니교육진흥재단을 설립하고, 1985년에는 보이스카웃 일본연맹이사장에 취임했다. 그는 지적 장애인이던 차녀의 영향으로 1978년에 장애인이 일할 수 있는 공장 '썬 인더스트리'를 설립하고, 사회복지법인 '희망의 집' 지원하였다.

3-2 오구라 마사오(小倉昌男) : 야마토운수 회장

그는 도쿄대 경제학부를 졸업하고 아버지가 설립한 야마토(ヤマト)운수에 입사, 1987년 대표 회장에 취임할 때 회사를 매출액 1조엔의 대기업으로 성장시켰다. '택배(宅配)'란 이름으로 민간 최초 개인용 소액화물 배송 서비스를 시작하였다. 그는 새벽기도에 열심이었다. 매일 아침 7시, 부인 레이코와 손수 운전하여 도쿄 아자부(麻布)에 있는 천주교회 새벽 미사에 참석하였다. 예배당에 나와 무릎을 꿇고 30분간 조용히 기도하며, '오늘도 나쁜 일은 결코 하지 않겠습니다' 다짐하였다. 또 1995년 퇴임 후 야마토복지재단을 만들어 장애인들이 자립적으로 일할 수 있는 자리 조성에 앞장섰다.

3-3 하시모토 도오루(橋本徹) : 일본정책투자은행 사장

하시모토는 1957년에 도쿄대 법학부를 졸업 후 후지(富士)은행(현·미즈호은행)에 입사, 1996년에 회장이 되었다. 그리고 2011년에 일본정책투자은행 사장이 되었다. 그는 어머니의 영향을 받아 오카야마현 다카하시(高梁)기독교회 주일학교에 출석하였다. 고교 시절 세례를 받고, 스웨덴 선교사의 통역을 도우며 성경을 공부하였다. 은행을 입사하며 교회와 멀어졌지만, 1991년 하나님의 음성을 듣는 경험을 하였다. 직원 2명이 거래처와 공모해 예금증서를 담보로 파이낸스 회사에서 거액의 대출을 받아 2570억엔이 구멍 뚫리는 충격적인 사건이 발생하며, 은행장인 그는 책임자로서 국회 중의원 예산위원회에 참고인으로 불려가야 했다. 두려움이 있었다. 그는 은행장실 문을 잠그고 기도했다.

'하나님, 할 수 있는 것은 다 했습니다. 어떻게 대답하면 좋을까요?' 그는 '가서 말하거라, 내가 힘이 되어 줄게! 알고 있는 것을 말하되, 모르는 것은 모른다, 솔직하게 대답할 수 없다 하거라, 하는 음성이 들림을 느낄 수 있었다. 하시모토는 편안한 마음을 갖고 국회로 발걸음을 향했다. 그는 금융인으로 업무를 충실히 하고, 후에 ICU(국제기독교대학) 이사장으로 봉사를 하였다.

3-4 이케다 모리오(池田守男)_ 시세이도 사장

이케다는 1961년에 도쿄신학대학을 졸업하고 시세이도(資生堂)에 입사해 사장이 되었다. 1936년 카가와(香川)현에서 태어나 18세에 세례를 받고 목사가 되기 위해 도쿄신학대학 신학부에 입학했으나, 당시 국론 안보분열이 기독교에도 영향을 미치며 목회 길을 포기하고 시세이도에 입사했다. 1995년에 비서실장이 되고, 회사의 중심 역할을 하며 유통시스템을 바꾸기 위해 350억엔의 화장품 재고를 과감히 소각했다. 대량생산 대량소비의 구조가 아닌, 시장 변화에 맞추어 생산·판매의 시스템을 만드는 등 많은 경영개혁에 나섰다. 그리고 퇴임 후, 기독교 학교인 동양영일여학원(東洋英和女学院) 이사장을 지내며, 신학을 공부해 성직자가 되겠다는 꿈을 뒤늦게 이루었다.

3-5 모리 타이키치로(森泰吉郎) : 모리빌딩 창업자

모리는 1928년에 도쿄상과대학(현 히토츠바시대학)을 졸업하고, 1946년 요코하마시립대학 교수가 되었으며, 모리빌딩을 창업하였다. 그는 또 1955년에 모리부동산, 1956년에 야스나리(현 모리홀딩스)를 설립해 제1모리 빌딩을 준공했다. 적극적으로 사업 전개하여 1970년경 자본금이 7,500만엔 수준임에도 불구하고 58억엔을 차입, 경제성장과 도시 트렌드를 파악해 회사를 대기업으로 성장시켰다. 1986년에 모리빌딩이 소유한 임대빌딩과 연면적은 73동, 약100만 평방미터에 이르렀으며 부동산 업계 3위의 규모가 되었다. 모리는 1993년 심부전증으로 사망하였다. 그리고 유산으로 약30억엔을 게이오기주쿠(慶応義塾)대학에 기부하였다. 그는 청년시절에 레이난사카교회(霊南坂教会)에서 세례를 받았다. 기업가로 성공한 후에도 검소한 생활을 하였다.

3-6 가나야마 요시오(金山良雄) : 무라사키 스포츠 창업자

가나야마는 1933년 오사카에서 태어난 재일한국인(在日韓国人)으로서, 메이지(明治) 학원대를 졸업하고 1968년에 스포츠 용품 판매점을 창업, 1973년에 무라사키 스포츠를 설립하였다. 사업이 번창하며 기독교육에 뜻을 두어 1990년에 JTJ(Jesus To Japan Mission Seminary) 선교신학교를 설립하고, 1995년에는 도쿄도 다이토구에 그리스도 교회 소속의 우에노모리 교회(上野の森キリスト教会)를 개척하였다. 또 2002년에는 혜광학원과 학교법인 평택대학교의 이사장에 취임하기도 하였다. 평택대학교는 한국 경기도에 위치한 대학으로 피어선 선교사(Arthur T. Pierson)의 뜻에 따라 1912년 서울에 세워진 '피어선기념 성경학원'으로 출발, 1979년 피어선 성서신학교를 거쳐 1996년에 개명, 지금에 이르고 있다.

3-7 마츠모토 노조무(松本望) : 파이오니아 창업자

마츠모토는 1905년에 목회자 가정에서 태어났으며, 성경적 가치관을 갖고 ㈜파이오니아를 경영한 CEO이다. 그는 초등학교 3학년 때부터 신문배달과 이발소 견습, 우유배달 등을 하며 자립심을 배웠다. 그리고 청년시절, 기독교 단체의 지원을 제안받아, 1937년 '복음전기제작소(福音電機製作所)'를 설립하였다. 복음은 '예수 그리스도의 기쁜 소식'이란 뜻으로 소리를 통해 세상에 공헌하고 싶어 했다. 1957년에 현재의 '파이오니아'로 사명을 바꾼 후, 세계 최초의 레이저 디스크를 만들었다. 그는 1994년, 83세에 소천하여 하나님의 품에 안겼다. '우리의 국적은 하늘에 있다' 그의 묘비에 적혀 있는 글이다. 그가 얼마나 성경적 가치관의 삶을 살아왔는지를 나타내는 글이다. 이러한 그의 경영이념은 2020년 현재 당사의 비전, 경영이념에도 그대로 반영되어 있다. 한편 아버지 마츠모토 유지 목사는 목회를 잘하였고, 나중에 성경학자가 된 쿠로다 코키치(黒田幸吉), 도쿄대학 총장이 된 야나이하라 타다오(矢内原忠雄) 등의 세례를 주고, 일본 기독교 역사에 기여한 인물을 많이 배출하였다.

3-8 모리나가 다이치로(森永太一郎) : 모리나가 제과 창업자

모리나가는 1865는 사가(佐賀)현에서 태어났다. 24세인 1888년에 아내와 장녀를 일본에 남기고 미국에 건너가 양과자의 장인이 되기로 결심하고, 오클랜드 노부부의 집에 고용이 되면서 기독교인이 되었다. 노부부는 모리나가를 차별하지 않고 가족처럼 받아주었으며, 교회로 인도하여 메리만 해리스에게 세례를 받을 수 있게 하였다. 이에 모리나가는 전도자가 되는 꿈을 안고 귀국했다. 그러나 많은 사람은 그를 이상하게 여기고, 가문으로부터도 파문을 당했다. 그는 실망하여 다시 도미 양과자 제조를 계속 공부하고, 귀국 후 마시멜로를 만들어 판매에 성공을 하였다. 1899년 모리나가 제과 회사를 만들고, 리어카로 과자를 팔러 다니며 '예수 그리스도께서 죄인을 구원하기 위해 이 땅에 오셨습니다(디모데전서 1:15)', 간판을 달고 복음을 전하였다. 사람들은 그런 그를 보고 '야소 제과점'이라 불렀다. 밀크 캬라멜이 일본에서 판매되며 대히트를 쳤다. 1923년에 관동 대지진이 있었다. 그는 이재민들에게 과자를 무료로 나누어 주었다. '이것은 하나님과 고객으로부터 그동안 받은 은혜의 표시이다', 그의 신앙고백이다. 그는 일선에서 물러나 전국의 교회를 순회하며 전도강연을 하다 1937년에 소천을 하였다. 강연 주제는 '우리는 죄인중의 죄인, 괴수' 였다.

3-9 이이지마 노부히로(飯島 延浩) : 야마자키제빵 회장

이이지마는 치바(千葉)현에서 태어나 1964년에 히토츠바시대학을 졸업하고 야마자키제빵(山

崎製パン)에 입사하였다. 아버지 토우쥬우로(飯島藤十郎)가 창업자이다. 창업전 신주쿠 나카무라야에서 일을 하면서 사장인 소마 아이조(相馬愛蔵)의 전도를 받고 기독교인이 되었다. 소마는 우치무라 간조(内村鑑三)와도 교류를 하는 크리스천이었다. 토우쥬로우는 세례를 아직 받지 않았지만, 소우마 영향을 받아 야마자키 빵을 리어카에 싣고 팔면서 '하나님은 사랑이시라, 요한복음'의 간판을 걸었다. 그리고, 아버지, 삼촌과 3명이 함께 세례를 받았다.

세례 후 주력 공장인 무사시노 공장이 전소되는 화재가 발생했다. 이들은 화재 이유를 '우리가 너무 사업 위주로 일을 해와 하나님께서 징계를 하신 것이다. 이제부터라도 그 뜻에 합당하게 회사가 거듭나야 한다' 하며 회개를 하였다. 이이지마는 가족이 살던 미타카(三鷹)의 토지 300평을 교회에 기부하고, 그곳에 교회가 세워졌다. 그리고, 사회사업에 참여하여 이이지마기념 식품과학진흥재단과 국제개발구원재단 이사장, 국제NGO단체 월드·비전의 일본지부 부이사장 등을 맡아 도왔다.

3-10 고바야시 토미지로(小林富次郎) : ㈜라이온 창업

고바야시는 1852년에 현 사이타마(埼玉)시에서 태어나 ㈜라이온을 창업하였다. 1888년에 고베 다몬(多聞)교회에서 나가타 도키유키(長田時行)로부터 세례를 받고 36세에 기독교에 입문했다. 열성적인 기독교인으로 '주판을 갖은 종교인'이라 불렸다. 고베에 살 때 하루는 극장에서 기독교 집회가 있어 참석하였는데 이를 방해하려는 청년들이 들끓었고 장내는 소란스러워졌다. 그 때 유도 교사를 하던 덩치 큰 크리스천 남자가 대기실에서 나왔다. 힘으로 폭도들을 끌어낼 것이라 생각했는데 그는 큰 덩치에도 고개를 숙이고 '조용히 해주세요' 간청만을 하였다. 고바야시는 감동하여 열심히 교회에 다니게 되었고 그 후 세례를 받았다.

그는 1891년에 미야기(宮城)현에서 사업을 계획하고 전재산을 털어 프랑스제 기계를 도입하고, 대규모 성냥 제조공장을 하기 위해 준비를 하였다. 그런데 홍수가 나서 모든 원료와 기계를 잃어버렸다. 절망하여 자살을 하려 하였다. 그때 나카다 목사가 엽서로 보내 준 성경 말씀이 생각났다. '무릇 징계가 당시에는 즐거워 보이지 않고 슬퍼 보이나 후에 그로 말미암아 연단 받은 자들은 의와 평강의 열매를 맺느니라(히브리서 12:11). 그는 성경 말씀을 통해 용기를 얻고 도쿄로 올라와 고바야시 도미지로 상점을 개설하였다. 그리고 혼고(本郷)교회로 전회를 한후 에비나 탄세이(海老名弾正) 목사를 평생 도왔고, 에비나 목사가 추천한 치약제조 방법을 힌트로 1893년에 '사자표 치약'을 발매해 성공을 하게 되었다. 그리고 사회사업에도 참여해 오카야마 고아원 등의 시설을 개설하여 원조를 계속하였다. 1910년 담석증으로 소천하였고, 고바야시의 장례식 모습을 기록한 영화 필름은 국가 중요 역사자료 문화재로 지정되었다.

4. 한일 거시경제 비교와 선교적 함의

2019년 8월, 역자는 한일교회의 목회자들이 양국의 화해를 위해 포항에서 개최한 "헤세드 아시아 포 재팬(Hesed Asia for Japan)"에 참석하였다. 그리고 경제와 선교문제를 주제로 모임에서 발표를 하였다.

2019년은 한국과 일본관계가 특별히 어려운 시기였다.

2018년, 일제 강점기 징용 피해자들이 일본 기업을 상대로 낸 손해배상 청구소송에 대해 대법원이 1억원씩을 배상하라는 판결을 하였고, 그리고 이에 대응하여 일본 정부가 2019년 7월에 한국산 반도체 소재 3품목에 대해 수출규제 우대조치(White list)를 취소하는 조치를 하였기 때문이다.

양국의 갈등은 제품 불매운동으로 확산되고, 다양한 분야에 악영향을 미치었다. 일본은 1876년 메이지 시대에 서양문물의 개방과 근대화에 성공하여, 세계 패권 국가가 되는 꿈을 꾸었다. 그리고 1945년 패전에도 불구하고 재건에 성공하여 1964년 도쿄올림픽을 개최하고, 세계 제2위 GDP국가 반열에 올라섰다."Japan as No.1"이란 구호처럼 일본 제품은 세계시장에서 불티나게 팔렸고, 일본형 경영방식을 벤치마킹하고자 하는 연구가 붐처럼 일어났다(사와이 沢井, 2016; 고미네 古峰, 2016).

그러나 최근 한국과 일본의 경제적 수준을 그 격차가 크게 감소하였다. 헤이세이(平成) 천왕이 즉위한 1989년말을 기점으로 버블 붕괴현상이 발생하면서, 일본경제가 장기간 침체의 늪에 빠졌다. 소위 "잃어버린 10년과 20년(失われた10年と20年)"이란 표현이 상징하듯이, 장기간 불황을 계속되며, 물가상승이 멈추고 경제성장률이 둔화되었다(오가와 小川, 2009). 그리고 이러한 어려움을 타개하기 위해 일본정부는 2012년에 아베노믹스(Abenomics) 정책을 발표하고, 재정확대를 통해 경기 활성화의 동력을 찾기 위해 노력하였다. 반면, 한국은 1990년대 이후에도 꾸준히 경제성장을 구가, 양국의 차이가 크게 감소하기 시작했다. 그러면 이러헌 경제적 차이가 선교에 미치는 영향은 무엇일까?

4-1 한일 거시경제 통계비교

역자는 버블경제가 붕괴된 1989년부터 2017년 최근까지 총 28년간의 한국, 일본 주요 거시경제 통계자료를 비교, 선교적 함의를 생각해 보았다.

즉 OECD에서 제공하는 다음 자료를 비교, 추이를 살펴보았다.

1) 국내총생산(Gross domestic product: GDP)
2) 1인당국민소득(per capita GDP)
3) 경제성장률(rate of economic growth)

4) 수출·수입액(amount of export, amount of imports)
5) 소비자 물가지수(consumer price index)
6) 실업률(unemployment rate)
7) 인터넷이용률(Internet utilization rate)

그 결과는 크게 다음과 같다.[110]

첫째, 1990년 일본의 8.9%이었던 한국의 GDP(국내총생산)가 2017년의 경우 31.4%로 상승하였다. 즉 일본의 1/10 수준이었던 경제규모가 1/3로 격차가 감소되었다. 일본의 인구가 1억2천만명으로 한국의 2.5배인 것을 고려하면 추월은 어렵더라도, 그 차이가 상당히 좁혀졌음을 알 수 있다.

〈표 7〉 한국의 일본의 거시경제 주요지표 비교

	1990		2017	
	한국	일본	한국	일본
국내총생산	279	3132	1530	4872
(=한국/일본 비율)	8.9 (%)		31.4 (%)	
1인당국민소득	6514	25,359	29,744	38,429
(=한국/일본 비율)	25.7 (%)		77.24 (%)	
경제성장률(%)	9.8	4.9	3.1	1.7
(=한국/일본 비율)	200.0 (%)		182.4 (%)	
수출액	65,016	297,580	573,694	698,169
(=한국/일본 비율)	22.6 (%)		82.2 (%)	
수입액	69,844	235,376	478,479	671,259
(=한국/일본 비율)	29.7 (%)		71.3 (%)	
소비자물가지수	40.6	94.5	102.9	104.0
(=한국/일본 비율)	43.0 (%)		98.9 (%)	
실업률(%)	2.4	3.1	3.7	2.8
(=한국/일본 비율)	114.3 (%)		132.1 (%)	
인터넷 이용률(%)	44.7	30.0	95.1	90.9
(=한국/일본 비율)	149.0 (%)		104.6 (%)	

* 단위는 GDP 10억달러, 기타 100만달러
* 출처: 이선복(2020), 한일의 거시경제 변화와 선교적 함의 고찰, 『신앙과 학문』. 25(2). 183-210를 기초로 재작성

110) 이선복(2020), 한일의 거시경제 변화와 선교적 함의 고찰, 『신앙과 학문』. 25(2). 183-210. https://www.kci.go.kr/kciportal/landing/article.kci?arti_id=ART002599413

특히 일본은 GDP를 2위를 놓치고 중국에 G2 자리도 양보하였다. 반면, 한국은 인구 5천만명, 국민소득 3만달러 이상의 국가, 즉 5030 나라로 부상하며 일본과의 격차를 줄였다.

둘째는 1인당 국민소득이다. 일본의 25.68%, 즉 1/4 수준이었던 1인당 국민소득이 77.40%으로 상승함에 따라 양국의 경제적 생활수준의 소득격차가 감소하였다. 일본이 고도성장을 구가하던 1980년대까지, 일본경제와 경영은 한국기업이 따라 하고 싶은 벤치마킹의 대상이었다.

일본에 여행하는 한국의 관광객의 손에는 소니 TV와 워크맨, 죠시루시 코키리표 밥솥이 들려있었다. 일본 회사의 전자제품의 인기가 하늘을 치솟았다. 또 일본에 위장 취업하여 돈을 버는 한국인의 수가 적지 않았다.
통계자료에 의하면 2020년 일본인의 평균 연소득은 436만엔이다. 최근 10년동안 20만엔 정도가 증가했을 뿐 큰 변화가 없다. 20대초반 대졸초임 남자의 급여가 275만엔, 여자가 243만엔이다. 물론 남녀간의 차이가 발생하고, 또 연공서열의 현상이 보이지만, 최근 대기업을 중심으로 한국 대졸 취업자의 급여가 증가한 것을 고려하면 낮은 수치이다.

셋째, 연평균 경제성장률이다. 조사기간 28년 동안 한국은 평균 5.19%, 일본은 1.16%의 성장을 기록했다. 일본이 1980년대 말까지 고도성장을 이루고 멈춘데 비해, 한국은 1990년대, 2000년대까지 꾸준한 성장률을 보였다. 일명 경제학에서 이야기하는 선진국과 개발도상국과의 '따라잡기' 현상이 발생하였음을 볼 수 있다. 특히 한국의 경우 삼성전자의 도약이 눈에 띄었다. 반도체와 휴대폰을 중심으로 세계적인 글로벌 기업이 되면서, 전통적인 일본 전자 대기업들과 경쟁을 할 수 있는 위치에 올라 섰음을 볼 수 있다.

넷째는 수출입 현황이다. 1990년 일본의 22.6%의 불과했던 한국의 수출액 규모가 2017년의 경우 82.1%에 육박하였다. 수입도 1990년 일본의 29.6%에 불과했던 한국의 수입액 규모가 2017년의 경우 71.2%로 상승하였다. 양국 모두 자원이 부족한 나라로 가공무역을 하는 특징을 갖고 있으면서도, 한국의 수출입이 급격히 증가하여 양국의 격차가 감소함을 볼 수 있다.

한국의 인구가 일본에 비해 2.5배 적음에도 불구하고, 수출입액의 비율이 82.1%와 71.2.2%의 수치로 나타낸 것은 한국의 무역의존도가 높아진 것을 표시하면서도, 인구 크기와 관계없이 성장이 가능함을 나타내는 것이어서 주목이 된다. 그동한 한국과 일본은 수출입 거래에서 밀접한 관계를 유지, 한국이 부품소재 등에 있어 일본의 제품을 수입, 한국의 수출이 증가하면 할수록 일본으로부터의 수입이 증가하는 구조를 갖고 있었으며, 이것이 무역적자를 발생시키는 요인으로 지적되어 왔다.

다섯째는 소비자물가지수이다. 1990년 한국의 소비자 물가지수는 2010년을 기준(100)으로 할 경우 40.6%, 일본은 94.5%를 기록하였고, 2017년은 한국 102.9%, 일본이 104.0%로 나타났다. 즉 한국이 조사대상 기간 중 한국 5.19% 연평균 경제성장률과 함께 2배의 물가상승을 기록하며 1인당 국민소득이 3만달러 수준으로 높아진 것에 비해, 일본은 이미 성숙단계로 성장률이 1.16%로 낮음은 물론 물가상승률과 1인당 국민소득도 크게 변화되지 않는 특징을 보였다.

한번씩 일본을 방문하며 일본의 물가가 눈에 띄게 변화지 않는 것을 실감하면서도, 이것이 경기를 침체 시키고, 또 소득을 증가시키지 못하는 요인으로 작용할 볼 수 있다. 물론 그렇다고 인플레이션을 용인하는 것은 아니며, 극단적 물가상승은 어느 나라이든 정책을 담당한 사람 입장에서는 주의해야 할 사항이다.

즉 이상과 같이, 버블붕괴 이후, 일본의 경제 침체로 의해 조사기간 동안 한국과 일본의 경제격차가 크게 감소함을 알 수 있었다.

4-2 일본선교를 위한 패러다임의 변화

그러면 이러한 경제현상의 변화가 양국의 선교전략과 기독교 복음화에 미치는 영향은 무엇일까? 패러다임의 전환이 필요하다면 무엇일까? 역자는 충분하지는 않지만, 다음을 제시하고 싶다.

첫째, 일본선교에 임하는 한국교회의 지원이다. 2019년 현재 일본에는 1,656명의 한국 선교사가 활동을 하고 있다(한국세계선교협의회 KWMA, 2020). 한국이 해외에 선교사를 파송한 국가 중 3번째로 많은 숫자이다. 과거 선교활동의 내용을 본면 재일교포들의 삶의 애환을 대변해 온 재일대한기독교회의 사역부터 현지에 소규모 형태의 교회를 개척하고, 제자훈련을 하고, 또 여러 형태의 문화사역과 봉사가 주를 이루어 왔다.

재일대한기독교회의 경우, 재일교포의 애환과 함께 해온 교회로 약100개가 일본전역에서 활동하며, 특별히 1908년 동경 YMCA에 모인 유학생들을 중심으로 예배를 시작, 동경교회를 모교회로 하고 있다. 한국 내 대형교회를 중심으로 한 선교는, 여의도순복음교회가 동경순복음교회를 중심으로 지교회를 확장, 일본전역에 상당수의 성도와 60-70개에 이르는 교회로 성장하였다. 온누리교회는 故하용조목사 생전 당시부터 러브 소나타를 순회 개최, 'Acts29'의 일환으로 개척교회를 세워 나갔다. 사랑의교회는 지교회 개척보다 1990년부터 일본내 제자훈련의 실시에 역점을 두고 일본선교를 도와 왔다.

그러나, 일본과 한국의 경제지수 격차가 크게 변화하였다.

앞서 조사에서 살펴 보았듯이, 일본 생활수준의 4분의 1이었던 한국의 국민소득이 77% 수준으로 상승하고, 한국의 GDP가 일본의 3분의 1 수준이 되었다. 또 세계적으로 규모가 큰 대형교회의 상당수가 한국에 존재하고 있다. 그럼에도 일본의 경우 동남아시아 또는 아프리카 등 저개발국가에 비해 경제 선진국이고, 물가와 엔고현상을 고려할 때 선교 후원금을 보내도 그 성과가 미흡할 것이란 생각이 일반적이었다. 그러나 이는 잘못된 오해이다. 엔고 현상과 경제지표에 대한 차이가 줄어들며 이제 일본에서도 적절한 재정후원은 성과로 연결될 수 있다는 인식 전환이 필요해 보인다.

현재 일본에는 규모가 작고 경제적으로도 자립하기 어려운 교회가 많다.

2017년 전국 개신교 교회수는 7896개에 불과하고 그것도 14개가 감소하였다. 또 1교회당 평균 회원수가 62.4명이고, 평균 예배자수는 39.2명에 불과하다. 시골이나 농촌지역으로 가면 상황은 더 심각하다. 목회자가 고령화 되고, 설교할 목회자가 없는 무목(無牧)교회가 증가하고 있다.

그러한 의미에서, 한국교회가 보다 적극적으로 전략적 관점에서 선교에 접근해도 좋겠다는 생각이 든다. 가능하다면 대형교회의 중심으로 전략적으로 재정을 지원하고, 선교에 투자를 해도 좋을 수 있겠다. 어느 나라이든 하나 하나의 지원과 후원이 작은 형태로 어렵게 사역을 해 나가는 목회 현장에서는 큰 힘이 될 수 있기 때문이다. 또 장기적 관점에서는 일본인이 운영하는 크리스천 기업 및 경영자와의 협력을 모색하여 병원, 학교, IT, 정보기술, 문화콘텐츠, AI인공지능 등 새로운 형태의 4차 산업에 대한 선교적 기업 도전도 좋은 대안이 될 수 있을 것이다. 특히 일본 현지 목회자 양성을 위한 신학교 지원과 신학생 장학사업은 다음세대 크리스천 사역자 배출을 위해 중요한 전략이 될 수 있을 것이다.

그리고 이러한 점에서 과거 사랑의교회를 중심으로 제자훈련을 통해 일본교회와 목회자를 간접적으로 돕고자 했던 사례, 부산 호도스신학원에서 일본기독교단과 협력을 하여 무목교회를 지원한 사례는 좋은 선교 지원 방법중 하나라 생각되어 진다. 그리고 최근 조남수 목사를 중심으로 설립한 글로벌 크리스천 아카데미(GCA) 학교도 현지 일본 크리스천 리더를 양성해 간다는 점에서 있는 의미있는 일이며, 일본복음선교회의 지속적인 선교사 훈련과 파송도 계속될 필요가 있다고 생각되어 진다.

둘째는 일본 크리스천의 세계관에 대한 이해이다. 일본인은 범신론적 성향이 강하다. 자연의 모든 곳을 통해 신을 찾고, 또 여러 종교를 동시에 갖는 다신교적 세계관이 강하다. 혼합 종교이다. 세례와 결혼은 기독교식으로 하고, 장례식은 불교식으로 하여도 이상하게 생각하지 않는 것처럼 유일신에 대한 개념이 약하다.

오랜 세월 박해와 핍박속에서 교회가 성장을 하며, 엔도 슈사쿠의 작품, 침묵(沈黙)에서처럼 초기 선교사들이 전하려 했던 하나님의 존재와 신에 대한 개념은 약해지고, 새롭게 만들어진 변형된 모습의 하나님을 찾고 있었는지도 모른다. 이른바 경제성장의 자신감 속에서 '일본적(日本的) 경영방식'을 찾고 자랑해 왔듯이 '일본적 기독교'를 찾으려 했을 수도 있다. 사와 목사의 주장처럼, 기독교의 복음이 일본이 막부시대의 박해와 메이지 근대화 과정 등을 거치며, 일본교적 기독교로 변형되어 일본화된 부분이 있을 수 있다(사와, 1995:9).

일본선교에서 있어서 중요한 것은 기다림과 인내, 그리고 겸손이다. 일본인에게 지나치게 빨리 믿을 것을 강요하는 것은 바람직하지 못하다. 특히 외국인 선교사 입장에서 천황제에 대해 깊은 성찰 없이 비판적 자세를 갖는 것은 기독교의 유일신 사상과 충돌, 불필요한 오해를 줄 수 있다. 상대로 마음 문을 닫게 하여 오히려 전도를 어렵게 할 수도 있다. 일본은 회의를 많이 하는 문화이다. 급진적 사고의 결정보다는 배려와 조화를 이룬 점진주의적 의사결정 방식을 좋아한다. 일본인의 세계관을 이해하고, 그들의 문화와 토양을 존중하는 가운데 복음을 전하는 자세가 필요하다. 루스 베네딕트가 쓴 『국화와 칼』 처럼 일본인은 온유와 강팍, 양면의 성격을 갖고 있다(Ruth Benedict, 1946). 씨를 뿌리고 믿음이 자랄 때까지 기다림의 인내가 필요하다. 그리고 그리스도의 성품을 본받아 겸손한 자세로 전도에 접근하는 것이 바람직하다.

셋째는 일본 교회의 예배, 선교 프로그램 개발에 대한 이해가 필요하다.

일본교회는 에큐메니컬 성향이 강하다. 교회의 일치와 연합을 도모하는 경향이 있고, 예를 들어 1941년 사례와 같이 국가가 강제로 합병을 하도록 요구한 적도 있다. 또한 개교회 하나 하나의 규모는 작지만, 지식층과 중산층 신자가 많다. 일본교회는 대체적으로 절제적이고 조용하다. 새벽기도가 활발하지 않으며, 큰소리로 아멘을 외치거나 통성기도를 하는 것이 일반화되어 있지 않다. 예배 찬양대의 음률은 고도로 절제된 화음 속에서 이루어지고, 강단 설교는 예화가 적고 성서적 관점의 강해가 많다. 이는 일본에서 예배를 드릴 기회가 있거나, 공동으로 선교 프로그램을 개발하고 국제교류를 할 경우, 우리 교회 들이 꼭 유의해야 할 사항이다. 한국에서의 분위기를 그대로 적용할 경우, 오히려 당황해하고 장기적인 진행이 어려워 질 수 있다.

무엇이 좋고, 선교에 실질적으로 도움이 될까? 현지 교회 및 목회자와 논의하여 진행하는 자세는 매우 중요하다. 앞서 살펴보았듯이, 일본은 많은 신앙적 유산을 갖고 있다. 일본의 크리스천 CEO를 포함, 에비나다 단조, 우에무라 마사히사, 또 한국에도 잘 알려진 우치무라 간조 같은 목회자 및 기독교 사상가가 있다. 엔도 슈사쿠, 미우라 아야코와 같은 기독교 문학작가 등도 있다. 이들을 활용한 기독교 교류 콘텐츠 개발도 좋은 아이템이 될 것 같다. 그리고 한류 문화를 포함, 양국의 문화 교류를 적절히 병행하는 것도 바람직할 수 있다. 단 어느 경우도 중심은 예수 그리스도의 복음이 우선되어야 한다. 복음처럼 파워풀하고 공감대를 쉽게 만들 수 있는 도구는 그 어디에도 없다.

모이는 교회, 흩어지는 교회! 정규 예배외에 소그룹 모임을 적절히 병행하는 것이 바람직하다. 예수님은 많은 사람을 구원하시고 또 사랑을 나타내셨지만, 12명의 제자와 함께 하시며 주로 사역을 하셨다. 소그룹 모임을 통해 양국의 그리스도인으로서 서로 공감대를 형성하고, 신뢰 관계를 만들어가는 자세가 매우 중요하다. 그리스도 안에서는 모두가 형제요 자매이다. 국경의 벽도 초월할 수 있다. 그리고 철저하게 성경적 관점에서 복음과 말씀을 통해 영적으로 하나가 되어감이 중요하다. 그런 의미에서 본서 『성경의 관점에서 이해합니다』는 일본의 교회와 크리스천을 이해하고 선교를 준비하는 데 있어서 유익하게 사용될 수 있을 것이다.

넷째는 선교 협력을 받아들이는 일본교회의 이해와 패러다임의 전환이다. 1945년 패전이후 1989년까지 일본경제는 놀랍게 성장을 하였다. 1964년 도쿄올림픽을 기점으로 세계 제2위 GDP국가가 되고, 각종 경제신화를 바탕으로 Japan as No.1이라는 캐치 프레이어 자부심까지 만들었다. 그러나 돌아보면 이러한 자부심이 오히려 선교의 걸림돌이 될 수 있다. 미국 선교사들이 본국으로 들어가고 아시아 선교사들이 그 자리를 대체하려 했을 때, 이미 많은 일본인의 눈에는 경제선진국 국민으로서 민족적 우월감이 작용하고 있지 않았나 하는 생각이 든다.

지나친 물질주의와 성장위주의 사고는 어느 나라이든 복음 확산에 방해요소로 작용할 수 있다. 경제성장은 누구나 바라는 것이고 정책을 하는 담당자 입장에서 볼 때는 정말 중요한 과제이다. 한나라의 GDP 규모와 생산성 크기는 그 나라 국민의 삶과 후생수준을 결정하는 데 중요한 역할을 하기 때문이다. 그러나 지나친 물질주의, 상업주의, 성장위주 정책은 인간이 추구하는 최종 목표가 되기에 한계가 있다. 또 성경에서는 그 어느 것이든 하나님보다 더 사랑하는 것이 있다면 그것이 우상이 될 수 있음을 이야기하고 있다. 하나님의 관계를 멀어지게 하는 것은 복음적 측면에서 악마와 사탄이 될 수 있음을 주의해야 한다. 영적인 깨달음이 필요하다. 예수 그리스도가 바라는 의(義)의 세계와 사랑, 그리고 복음이 함께 하는 공동체가 진정한 행복과 사회적 가치를 바르게 구현할 수 있는 방법임을 인식하며 점진적으로 확산해 가는 것이 중요하다.

1990년 이후, 일본의 경제가 '잃어버린 10년', '잃어버린 20년'을 경험하며 한국과의 격차가 줄어든 것은 아쉬운 일이 될 수도 있겠지만, 믿음의 관점에서 생각하면 이는 일본(日本)을 향한 또 하나의 하나님의 메시지 (message)일 수도 있다. 일본의 크리스천, 목회자는 스스로 교회와 신앙의 문을 조금 더 활짝 열고 협력의 자세로 나아가는 것이 바람직하다. 아시아 저개발국에서 파송된 목회자나 선교사라 하더라도 하나님께서 기름부어 세우신 사역자이다. 그들의 영적 권위를 인정하고, 복음 전도를 위해 협력하여 열심히 헌신하는 자세는 일본이 새롭게 복음의 선진국가로 발돋음 하는 데 기여할 수 있을 것이다.

또한 나카가와 목사가 본서 서문에서 언급한 것처럼, 일본인들의 마음속에 기독교란 '사종문(邪宗門)', 즉 어떤 권력자나 권위에 대적하고 또는 비우호적인 종교로 인식이 자리 잡고 있을 수도 있다. 그러나 그런 부분이 있다면 그 패러다임을 이제 깨뜨려야 한다. 종교는 저항이 아니다. 복음이 확산되기 위해서는 종교와 정치를 구분하고, 철저하게 복음적 입장에서 전도에 열심을 품는 자세가 매우 중요하다. 그리고 때로는 국가를 위해 기도하고, 그리스도의 사랑을 이웃에 나타내고 실천함이 중요하다. 교회 스스로 지역사회에 빛과 소금의 역할을 감당하고, '선한 이미지'와 '긍정적인 이미지'를 창출해 갈 수 있도록 패러다임을 적극 전환해야 할 것이다.

마지막 다섯 번째는 교회간의 거시적 연합과 기도 모임이다. 한국과 일본은 지정학적으로 매우 밀접한 나라이다. 따라서 우호적일 때도 있지만, 과거 불행한 역사를 동시에 안고 있다. 전쟁 당시 있었던 신사참배의 강요가 아직도 기억 속에 함께 하고 있다. 또 이와 관련해 그동안 일본기독교단은 물론, 목회자들도 여러 개인적인 통로를 통해 과거 침략에 대한 사죄를 발표해 왔다. 그리스도의 사랑을 기반으로 한 양국의 화해는 매우 바람직한 것이다. 예수님이라면 어떻게 하셨을까? 그리스도의 복음 위에 서로를 용서하며, 새로운 시대, 질서에 맞는 관계를 구축해 감을 우리 예수님께서도 원하시는 부분이실 것이다.

양국의 교단 및 지도자들이 정기적으로 교류를 갖고 협력해 가는 것도 중요할 것이다. 예를 들어 한국교회총연합과 일본기독교단 등 양국 대표 단체가 공동현안에 대해 논의하고 기도의 장을 열어가는 것도 하나의 방법이다. 교단간의 신학적 교류, 예를 들어 개혁장로교, 침례교, 성결교 등 이러한 교단은 한일 양국 모두에게 있는 교단으로 이들의 신학 교류도 바람직해 보인다.

어느 사회, 국가이든 기독교 관련 이단(異端)들이 존재할 수 있다. 일본도 예외가 아니다. 최근에는 한국 교회가 부흥하며, 상당수의 이단이 일본에도 진출 활동하고 있는 모습들이 보인다.

이는 건전한 신앙과 정통 교리를 왜곡, 오히려 순수한 의미에서의 복음전도를 방해하는 일본식 표현으로 메이와쿠(迷惑)형 세력이 될 수 있다. 일반적으로 일본에서 전통적으로 활동해 오던 통일교를 포함, 신천지(新天地), JMS(キリスト教福音宣教会)에 대해 한국에서는 이단으로 취급하고 있다. 따라서 이러한 내용을 포함, 양국 대표기관, 주요 정통교단의 신학적 교류는 매우 의미있어 보인다.

예수님께서는 제자들에게 다음과 같이 부탁하며 명령을 하셨다.

'너희는 가서 모든 민족을 제자로 삼아 아버지와 아들과 성령의 이름으로 세례를 베풀고, 내가 너희에게 분부한 모든 것을 가르쳐 지키게 하라 볼지어다 내가 세상 끝날까지 너희와 항상 함께 있으리라 하시니라'.
(마태복음 28:19-20)

'오직 성령이 너희에게 임하시면 너희가 권능을 받고 예루살렘과 온 유대와 사마리아와 땅 끝까지 이르러 내 증인이 되리라 하시니라'.
(사도행전 1:8)

이는 지금 우리 모든 그리스도인에게 하시는 말씀일 수도 있다.
그리고 협력을 원하시는 한국과 일본의 양국 교회 관계자, 모두에게 하시는 예수님의 지상명령일 수 도 있다.

5. 은혜의 보좌 앞으로 나아가라!

역자가 쓰는 본서의 마지막 후기 결론(結論)이다.

2021년 주일이다.
'은혜의 보좌 앞으로 나아가라(히브리서 4:14-16, 최정일목사)',
예배를 통해 말씀이 선포되었다. 바울 사도가 예수 그리스도를 만나
변화된 이후 어떠한 삶을 살았는지 여정에 관한 메시지이다.
설교가 끝나고, 찬송(讚頌)을 함께 했다.

은혜 아니면 살아갈 수가 없네 / 호흡마저도 다 주의 것이니
세상 평안과 위로 내게 없어도 / 예수 오직 예수 뿐이네
크신 계획 다 볼 수도 없고 / 작은 고난에 지쳐도
주께 묶인 나의 모든 삶 / 버티고 견디게 하네
은혜 아니면 살아갈 수가 없네 / 나의 모든 것 주께 맡기니
참된 평안과 위로 내게 주신 주 / 오직 오직 예수 뿐이네

폭풍 같은 눈물이 흘러 나왔다.
안경을 타고 마스크를 적셨다(애매). 사도 바울의 고백이지만 오늘은 나의 고백이 된듯 하다. 지난 몇일 동안 번역을 하면서 묵상 되었던 은혜들이 함께 오버랩 되었기 때문이다.

구약시대, 우리는 죄 때문에 하나님의 보좌 앞으로 나아갈 수 없었다.
그러나 그런 우리를 불쌍히 여기시고
예수 그리스도께서 이 땅에 오셔서 십자자게 못 박혀 죽임을 당하셨다.
지성소의 휘장이 찢어졌다.
온 인류를 구원하시기 위해 주께서, 어린 양이 되어 피 흘려 죄값을 치루어 주셨다.
그리고 무덤에 장사되고, 죽은지 사흘만에 부활하셨다.

이것이 복음이다.
이것이 성경에서 말하는 기독교의 복음(福音)이다.

『3분변증 : 성경의 관점에서 나아갑시다』를 통해
우리는 하나님께서 우리에게 무엇을 원하시는지 알 수 있었다.
예수 그리스도가 실존 인물임을 알 수 있었다. 그가 왜 십자가에 달렸고, 왜 삼위일체 하나님이시고, 또 신앙생활 하면서 평소 궁금했던 내용들을 철저하게 성경적 관점에서 알아보는 기회가 되었다.

다양한 세계관이 있는 세대이다. 사람마다 주장하는 것이 다르고,
기독교의 교파와 교단 또한 다양하다. 심지어 성경을 왜곡하는 가짜 이단(異端) 까지
나서 진리 인양 말하는 시대이다.

나라가 진보와 보수로 나뉘어, 정치적 논리가 하나님보다도 더 앞서려고 하는 세대이다.

이러한 모습을 보고 우리 주님은 무어라 하실까?
C.S 루이스는 '순전한 기독교'로 돌아갈 것을 이야기 한다.
토마스 아 켐피스는 '그리스도를 본받아' 영적인 삶을 살 것을 권면하였다.

기독교 신앙의 출발은 성경이다.
최고의 교과서는 성경(聖書)이다. 나카가와 겐이치 목사는 성서 복음주의 신앙의 신학에 뿌리를 두고 있다.

이 책은 신앙을 시작하는 초신자, 그리고 Non 크리스천들에게 도움이 될 것이다.
또 사역을 하는 목회자, 기독교 관계자에게도 성경적 관점에서
그 본질을 변증해 가는 데 유익하게 사용이 될 수 있을 것이다. 그리고 일본선교를 준비하는 사람, 일본어를 공부하는 사람들에게 도움이 될 것이다.

방학이 지나면 또 개강, 새학기가 시작된다. 코로나19 가운데도, 채플에 참여하는 우리 학생들 모두에게도 또 이 책이 도움이 될 수 있으면 좋겠다.

주님! 감사합니다....

참고문헌

공문혜 역(2011),『침묵』, 홍성사, 遠藤周作(1981),『沈默』, 新潮文庫

기독경영연구원(2004),『기독경영 로드맵11』, 예영 커뮤케이션

김경환·김종석 역.(2016).『맨큐의 경제학』, CENGAGR Learning. (N.Gregory Mankiw(2015). Principles of Economics)

김산덕 (2019).『일본의 정신과 기독교(상)』. 하영인.

김윤식·오인석 역(2005).『국화와 칼』. 을유문화사, (Ruth Benedict(1946). The Chrysanthemum and the Sword : Patterns of Japanese Culture)

김영래 (1997). 일본형 경영의 형성과 구조. 한일경상논집, 14, 21-48.

김영희 역, (2010), 제자도, John Stott(2010), The radical disciple, IVP.

김한식 (2017).『일본 복음의 눈으로 다시 보다 -일본은 한국에게 니느웨인가』, 크리스챤 서적.

문정식 역(2009),『하나님을 경험하는 삶』, 요단출판사, (Henry T. Blackaby, Claude V. King, Experiencing God)

니시노 준야 (2015). 한일 경제 협력 관계의 시작과 제도화 과정. 일본비평, 12, 50-71.

박양자 (2008).『일본 키리시탄 순교사와 조선인』. 도서출판 순교의 맥.

배성권/이상규 (2015), 기독교 대학과 사회과학, 고신대학교 출판부

배준호 (2007). 국내 일본 경제·경영 연구 동향과 전망. 한일경상논집, 38, 85-122.

사와 마사히코 (1995).『일본 기독교사, 대한기독교서회

신장철 (2009). 일본적 경영 및 고용시스템의 변화에 대한 연구. 한일경상논집, 44, 35-58

원광연 역(2018),『기독교 강요, 크리스천 다이제스트, (John Calvin(1559), Institutes of the Christian Religion)

위거찬 역(1990).『기독교 변증학』, 성광문화사. (Norman Geisler.(1990). Christian Apologeticw)

이광순·이용원 (2000).『선교학개론』. 한국장로교출판사.

이숙종 (2007),『기독교 대학과 교육』, 예영커뮤니케이션

이유광 (2001). 잃어버린 10년, 일본의 교훈. 삼성경제연구소.

이선복(2007). 일본어를 이용한 대학채플의 개설가능성과 도입성과. 일본문화연구, 21.149-165.

이선복(2018.3), 교회 내부통제제도와 회계감사에 관한 소고, 로고스경영연구, vol.16,no.1, 통

권 48호 pp. 31-46
이선복(2019.3), 성경적 관점에서 본 회계윤리, 로고스경영연구, 2019, vol.17,no.1, 통권 52호 pp. 1-20
이선복(2020.3), 종교인소득 과세의 성경적 의미와 실무 적용방안, 로고스경영연구, 2020, vol.18, no.1, 통권 56호 pp. 166-186
이선복(2020.6), 코로나19 경제위기의 영향과 신앙적 교훈, 로고스경영연구, 2020, vol.18, no.2, 통권 57호 pp. 23-48
이선복(2020.6), 한일의 거시경제 변화와 선교적 함의 고찰, 신앙과학문, 2020, vol.25,no.2, 통권 83호 pp. 183-210
이선복(2020.11), 성경적 가치관에 따른 일본 CEO 경영 연구, 한일경상논집, vol.89,pp. 187-209
이선복(2021.3), "교회와 선교단체를 위한 복식부기 회계, Excel 활용 연구", 로고스경영연구, vol.19, no.1, 19-40
장경철·이종태 역(2018), 『순전한 기독교』, 홍성사, (C.S Lewis, Mere Christianity)
장성만(2012), 『역경의 열매』, e뉴스한국
장성만·장제국 (2016), 『새로운 약속』, e뉴스한국
조항래 역(1991), 『그리스도를 본 받아』, 도서출판 예찬사, (Thomas'a Kempis, The Imitation of Christ)
최혜영 (2017), 『삶과 지적대화 :인성과 융복합 학문의 접근』, 전남대학교 출판문화원
최용준 역.(2013). 『신앙과 학문의 통합』, 예영 커뮤니케이션 (Robert A. Harris.(2004). The Integration of Faith and Learning)
한국복음주의선교학회 역.(1987). 『교회성장의 이해』, 한국장로교출판사 (Donald A. McGavran. (1987). Understanding Church Growth, Tr. Korean Evangelical Mussiologicak Society Translators, The Presbyterian Church of Korea)
한국무역투자진흥공사(KOTRA) (2019). 2019 세계시장 진출전략 I 일본. KOTRA.
한국세계선교협의회(KWMA) (2019). 한국선교사 파송 현황. KWMA.
한국기독학생회(2004). 『IVP 성경신학사전』, Korea Inter Varsity Press, (T. Desmond Alexander (2000). New Dictionary of Biblical Theology)
한국종교문화연구소(2011), 세계종교사 입문, 청년사
황봉환 (2015). 『삶의 연결 통로 신학과 경제』, 하람커뮤니케이션.

일본어

五野井隆史 (2017).『日本キリスト教史』. 吉川弘文館.

小川一夫 (2009).『失われた10年の真実』. 東京経済新報社.

クリスチャン新聞オンライン(2020), ウイルス禍についての神学的考察」 神戸改革派神学校校長 吉田隆 2020年 3月 25日

後藤牧人(2011),『日本宣教論』. イーグレース(CHRISTIAN TODAY

文化庁(2019),『宗教年鑑』, 文化庁

東京基督教大学 国際宣教センター (2019), 日本宣教リサーチ 調査レポート(2018)

日本経済新聞社(2009),『日本の経営者』, 日本経済新聞社

古峰隆夫・村田啓子 (2016).『日本経済入門』. 日本評論社.

仁井田義政(2011), 聖書に触れた人々, 松本望(windychapel.com/blog2/?p=360)

宮本又郎・安部武司・宇田川勝・沢井実・橘川武郎 (1995).『日本経営史ー日本型企業経営の発展、江戸から平成へ』. 有斐閣

인터넷 사이트

동서대학교 교목실 https://uni.dongseo.ac.kr/chapel/

3分でわかる聖書 http://seishonyumon.com/

일본복음선교회 JEM http://kjem.com/

일본 크리스천신문 https://クリスチャン新聞.com/

전국대학교수선교연합회 http://www.kupm.org/

재일대한기독교회 https://kccj.jp/kr/index.php

크리스천투데이 일본 https://www.christiantoday.co.jp/

하베스트 타임 미니스트리즈 https://harvesttime.tv/

호도스신학원 http://www.hodos.or.kr/

한국무역투자진흥공사(KOTRA) 지역정보 일본
https://news.kotra.or.kr/user/nationInfo/kotranews/14/nationMain.do?natnSn=51

한국세계선교협의회(KWMA) https://kwma.org/

감사합니다.

3분 변증

성경의 관점에서 나아갑시다

1판 1쇄 2021년 8월 2일

저자 이선복 이시은
발행인 이경화

발행처 디자인21
주소 04560 서울특별시 중구 퇴계로 293-1(쌍림동 원진프라자 3층)
전화 02-2269-6561(대)
팩스 02-2269-6568
e-mail 21publish@naver.com

등록번호 제1-1128호
등록일자 1991. 2. 12

ISBN 978-89-6131-070-3 93230

정가 15,000원

http://21publish.co.kr/
https://blog.naver.com/publish21